다이노사우르스

선사시대 공룡 300

저자 | 게리 맥콜(Gerrie McCall)

미국 휴스턴 대학교를 나왔으며 현재 텍사스 주 오스틴에 머물며 프리랜스로 활동하고 있다. 고증과 상상력을 동원해 주로 영화와 문학에 등장하는 괴수와 악당을 소재 삼아 다양한 분야의 책을 썼다. 그녀는 특히 공룡과 용을 좋아하여 관련 베스트셀러를 다수 냈는데 이 책 '다이노사우르스'도 그중 하나다.

역자 | 김미양

한양대학교 대학원 영어영문학과 석사과정을 졸업했고, 현재 전문번역가로 활동 중이다. 역서로 『오늘 내 생애 최고의 날』, 『당신의 여행을 즐겨라』, 『SIMPLIFY YOUR LIFE: 정리한 상태로 유지하라』, 『기본 간호학』(공동번역) 등이 있다.

Dinosaurs : 300 Prehistoric Creatures

Copyright © 2005 Amber Books Ltd.

This edition arranged with AMBER BOOKS LTD.,
2018 Human and Books Publishing Company
All rights reserved.

이 책의 한국어판 저작권은 AMBER BOOKS LTD 사와의 독점계약으로 **Human & Books**가 소유합니다. 저작권법에 의하여 한국 내에서 보호를 받는 저작물이므로 무단전재 및 복제를 금합니다.

다이노사우르스
선사시대 공룡 300

게리 맥콜(Gerrie McCall) 저 | 김미양 옮김

Human & Books

다이노사우르스
선사시대 공룡 300

게리 맥콜(Gerrie McCall) 지음
김미양 옮김

초판 발행 | 2018. 12. 1.

발행처 | Human & Books
발행인 | 하응백
출판등록 | 2002년 6월 5일 제2002-113호
서울특별시 종로구 삼일대로 457 1009호(경운동, 수운회관)
기획 홍보부 | 02-6327-3535, 편집부 | 02-6327-3537, 팩시밀리 | 02-6327-5353
이메일 | hbooks@empas.com

ISBN 978-89-6078-679-0 (73490)

목차

서론 … **7**

공룡 이전 … **18**

트라이아스기 … **41**

쥐라기 … **74**

백악기 … **138**

제3기 … **285**

제4기 … **309**

용어 해설 … **316**

색인 … **318**

*** 일러두기**

- 본문은 한글 표기를 원칙으로 하되, 원문 확인이 필요할 경우 영어와 한글을 병기했다.
- 가급적 한글 용어를 사용하였으나, 널리 통용되는 영어식 표기는 그대로 사용했다.
- 특별히 어린이들의 이해를 돕고자 본문 상단에 해당 공룡에 대한 한 줄 요약을 넣었다.
- 이름 일부만 아는 공룡을 쉽게 찾아볼 수 있도록 권말에 색인을 마련했다.

공룡이란 무엇인가?

공룡을 뜻하는 영어의 dinosaur(다이노소어)라는 단어는 '무서운 도마뱀'(terrible lizard)을 의미한다. 이 단어는 영국의 해부학자 겸 고생물학자(paleontologist)인 리처드 오언(Richard Owen, 1804~1892)이 1842년에 만들어냈다. 그때부터 고생물학자들은 이 흥미로운 동물들이 1억 4000만 년이 넘도록 지구를 지배했다고 이해하려 했다. 공룡은 단순히 멸종된 커다란 동물만을 가리키는 것이 아니었다. 공룡은 조룡(archosaur, 공룡의 조상)이었다. 조룡은 악어, 익룡(pterosaur)이라 불리는 날아다니는 파충류, 수장룡(플레시오사우루스, plesiosaur)과 어룡(ichthyosaur)이라 불리는 바다 파충류, 조류가 포함된 파충류 무리다. 공룡은 육지에서 살았고, 물갈퀴나 날개는 없었다. 바다 파충류와 날아다니는 파충류는 공룡과 같은 시대에 살았던 조룡군의 일원이지만 공룡은 아니었다. 헷갈리겠지만, 모든 공룡은 파충류이지만 파충류 모두가 공룡은 아니다.

공룡은 중생대에 살았다. 중생대는 지구의 역사 중 약 2억 4800만 년 전에서 6500만 년 전까지 지속되었다. 중생대는 트라이아스기, 쥐라기, 백악기로 나뉜다. 트라이아스기 전이나 백악기 후에 살았던 동물은 공룡 시대가 아닌 시대에서 살았던 것이다.

공룡의 다리는 몸 바로 아래에 있어서 직립 자세가 가능했고 체중을 아래에 실을 수 있었다. 대부분의 파충류는 손발을 대자로 뻗은 자세를 한 채 양 팔꿈치를 좌우로 움직였고, 그 때문에 배가 지면에 닿았다. 공룡은 고양이나 새처럼 발가락으로 걷는 지행류(digitigrade)이다. 이와는 달리 대부분의 파충류는 인간이나 곰처럼 넓은 발바닥으로 걷는 척행류(plantigrade)이다.

[공룡류]

용반류(saurischian)	도마뱀의 골반 모양을 한 공룡
용각류(sauropod)	목이 긴 초식 공룡
수각류(theropod)	두 발로 걷고 이빨과 발톱이 날카로운 육식 공룡
조반류(ornithischian)	조류의 골반 모양을 한 공룡
안킬로사우르(ankylosaur)	갑옷으로 덮여 있는 공룡
각룡(ceratopsian)	주름장식과 뿔이 달린 공룡
조각류(ornithopod)	부리가 있는 공룡
파키세팔로사우루스(pachycephalosaurs)	머리뼈가 두꺼운 공룡
스테고사우루스(stegosaurs)	등에 넓은 갑(딱지)을 두른 공룡

모든 공룡은 용반류나 조반류, 이 두 부류 중 하나에 속해 있다. 용반류, 즉 도마뱀의 골반 모양을 한 공룡은 치골(두덩뼈)이 아래쪽을 가리키고 앞을 향해 있다. 용반류는 트라이아스기와 쥐라기에 두드러졌고 현대 조류의 조상이었다. 조반류, 즉 조류의 골반 모양을 한 공룡은 치골이 아래쪽을 가리키고 꼬리를 향해 있으며, 골반이 더 넓다. 모든 조반류는 초식동물이었는데, 치골의 배열 상태가 식물을 소화할 수 있을 정도로 소화기관의 공간이 충분히 컸다. 조반류는 백악기에 번성했다.

공룡들은 모양만큼 크기도 다양했다. 가장 작은 공룡은 닭의 크기와 거의 비

유타랍토르(Utahraptor)는 약 1억 2500만 년 전 백악기 초기에 살았다. 드로마이오사우루스과(dromaeosaurid), 즉 '달리는 도마뱀' 중 가장 크고 가장 사납다.

숫했다. 2000년도에는 당시까지 발견된 것 중 가장 큰 공룡이 발견되었는데, 사우로포세이돈(**Sauroposeidon**)이라는 이름이 붙었다. 그리스의 지진의 신(또는 바다의 신)을 기리기 위해 '도마뱀 포세이돈'이라는 의미를 부여한 것이다. 사우로포세이돈은 길이 31m에 키가 18m, 무게가 60톤이 나갔다. 이 목이 기다란 용각류는 미국 오클라호마 주에서 발견되었다. 이 공룡은 백악기 중기에 살았고 지구 역사상 가장 키가 큰 동물로 알려지게 되었다.

공룡 연대표

고생대(Paleozoic Era)
5억 4,000만 년 전~
2억 4,800만 년 전

중생대(Mesozoic Era)
2억 4,800만 년 전~6,500만 년 전

현생이언(Phannerozoic Eon)
5억 4,000만 년 전~오늘날

신생대(Cenozoic Era)
6,500만 년 전부터 오늘날까지

- **캄브리아기**(Cambrian Period) 5억 4,000만~4억 8,500만 년 전
- **오르도비스기**(Ordovician Period) 4억 8,500만~4억 3,800만 년 전
- **실루리아기**(Silurian Period) 4억 3,800만~4억 800만 년 전
- **데본기**(Devonian Period) 4억 800만~3억 6,000만 년 전
- **석탄기**(Carboniferous Period) 3억 6,000만~2억 8,000만 년 전
- **페름기**(Permian Period) 2억 8,000만~2억 4,800만 년 전
- **트라이아스기**(Triassic Period) 2억 4,800만~2억 800만 년 전
- **쥐라기**(Jurassic Period) 2억 800만~1억 4,600만 년 전
- **백악기**(Cretaceous Period) 1억 4,600만~6,500만 년 전

제3기(Tertiary Period) 6,500만 년 전~180만 년 전
- **팔레오세**(Paleocene) 6,500만~5,400만 년 전
- **에오세**(Eocene) 5,400만~3,800만 년 전
- **점신세**(Oligocene) 3,800만~2,400만 년 전
- **중신세**(Miocene) 2,400만~500만 년 전
- **선신세**(Pliocene) 500만~180만 년 전

제4기(Quaternary Period) 180만 년 전~오늘날
- **홍적세**(Pleistocene) 180만~11,000년 전
- **완신세**(Holocene) 11,000년~오늘날

하드로사우루스(Hadrosaurus)는 오리 주둥이를 닮은 공룡으로 처음 알려졌다. 떼를 지어 살고 다니지만 커다란 덩치에도 불구하고 그다지 흉포하지 않았다.

고생대(Paleozoic era)

고생대는 약 5억 4000만 년 전부터 2억 4800만 년 전까지 지속되었다. 이 시대는 캄브리아기, 오르도비스기, 실루리아기, 데본기, 석탄기로 나뉜다. 캄브리아기(Cambrian Period)는 '삼엽충 시대'(Age of Trilobites)로, 삼엽충과 연체동물과 조개류가 번성했고 원시 초기의 물고기가 진화했다. 오르도비스기(Ordovician Period)는 원시 식물이 육지에 나타났고 최초의 산호가 번성했으며, 해조류와 곰팡이류가 진화했다. 실루리아기(Silurian Period)는 턱이 있는 최초의 물고기, 곤충, 지네, 노래기가 생겨났다. '물고기 시대'로 알려진 데본기(Devonian Period)는 물고기와 육지 식물이 번성했고 최초의 상어, 양서류, 네발동물이 나타났다. 날개 달린 곤충, 파충류와 바퀴벌레는 석탄기(Carboniferous Period)

에 처음 나타났다. 페름기(이첩기, **Permian Period**)는 '양서류의 시대'(Age of Amphibians)라고도 하는데, 파충류와 함께 양서류가 번성했기 때문이다. 고생대는 대륙들이 판게아(**Pangaea**) 대륙이라는 하나의 초대륙으로 붙어 있는 상태에서 끝났다. 처음에 지구의 대기는 현대의 수준과 비슷한 정도로 산소가 공급되었다.

중생대(Mesozoic era)

중생대는 2억 4800만 년 전부터 6500만 년 전까지 지속되었고 '파충류의 시대'(**Age of Reptiles**)로 알려져 있다. 최초의 공룡과 포유동물은 트라이아스기(**Triassic period**)에 육지에 나타났는데 양치식물, 소철, 침엽수가 번성하던 때였다. 바다 파충류가 바다를 지배했고, 연체동물(**mollusc**)이 지배적인 무척추동물이었다. 쥐라기(**Jurassic period**)에는 최초의 거대한 용각류(목인 긴 초식 공룡)를 포함한 공룡 무리가 눈에 띄게 증가했다. 새가 처음 나타났고 꽃을 피우는 식물이 진화하기 시작했다. 쥐라기 중기에는 판게아 대륙이 로라시아 대륙(**Laurasia**, 수천만 년 전에 현재의 북아메리카와 유라시아 대륙의 대부분을 포함했을 것으로 추축되는 거대 대륙)과 곤드와나 대륙(**Gondwana**, 수천만 년 전에 현재의 남아메리카와 남극, 호주, 인도 등을 포함했을 것으로 추측되는 거대 대륙)으로 쪼개지기 시작했다. 꽃을 피우는 식물이 침엽수와 이전의 식물을 대신해서 번성하자 공룡이 육지를 지배하게 되었다. 악어, 벌, 뱀, 나비, 개미, 원시 유대목(**marsupial**, 캥거루나 코알라, 주머니쥐처럼 육아주머니가 있어 그 속에 새끼를 넣어 기르는 동물)이 백악기(**Cretaceous period**)에 보이기 시작했다. 광활한 대륙이 더 갈라지면서 대륙 이동이 계속되었다.

신생대(Cenozoic era)

신생대는 6500만 년 전부터 오늘날까지를 가리킨다. '포유동물의 시대'(Age of Mammal)라고도 알려진 신생대는 제3기와 제4기로 나뉜다. 제3기(Tertiary period)는 더 나아가 팔레오세, 에오세(시신세), 점신세(올리고세), 중신세(마이오세), 선신세(플라이오세) 이렇게 다섯 시대로 나뉜다. 팔레오세(Paleocene) 시대에는 최초의 커다란 포유동물과 초기 영장류가 나타났다. 에오세(시신세, Eocene) 시대에는 포유동물이 지배적이었고 원시 설치류와 고래가 진화했다. 점신세(올리고세, Oligocene) 시대에는 사슴, 고양이, 돼지, 코뿔소 같은 새로운 포유동물이 생기기 시작했다. 중신세(마이오세, Miocene) 시대에는 개, 곰, 말은 물론 오늘날의 새가 출현했다. 선신세(플라이오세, Pliocene) 시대에는 오늘날의 고래와 최초의 인류가 모습을 드러냈다.

제4기(Quaternary period), 즉 '인류의 시대'(Age of Man)는 홍적세와 완신세 시대로 나뉜다. 홍적세(최신세, Pleistocene)는 빙하시대(Ice Age)라고도 불린다. 매머드와 거대한 땅늘보, 검 모양의 이빨을 가진 고양이가 나타났다. 홍적세 시대에는 호모사피엔스, 즉 최초의 인간 역시 진화했다. 완신세(홀로세, Holocene)는 11,000년 전부터 현재까지 이르며, 인류 문명의 시대이다.

멸종(Extinction)

멸종이란 시간이 흐르면서 생물의 한 종류가 사망률보다 더 낮은 출생률을 보이며 결국에는 사라지는 것을 말한다. 종은 자신의 환경에서 변화에 적응하지 못하거나, 다른 살아 있는 생물과의 경쟁에서 이기지 못할 때 멸종하게 된다.

대부분의 멸종은 장기간에 걸쳐 일어나며, 대재앙 사건 하나만으로 일어나지 않는다. 예를 들어, 백악기에는 꽃을 피우는 식물이 침엽수와 다른 식물을 대신하기 시작했다. 침엽수를 주식으로 먹고 살았던 공룡들은 살아남을 만큼 충분한 침엽수를 찾지 못하거나 먹이를 꽃피우는 식물로 바꾸지 못했을 때 멸종했다. 이런 멸종은 '배경절멸'(background extinction)이라 한다.

대량절멸(mass extinction)은 전 세계적으로 다양한 생물이 갑자기 감소할 때 일어난다. 지구의 역사는 많은 연속된 대량절멸을 포함한다. 과거 6억만 년 전에 일어난 대량절멸은 오르도비스기, 데본기, 페름기(이첩기), 트라이아스기, 백악기의 결말을 보여주는 전조였다.

오르도비스기에 지구는 지구 냉각화와 광범위한 화산 활동을 겪으면서 빙하 작용이 나타났고 이어 대량절멸이 일어났다. 데본기 말에는 빙하 작용이나 일어났을 법한 운석 충돌로 지구의 종들 중 30퍼센트가 멸종하게 되었다. 페름기는 가장 큰 대량절멸로 끝이 났다. 바다 생물 중 95퍼센트가 멸종했고, 모든 동물 종들 중 50퍼센트가, 또 많은 나무들이 멸종했다. 한 번 더 일어난 빙하 작용이나 화산 활동이 원인이었다. 어룡을 제외한 모든 바다 파충류와 대부분의 초기 공룡이 멸종하게 되는 대량절멸이 트라이아스기 말에 또다시 일어났다.

K-T 절멸(K-T extinction)

공룡만이 백악기 말에 멸종한 것이 아니었다. 지구상의 모든 종들 중 약 85퍼센트가 그와 같은 시기에 멸종했다. 이 대량절멸을 'K-T 절멸'(K-T extinction)이라 한다. K-T 중 K는 '백악'(chalk, 백색의 연토질 석회암)과 이 이름을 따서 붙인 백악기를 뜻하는 독일어 Kreide를 의미하고, T는 백악기 다음의 지질 시대인 제3기, 즉 Tertiary를 의미한다. 따라서 K-T 절멸은 백악기에서 제3기에 걸친 멸종을 뜻한다. 이전에 네 번의 멸종 시기를 거쳐 살아남은 암모나이트도 K-T 멸절의 희생자가 되었다.

1980년, 물리학자 루이스 앨버레즈(Luis Alvarez, 1911~1988)와 지질학자인 그의 아들 월터는 왜 K-T 절멸이 일어났는지 설명하기 위해 그들의 이론을 펼쳐나갔다. 앨버레즈의 이론은 지름이 6~15km인 소행성이 지구와 충돌했다고 한다. 이 충돌로 지각(지구의 바깥 부분으로, 대륙 지역에서는 평균 35km, 대양 지역에서는 5~10km의 두께)이 뚫려 대기가 먼지와 파편으로 찼다. 이 충돌 때문에 맹렬한 불길이 치솟았고 쓰나미와 폭풍, 산성비, 지진 활동이 나타났다. 이어서 도미노 효과가 일어 먹이사슬에 영향을 미쳤다. 먼지와 파편이 수개월 동안 햇볕이 지구에 도달하지 못하도록 막았고, 그 결과로 지구의 온도는 떨어졌다. 식물은 햇볕이 부족해서 죽고, 그 결과로 지구의 산소 농도가 떨어졌다. 식물이 사라지자 초식동물(herbivore)이 굶어 죽었고 곧이어 초식동물을 먹고 사는 육식동물(carnivore)이 멸망했다. 산소 농도와 기온, 식량 공급원이 변하자 이에 적응할 수 있는 동물만이 이 멸종 위기에서 살아남았다.

다른 과학자들 역시 K-T 절멸의 수많은 원인을 제시해왔다.

백악기 말은 화산 활동이 일어나면서 광범위하게 지각이 변동한 시대였다. 화산 활동과 함께 산성비가 지구의 대기에 엄청난 변화를 일으켜서 대량절멸이 일어났다. 또 다른 이론이 제기되었는데, 지구 궤도가 변하면서 지구의 기후가 냉각되었고 털로 덮인 포유동물만이 떨어진 기온에 생존할 수 있었다는 것이다.

화석(Fossils)

유기체 또는 생물체가 퇴적물에 묻힐 때 체화석(body fossil, 생물의 유해가 화석이 된 경우)이 형성된다. 시간이 지나면서 이 생물체 조직은 무기질(미네랄)로 대체된다. 생물체의 화석 형태는 처음보다 더 단단해지고 무거워진다. 똥이나

디아트리마(Diatryma)는 팔레오세와 에오세 시대에 살았던 날지 못하는 새이다. 이 무시무시한 새는 커다란 동물을 먹을 수 있었던 육식동물로 추정된다.

발자국, 위석, 피부흔적, 둥지는 생흔화석(trace fossil)이다. 생흔화석은 그 명칭이 의미하는 대로 유기체가 남긴 생활의 흔적이지, 생물 자체의 사체가 아니다.

이 책에 등장하는 모든 동물이 다 공룡은 아니지만, 이 모든 동물은 멸종했고 화석 잔류물로만 파악된다는 공통점이 있다. 이 책은 캄브리아기에서 시작해 제4기까지 시대의 흐름에 따라 전개되며, 각각의 시대에 등장하는 가장 잘 알려진 공룡과 선사시대 동물들의 특징을 그려낼 것이다.

할루키게니아(Hallucigenia)

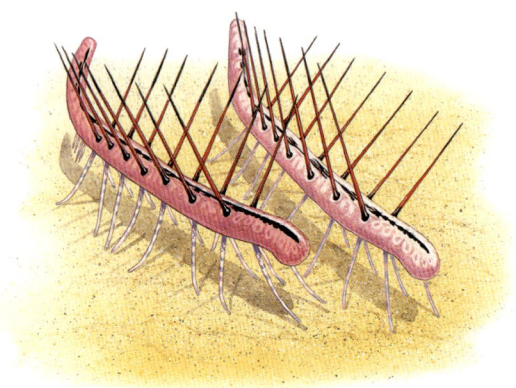

할루키게니아는 촉수와 다리를 구분하기 힘든, 벌레처럼 생긴 특이한 바다 생물이다.

벌레처럼 생긴 할루키게니아는 캐나다 브리티시컬럼비아 주 버제스 혈암(Burgess Shale)에서 발견된 가장 이상한 생물이다. 이 실트암층에서 화석이 발견된 할루키게니아는 6억 년 전 캄브리아기 바다 밑바닥에서 살았다. 이것이 처음에 발견되었을 때, 과학자들은 뒤집혀 있는 것을 보고 방어 기능을 하는 가시를 다리로, 살이 붙은 다리를 먹이 먹는 데 사용하는 촉수로 오인했다. 아직까지도 과학자들은 그 끝이 머리인지, 어떤 방식으로 먹었는지 확신하지 못하고 있다. 다만 할루키게니아가 바다의 바닥에서 썩은 고기를 찾아다니며 유기체 입자와 죽은 바다 생물을 먹었다고 이해한다. 할루키게니아는 또한 아주 특이해서 일부 과학자들은 그것이 아직도 발견되지 않은 더 큰 생물체의 일부분에 불과할지도 모른다고 말했다.

시기:	캄브리아기
화석이 발견된 장소:	캐나다 남서부
먹이:	죽은 바다 생물
발음:	할루키게니아(Hallucigenia)
길이:	3cm
키:	알 수 없음
무게:	알 수 없음
이름의 의미:	'비현실적'이라는 뜻. 할루키게니아를 처음에 관찰한 과학자들은 다른 바다 동물과는 다르게 생겼다고 생각했기 때문.

아노말로카리스(Anomalocaris)

아노말로카리스는 캄브리아기 바다에서 살았던 가장 큰 육식성 절지동물이다.

아노말로카리스는 5억여 년 전, 즉 공룡이 지구를 걸어 다니기 훨씬 이전에 캄브리아기 바다에서 헤엄치며 다닌 커다란 육식성 절지동물(arthropod)이다. 캄브리아기의 최상위 육식동물이자 그때에 살고 있던 가장 큰 동물이다. 아노말로카리스는 원래 별도의 세 부류의 동물로 여겨졌었다. 전문가들은 그 입을 해파리, 그 몸을 해면(스펀지처럼 미세한 구멍이 많이 있는 다세포 동물), 움켜잡을 수 있는 지느러미를 갑각류 꼬리라고 생각했다. 아노말로카리스는 옆에 일렬로 배열되어 있는 지느러미로 물을 헤쳐 나아갔고, 새우 꼬리를 닮은 거대한 앞다리로 먹이를 잡았다. 아랫면에는 둥근 형태의 입이 있고, 이 입 안에 거의 모든 바다 동물을 소리 내며 부술 정도의 날카로운 이빨을 가지고 있었다.

시기:	캄브리아기
화석이 발견된 장소:	캐나다, 미국, 중국, 호주
먹이:	바다 동물
발음:	아노말로카리스(Anomalocaris)
길이:	60cm
키:	알 수 없음
무게:	알 수 없음
이름의 의미:	'이상한 새우'라는 뜻. 처음에 원시 새우와 혼동되었기 때문.

프테리고투스(Pterygotus)

프테리고투스는 몸이 분절로 되어 있는 무척추동물이며, 여덟 개의 다리와 물갈퀴를 가진 거대한 바다 전갈이다.

프테리고투스는 옛날에 유럽을 덮었던 고대 바다에서 헤엄치며 다닌 거대한 바다 전갈이다. 이 무서운 바다 육식동물은 공룡보다 약 2억 년 앞선 시대에 나타났다. 절지동물인 프테리고투스는 다리와 외골격(갑각, exoskeleton)이 붙어 있고 척추 없이 몸이 분절되어 있다. 큰 눈은 멀리서 먹이의 움직임을 감지할 수 있었다. 프테리고투스는 여덟 개의 다리로 걷고 물갈퀴를 노처럼 위아래로 저으면서 어둑어둑한 바다 바닥을 따라 나아갔다. 프테리고투스는 꼬리를 위아래로 후려쳐서 먹이를 잡는 데 필요한 속력을 갑작스럽게 냈다. 가재 같은 뾰족한 집게발은 몸부림치는 물고기를 뭉개서 입 안으로 넣을 수 있었다.

시기:	실루리아기
화석이 발견된 장소:	유럽
먹이:	더 작은 바다 생물, 물고기
발음:	프테리고투스(Pterygotus)
길이:	2.3m
키:	알 수 없음
무게:	알 수 없음
이름의 의미:	'지느러미가 있는 전갈'이라는 뜻. 전갈 같은 침이 있기 때문.

암모나이트(Ammonite)

암모나이트는 백악기에 살았던 두족류이자 척추가 없는 연체동물이며, 칼슘 껍데기로 보호 받은 바다 동물이다.

암모나이트는 촉수와 큰 머리를 지닌 초기 두족류(cephalopod) 동물이자 연체동물(mollusc)이다. 데본기에 나타나서 약 6500년 전, 즉 공룡이 멸종한 때와 같은 시대에 멸종했다. 암모나이트는 나선형으로 감긴 단단한 칼슘 껍데기로 보호 받은 척추가 없는 바다 동물이다. 껍데기는 공기로 찬 빈 공간들이 연속되어 있고, 이 빈 공간은 여기에 들어갈 공기의 양을 조절하는 관이 연결되어 있다. 이 때문에 암모나이트가 물에 뜰 수 있었다. 암모나이트는 가장 바깥의 빈 공간에 살면서 껍데기에서 머리를 쑥 내밀었다. 암모나이트의 촉수는 작은 바다 생물들을 먹는 데 사용되며 부리 같은 턱으로 둘러싸여 있다. 암모나이트는 한 방향으로 물을 내뿜어 반대 방향으로 빨리 나아갔다.

시기:	데본기-백악기 말
화석이 발견된 장소:	전 세계
먹이:	바다 생물
발음:	암모나이트(Ammonite)
크기:	지름 3m까지
무게:	알 수 없음
이름의 의미:	'아몬의 뿔'이라는 뜻. 양의 뿔이 달린 고대 이집트 태양신 아몬의 이름을 붙여서.

클라도셀라케(Cladoselache)

클라도셀라케는 고대 미국 북부에 살았던 연골이 발달된 상어이다.

클라도셀라케는 옛날에 미국의 북부를 덮었던 바다에서 오징어와 갑각류, 물고기를 사냥한 고대의 상어이다. 오늘날의 상어와는 다르게 입은 아래보다는 머리 앞에 있고 활짝 벌리지는 못했다. 클라도셀라케의 눈은 머리 앞 근처에 있고 주둥이는 오늘날의 상어보다 더 짧고 더 뭉툭했다. 등에 있는 짧은 두 개의 지느러미는 뾰족하게 튀어나와 있어 물을 헤치고 나가는 데 도움이 되었다. 클라도셀라케의 골격은 뼈가 아닌 연골로 만들어져 있어 몸을 무겁게 하지 않고도 힘을 줄 수 있었다. 클라도셀라케는 다른 육식동물과 먹이다툼을 하거나 던클리오스테우스(Dunkleosteus)의 먹이가 되지 않기 위해 빠르게 헤엄을 쳐야 했다.

시기:	데본기
화석이 발견된 장소:	북아메리카, 유럽
먹이:	물고기, 바다 동물
발음:	클라도셀라케(Cladoselache)
길이:	0.5~2m
키:	알 수 없음
무게:	알 수 없음
이름의 의미:	'상어족'이라는 뜻. 세 개의 뾰족한 이빨이 있기 때문.

이크티오스테가(Ichthyostega)

이크티오스테가는 땅 위와 물속에서 생활했던 물갈퀴가 있는 네발동물이다.

이크티오스테가는 네 개의 다리와 하나의 척추가 있는 초기 네발동물(tetrapod)이며, 거대한 영원(도롱뇽목의 동물)을 닮았다. 이크티오스테가는 오랫동안 물고기와 양서류의 잡종, 즉 다리가 있는 물고기로 여겨졌지만, 이 이론은 정확하지 않았다. 귀의 구조를 연구했을 때 이크티오스테가가 물속 생활에 적응했던 것으로 파악되었기 때문이다. 다리는 육지에서 걷는 것보다는 수중 식물들을 뚫고 나가는 데 더 적합했다. 뒷다리는 옆쪽과 바깥쪽을 향해 있는 물갈퀴처럼 생겼는데, 첨벙거리며 다닐 수 있는 최적화된 구조이다. 물갈퀴가 달려 있는 여덟 개의 손가락도 첨벙거리며 다니는 데 도움이 되었다. 이크티오스테가는 물에서 나올 때, 더 큰 앞다리들을 함께 사용해서 물개처럼 육지로 급히 솟아올랐다. 이크티오스테가는 물고기와 작은 척추동물을 잡아먹었다.

시기:	데본기
화석이 발견된 장소:	그린란드
먹이:	물고기
발음:	이크티오스테가(Ichthyostega)
길이:	1.5m
키:	알 수 없음
무게:	알 수 없음
이름의 의미:	'물고기 천장'이라는 뜻. 머리뼈 천장이 물고기의 머리뼈 천장처럼 생겼기 때문.

던클리오스테우스(Dunkleosteus)

던클리오스테우스는 상어를 닮았지만 갑옷으로 덮인 판피류이며, 턱에 이빨 대신 날카로운 뼈판이 있다.

던클리오스테우스는 머리와 가슴에만 갑옷이 덮여 있는 원시 물고기인 판피류(Placoderm)이다. 이 원시 물고기는 지느러미를 자유롭게 움직이도록 내버려두었다. 두 개의 갑옷판 사이에 절구관절(ball-and-socket joint, 한쪽 관절면은 절구 같고 다른 쪽은 물건을 빻는 공이 같아서 모든 종류의 운동이 가능한 관절)이 있어서 머리를 뒤로 치켜올리고 입을 활짝 벌려 상어와 물고기, 다른 바다 동물들을 잡을 수 있었다. 턱에 이빨이 아닌 저절로 날카로워지는 뼈판이 있어 먹이를 물고 두 조각으로 자를 수 있었다. 클라도셀라케(Cladoselache)도 공격적인 던클리오스테우스에게는 먹잇감이었다. 자를 수 있는 턱판(jaw plate)을 형성하는 뼈는 닳아지면 계속 다시 자라났다. 던클리오스테우스는 상어처럼 가라앉지 않기 위해 계속해서 헤엄을 쳐야 했다. 던클리오스테우스는 상어를 닮았지만, 판피류는 바다 동물 어족과는 다르다.

시기:	데본기
화석이 발견된 장소:	모로코, 폴란드, 벨기에, 미국
식습관:	육식동물
발음:	던클리오스테우스(Dunkleosteus)
길이:	3.5~5m
키:	알 수 없음
무게:	알 수 없음
이름의 의미:	'던클의 뼈 같은 존재'라는 뜻. 오하이오 주에 있는 클리블랜드 자연사 박물관의 전 큐레이터인 데이비드 던클 박사(David Dunkle, 1911~1984)를 기리기 위해.

유스테놉테론(Eusthenopteron)

유스테놉테론은 유럽과 북아메리카 바다에서 살았고, 튼튼한 엽상 지느러미를 지닌 어류였다.

유스테놉테론은 3억 6000년 전에 유럽과 북아메리카의 바다에서 살았던 엽상 지느러미(단단한 근육으로 되어 있는 지느러미) 어류였다. 엽상 지느러미 어류는 뼈로 보강된 근육판에서 지느러미가 자랐다. 유스테놉테론은 세 갈래의 기다란 꼬리지느러미를 포함해 튼튼한 지느러미들이 있어서 얕은 물속을 헤치고 다닐 수 있었다. 지느러미에 있는 뼈는 네발동물의 다리와 비슷했다. 이 때문에 유스테놉테론이 새로운 물 공급원을 찾을 때 지느러미를 사용해서 걷거나 지느러미를 끌고 육지로 다녔을 것으로 추정되었다. 더 자세하게 조사한 결과, 지느러미가 육지에서는 기능을 잘하지 못한 것으로 나타났다. 유스테놉테론은 아가미뿐 아니라 폐도 가졌지만 주로 물속에서 살았다. 다른 물고기를 먹고 살았고 때로는 자신의 어린 종족을 먹었을 것이다.

시기:	데본기
화석이 발견된 장소:	유럽, 북아메리카
먹이:	물고기
발음:	유스테놉테론(Eusthenopteron)
길이:	30~60cm
키:	알 수 없음
무게:	알 수 없음
이름의 의미:	'튼튼한 지느러미'라는 뜻. 세 갈래의 기다란 꼬리지느러미가 있기 때문.

힐로노무스(Hylonomus)

힐로노무스는 열대림 서식지에 살았던 도롱뇽을 닮은 파충류이며, 튼튼한 턱과 단단한 머리뼈를 가졌다.

힐로노무스는 가장 빠른 시기에 출현한 파충류 중 하나로 알려졌지만 공룡은 아니다. 힐로노무스는 긴 꼬리와 가느다란 발가락을 가졌으며 도롱뇽(양서류에 속하며 눈이 툭 튀어나왔고 주둥이가 둥글)을 닮았다. 작지만 수각류(theropod, 두 발로 걷는 육식 공룡) 공룡보다 더 튼튼한 턱과 단단한 머리뼈를 지녔다. 열대림 서식지에 사는 힐로노무스는 날카로운 이빨을 가진 입으로 곤충과 지네를 잡곤 했다. 힐로노무스는 껍질이 있는 양막성 알을 낳았는데, 이 껍질이 알을 육지에서 건조해지지 않도록 보호했다. 이는 힐로노무스가 물 가까이에서만 살지 않았다는 것을 의미한다. 예전에 힐로노무스의 화석이 속이 빈 그루터기 안에서 잘 보존되어 있는 상태로 발견되었는데, 힐로노무스가 속이 빈 그루터기 안으로 떨어진 곤충을 먹으려고 들어갔다 기어 나오지 못하고 결국에는 굶어 죽었던 것이다.

시기:	석탄기
화석이 발견된 장소:	캐나다 동부
먹이:	지네, 큰 곤충
발음:	힐로노무스(Hylonomus)
길이:	20~30cm
키:	알 수 없음
무게:	알 수 없음
이름의 의미:	'숲에 사는 쥐'라는 뜻. 속이 빈 나무의 몸통에서 발견된 화석 때문.

메가네우라(Meganeura)

메가네우라는 거대한 원시 잠자리를 닮았고, 두 쌍의 날개를 다른 속도로 펄럭일 수 있는 곤충이다.

메가네우라는 지금까지 발견된 곤충 중 가장 크며, 거대한 원시 잠자리를 닮았다. 가장 빠른 포식자이며 호수와 습지, 웅덩이 위를 지그재그로 다니면서 더 작은 곤충들을 사냥했다. 다른 곤충처럼 여섯 개의 다리와 두 개의 더듬이를 가지고 있었다. 또한 많은 면으로 되어 있는 예리한 눈을 가졌다. 메가네우라는 석탄기 때에 숲을 우아하게 날다가 공중에 있는 동안 다리로 먹이를 잡아서 먹었다. 메가네우라는 두 쌍의 날개가 있고, 동시에 다른 속도로 펄럭일 수 있었다. 그 거대한 날개는 강한 시맥(곤충의 날개에 무늬처럼 갈라져 있는 맥)으로 뒤엉켜 있었다. 메가네우라는 쉬고 있는 동안에도 날개를 접지 않기 때문에 배고픈 파충류에게는 쉬운 표적이 되었다. 그 화석은 석탄층 속에서 아름답게 보존되어 있었다.

시기:	석탄기
화석이 발견된 장소:	전 세계
먹이:	더 작은 곤충
발음:	메가네우라(Meganeura)
길이:	70cm의 날개폭
키:	알 수 없음
무게:	알 수 없음
이름의 의미:	'크게 뻗은 맥'이라는 뜻. 큰 날개에 있는 시맥 때문.

아르트로플레우라(Arthropleura)

아르트로플레우라는 죽으면 해체되는 가장 큰 절지동물이며, 넓적한 몸통과 30쌍 정도의 다리, 숨을 쉬게 하는 공기구멍이 있었다.

아르트로플레우라는 지금까지 살았던 육상의 절지동물 중 가장 크다. 넓적한 몸통에는 외골격(갑각)이 있는데, 분절이 연속해서 겹쳐져 있다. 아르트로플레우라는 다리가 30쌍 정도 있다. 과학자들은 일렬로 늘어선 많은 화석 발자국을 발견했는데, 질퍽한 땅을 걸어서 건넌 모양이었다. 아르트로플레우라 같은 무척추동물은 죽음 후에 해체되는(신체가 부위별로 뜯겨져 흩어지는) 경향을 보이는데, 실제 일부 조각만이 발견되었다. 숲의 바닥을 기어가면서 식물을 여러 조각으로 잘라 먹었는데, 장에 있는 세균이 식물 재료를 분해하는 데 도움이 되었다. 아르트로플레우라는 살아가기 위해 계속해서 매일 많은 음식량을 소화시켜야 했다. 몸통을 따라 이어져 있는 작은 공기구멍으로 숨을 쉬었다.

시기:	석탄기
화석이 발견된 장소:	전 세계
먹이:	잎
발음:	아르트로플레우라(Arthropleura)
길이:	2m
키:	알 수 없음
무게:	알 수 없음
이름의 의미:	'마디로 된 옆구리'라는 뜻. 다리가 관절로 연결되어 있기 때문.

에오기리누스(Eogyrinus)

에오기리누스는 유럽 습지에서 살았던 양서류이지만, 악어처럼 턱 근육이 깊고 좁다.

에오기리누스는 공룡이 아니라 초기 양서류이며, 3억 5000년 전 유럽 습지에서 살았다. 건조한 육지에 사는 데 적합한 최초의 양서류였다. 에오기리누스는 깊고 좁은 머리 때문에 턱 근육이 길어 악어처럼 강하게 물 수 있었다. 다리가 짧아 육지에서는 빠르게 움직이지 못했고 배가 지면에 닿았다. 에오기리누스는 물속에서 파충류와 물고기 먹이를 향해 다리를 움직이면서 헤엄쳐 나갔다. 기다란 유연한 몸통과 꼬리는 습지를 뚫고 나가기에 안성맞춤이었다. 꼬리는 납작하고 장어처럼 생겨 수영할 수 있는 좋은 특징을 지녔다. 에오기리누스는 대부분의 양서류나 파충류보다 두 배 더 많은 척추를 지녔다.

시기:	석탄기
화석이 발견된 장소:	영국
먹이:	물고기
발음:	에오기리누스(Eogyrinus)
길이:	4.6m
키:	알 수 없음
무게:	알 수 없음
이름의 의미:	'빠른 개구리'라는 뜻.

디플로카울루스(Diplocaulus)

디플로카울루스는 몸통은 도롱뇽, 머리는 부메랑을 닮은 양서류이다.

디플로카울루스는 약 2000만 년 전에 공룡보다 먼저 나타난 양서류이다. 몸통은 현재의 도롱뇽을 닮았지만 부메랑 모양의 머리는 독특하게 생겼다. 이 이상한 머리는 머리뼈 뒤에 있는 기다란 뼈 두 개 때문에 생겨난 것이다. 디플로카울루스는 이 머리로 물살을 가르고 흐름을 거슬러 헤엄치거나 포식자를 단념시켰을 것이다. 배고픈 에리옵스(Eryops)는 디플로카울루스를 삼키는 데 어려움을 겪었을 것이다. 디플로카울루스는 수면 아래에서 갑자기 물고기를 공격해 수면 가까이서 먹었다. 양서류는 껍질 있는 알을 낳지 않아 쉽게 건조해질 수 있기 때문에, 디플로카울루스는 물속이나 아주 축축한 장소에서 알을 낳아야 했다.

시기:	석탄기-페름기
화석이 발견된 장소:	미국 남부
먹이:	물고기, 곤충
발음:	디플로카울루스(Diplocaulus)
길이:	80cm
키:	알 수 없음
무게:	알 수 없음
이름의 의미:	'접혀 있는 두 줄기'라는 뜻. 머리에 날개 모양의 뼈가 있기 때문.

메소사우루스(Mesosaurus)

메소사우루스는 남아프리카와 남아메리카에서 살았으며, 발가락과 손가락에 물갈퀴가 있고 꼬리가 넓적해서 능숙하게 수영했던 수중 파충류이다.

메소사우루스는 민물에서 발견된 작은 수중 파충류이며, 능수능란하게 수영을 했다. 몸집이 작은 메소사우루스는 발가락과 손가락에 물갈퀴가 있고 꼬리가 넓적해서 물속에서 쉽게 움직였다. 1912년, 독일 과학자 알프레트 베게너(Alfred Wegener, 1880~1930)는 메소사우루스를 보고 옛날 지구에 판게아(Pangaea)로 불리는 하나의 거대한 대륙이 있었다는 이론을 입증했다. 메소사우루스의 화석이 남아프리카와 브라질에서만 발견되었는데, 이는 이 두 장소가 현재 그렇게 멀리 떨어져 있지만 메소사우루스가 살았을 때는 아프리카와 남아메리카의 대륙이 붙어 있었다는 베게너의 이론을 뒷받침한다.

시기:	페름기
화석이 발견된 장소:	브라질, 남아프리카
먹이:	수중 동물, 작은 물고기
발음:	메소사우루스(Mesosaurus)
길이:	45~71cm
키:	알 수 없음
무게:	알 수 없음
이름의 의미:	'중간 크기의 도마뱀'이라는 뜻.

카콥스(Cacops)

카콥스는 넓은 몸통과 육중한 다리, 큰 머리와 큰 입을 가졌으며 등이 뼈판으로 덮인 양서류이다.

카콥스는 공룡이 나타나기 전, 약 1억 년에 살았던 갑옷을 입은 작은 양서류이다. 다부진 넓은 몸통과 육중한 다리를 가져 자세가 쭉 뻗어 있었다. 큰 머리 때문에 물고기와 작은 육지 동물들을 잡아챌 수 있는 큰 입이 두드러지게 보였다. 몸통을 덮은 뼈판은 배고픈 파충류로부터 몸통을 보호했는데, 등뼈에 아르마딜로처럼 연속적인 뼈판을 지녀서 더 강해졌다. 육지에 사는 데 잘 적응된 카콥스는 좋은 귀를 가졌다. 귀는 양쪽의 눈 뒤에 있는 구멍인데, 고막처럼 진동하는 얇은 막으로 덮여 있어 공중으로 날아가는 소리를 잡아주었다.

시기:	페름기
화석이 발견된 장소:	미국 남부
식습관:	육식동물
발음:	카콥스(Cacops)
길이:	40cm
키:	알 수 없음
무게:	알 수 없음
이름의 의미:	'맹인처럼 보이는'이라는 뜻.

에리옵스(Eryops)

에리옵스는 거대한 몸통과 짧은 다리, 넓적한 머리뼈를 가졌고 악어처럼 수면 위로 코를 내밀어 숨을 쉬었던 초기 양서류이다.

에리옵스는 당시에 가장 컸던 육지 동물 중 하나이며, 페름기의 습지와 호수 안이나 그 주변에서 발견된 초기 양서류이다. 거대한 몸통과 짧은 다리를 가지고 있어 육지에서 느리게 움직였다. 넓적한 머리뼈에는 큰 눈과 맨 위쪽에 자리한 콧구멍, 날카로운 이빨로 가득한 턱이 있었다. 에리옵스는 물속에 잠겨 악어처럼 수면 위로 눈과 콧구멍만 내민 채 먹이를 조용히 기다렸다. 먹이를 먹은 후에는 육지로 기어 올라가 쉬면서 햇볕을 쪼였다. 에리옵스 같은 커다란 포식자는 천적을 두고 있었다. 육지에서는 디플로카울루스, 물속에서는 원시 상어의 먹잇감이 되었다.

시기:	페름기
화석이 발견된 장소:	미국
먹이:	작은 파충류와 양서류, 물고기
발음:	에리옵스(Eryops)
길이:	2m까지
키:	알 수 없음
무게:	알 수 없음
이름의 의미:	'긴 얼굴'이라는 뜻.

디메트로돈(Dimetrodon)

디메트로돈은 돛 모양의 등지느러미와 두 종류의 날카로운 이빨을 가진 파충류 조상 펠리코사우르이다.

디메트로돈은 공룡이 아니라 포유동물 같은 파충류의 조상인 펠리코사우르(pelycosaur)이다. 가장 두드러진 특징은 척추에서 솟아난 돛 모양의 등지느러미이다. 이 등지느러미는 기다란 척추뼈(vertebrae)로 지지받으며, 각각은 따로 떨어진 척추뼈에서 자랐다. 태양 광선이 이 돛 모양의 등지느러미로 흐르는 혈액에 열을 가해 디메트로돈의 몸통을 따뜻하게 했다. 디메트로돈은 해가 뜬 직후에 몸을 따뜻하게 하고 빠르게 사냥하기 시작했다. 두 가지 종류의 이빨이 있어 사납게 사냥을 했다. 면도칼처럼 날카로운 앞쪽 이빨로 희생 제물의 살을 찢고 날카롭고 짧은 뒤쪽 이빨로 살을 씹었다. 강한 턱과 이빨을 가진 디메트로돈은 자기 몸집 크기의 동물을 먹을 수 있는 최초의 육지 동물 중 하나였다.

시기:	페름기
화석이 발견된 장소:	미국 남부
먹이:	곤충, 동물
발음:	디메트로돈(Dimetrodon)
길이:	3~3.5m까지
키:	2.1m
무게:	250kg
이름의 의미:	'두 길이의 이빨'이라는 뜻. 두 가지 다른 종류의 이빨을 가졌기 때문.

세이무리아(Seymouria)

세이무리아는 이빨과 머리뼈는 양서류, 나머지 골격은 파충류를 닮은 초기 양서류이다.

세이무리아는 육지에서 살았던 초기 양서류이다. 과학자들은 오랜 기간에 걸쳐 세이무리아가 양서류인지, 파충류인지에 대해 논쟁했다. 세이무리아의 이빨과 머리뼈는 양서류의 일반적인 모습이지만 나머지 골격은 파충류와 닮았다. 물에서 알을 낳았지만 거의 육지에서 살았다. 부화된 어린 새끼는 오늘날의 개구리를 닮은 어른의 모습으로 탈바꿈했다. 세이무리아의 다리는 초기 양서류보다 더 길고 더 강했고, 다섯 개의 발가락이 있는 발로 질퍽한 땅을 움켜잡았다. 짧고 육중한 몸통은 땅 위에서 서툴게 이동했다는 것을 의미한다. 세이무리아는 곤충과 더 작은 동물, 심지어 죽은 동물을 먹었다. 화석이 된 세이무리아의 위 내용물에 다른 세이무리아가 발견되었는데, 이는 이 동물이 때때로 자신의 동족끼리 잡아먹었다는 것을 의미한다.

시기:	페름기
화석이 발견된 장소:	미국 남부
먹이:	작은 포유동물, 물고기, 곤충
발음:	세이무리아(Seymouria)
길이:	60cm
키:	알 수 없음
무게:	알 수 없음
이름의 의미:	세이무리아가 발견된 장소인 미국의 텍사스 시무어 주(Seymour)의 이름을 따서.

플레티히스트릭스(Platyhystrix)

플레티히스트릭스는 햇볕을 흡수하는 반달 모양의 등지느러미를 지닌 양서류이며, 다른 동물들이 활동하기 힘든 아침 일찍 사냥 활동을 했다.

양서류인 플레티히스트릭스는 등에 반달 모양의 등지느러미가 있는데, 넓은 척추에 고정되어 있었다. 네 개의 짧은 다리로 걷고 짧은 꼬리를 가지고 있었다. 플레티히스트릭스처럼 등지느러미가 있는 작은 공룡은 더 큰 동물에게 쉬운 먹잇감이 되었다. 뼈가 있는 등지느러미와 등에 일렬로 배열되어 있는 뼈판이 플레티히스트릭스를 거의 보호해 주지 못했던 것이다. 플레티히스트릭스는 혈관이 피부로 덮여 있고 등지느러미가 아침 햇볕의 열을 담아내기 때문에 몸을 따뜻하게 할 수 있었다. 이 때문에 사냥감이 여전히 추위로 느릿느릿 움직이는 아침 일찍 활발하게 활동할 수 있었다. 이는 많은 더 큰 포식자들이 사냥하러 나가기 전에 플레티히스트릭스가 능동적으로 움직였다는 뜻이 된다. 플레티히스트릭스는 육식을 먹는 데 적합한 원뿔형 이빨들이 일렬로 배열되어 있었다.

시기:	페름기
화석이 발견된 장소:	미국 남부
먹이:	벌레, 곤충
발음:	플레티히스트릭스(Platyhystrix)
길이:	1m
키:	알 수 없음
무게:	알 수 없음
이름의 의미:	'평평한 조직망'이라는 뜻. 큰 등지느러미 때문.

스쿠토사우루스(Scutosaurus)

스쿠토사우루스는 거대한 몸집에 엉덩이까지 척추가 이어져 있었고, 짧은 꼬리와 등의 원뿔형 가시, 아래턱 가시와 코뿔을 지닌 초식동물이다.

스쿠토사우루스는 잔인하게 보이지만 초식동물이며, 약 2억 6000만 년 전에 동유럽의 습지와 범람원에서 서식했던 거대한 파충류이다. 스쿠토사우루스는 자기 몸을 지탱하기 위해 엉덩이까지 척추가 더 붙어 있어야 할 만큼 거대한 몸집을 가지고 있었다. 넓적한 발을 가진 기둥 같은 근육질 다리 때문에 천천히 걸었다. 짧은 꼬리는 땅 근처에도 가지 못했다. 스쿠토사우루스의 등은 원뿔형 가시로 덮여 있었다. 어른 스쿠토사우루스는 또한 아래턱에 있는 가시와 코뿔이 발달했다. 육지에서는 톱니 모양의 이빨로 질긴 나뭇잎을 잘라내어 씹어 먹었다. 물속에서는 떠다니는 식물을 이빨로 물고 물을 따라낸 후 먹었다. 스쿠토사우루스는 고섬유 식물을 소화할 수 있는 커다란 내장을 지녔다.

시기:	페름기
화석이 발견된 장소:	러시아
식습관:	초식동물
발음:	스쿠토사우루스(Scutosaurus)
길이:	2.5m
키:	알 수 없음
무게:	알 수 없음
이름의 의미:	'방패 도마뱀'이라는 뜻. 두꺼운 갑옷을 둘러서.

모스콥스(Moschops)

모스콥스는 포유동물의 조상인 수궁류이자 식물을 먹은 초식동물이며, 어깨가 엉덩이보다 훨씬 더 높아서 등이 경사졌다.

모스콥스는 포유동물 같은 파충류인 수궁류(therapsid), 즉 포유동물의 조상이다. 모스콥스의 어깨는 엉덩이보다 훨씬 더 높다. 그래서 등이 밑으로 급격하게 경사졌다. 모스콥스의 앞다리는 부피가 큰 몸통과 머리를 받치기 위해 허우적거렸다. 뒷다리는 튼튼하고 기둥 같았다. 거대한 머리는 뭉툭한 끌 같은 이빨을 지녔다. 모스콥스의 이빨은 씹기에 적합하지 않아서 아마 식물과 잔가지를 삼켜 큰 소화기관에서 느리게 소화했을 것이다. 두꺼운 머리뼈는 경쟁자와의 박치기 싸움에 이용했을지도 모른다. 목의 척추뼈가 보통의 다른 동물처럼 머리 뒤쪽의 머리뼈에 이어져 있지 않아서, 아마도 모스콥스는 머리를 낮게 숙인 상태로 걸었을 것이다.

시기:	페름기
화석이 발견된 장소:	남아프리카
식습관:	초식동물
발음:	모스콥스(Moschops)
길이:	5m
키:	알 수 없음
무게:	알 수 없음
이름의 의미:	'송아지 눈'이라는 뜻.

디아덱테스(Diadectes)

디아덱테스는 양서류의 머리뼈와 파충류의 몸통을 지닌 양서류이자 초식동물이며, 발톱과 앞니를 사용해 식물을 캐냈다.

디아덱테스는 양서류이자 육지에서 식물을 먹었던 최초의 척추동물이었다. 양서류의 머리뼈와 파충류의 몸통을 지녔기 때문에, 많은 학자들은 디아텍테스를 파충류와 양서류 사이에서 끊어진 연결 고리라고 잘못 생각했다. 디아텍테스가 처음에 발견되었을 때, 과학자들은 이 동물이 그 튼튼한 손가락으로 두더지처럼 땅 밑에 굴을 팠을 것이라고 생각했을 정도로 혼란스러웠다. 그러나 디아덱테스는 굴을 파는 동물이 아니라 발톱을 사용해서 식물을 캐내어 먹었을 것이다. 디아텍테스의 튼튼한 머리뼈와 깊게 내려간 턱은 세이무리아와 아주 비슷했다. 숟가락 모양의 앞니로 양치식물과 이끼를 파헤쳐 캐낸 후 어금니 같은 뒤쪽 이빨로 씹어 먹었다.

시기:	페름기
화석이 발견된 장소:	미국 남부
식습관:	초식동물
발음:	디아덱테스(Diadectes)
길이:	3m
키:	알 수 없음
무게:	알 수 없음
이름의 의미:	'끝까지 물어뜯는 자'라는 뜻.

영귀나(Youngina)

영귀나는 날카롭고 넓은 이빨을 가지고 있으며, 도마뱀처럼 짧은 목과 긴 꼬리, 가느다란 발가락을 가졌다.

영귀나는 강하게 물어뜯을 수 있는 작은 파충류이다. 특히 기다란 주둥이와 함께 가벼운 무게의 작은 머리뼈를 가지고 있었다. 그 머리뼈의 뒷부분은 높이 위치해 있고 강한 턱 근육을 받치고 있었다. 영귀나는 날카롭고 넓은 이빨을 가지고 있어서 달팽이나 피부가 질긴 곤충들을 물어뜯을 수 있었다. 넓은 모양의 이빨들은 먹이를 부수어 먹을 때 이빨이 깨지는 것을 막았다. 영귀나는 많은 오늘날의 도마뱀과 비슷한 많은 특징들을 가지고 있었다. 넓은 가슴뼈, 짧은 목, 긴 꼬리, 가느다란 발가락은 도마뱀처럼 생겼다. 기다란 손발가락 때문에 식량을 찾으러 나무줄기에 오를 수 있었다. 다른 많은 종들처럼 영귀나는 페름기 말에 대량절멸로 사라졌다.

시기:	페름기
화석이 발견된 장소:	남아프리카
먹이:	달팽이, 곤충
발음:	영귀나(Youngina)
길이:	30~45cm
키:	알 수 없음
무게:	알 수 없음
이름의 의미:	화석 수집가 존 영을 기리기 위해 이 이름을 붙임.

로토사우루스(Lotosaurus)

로토사우루스는 공룡보다 먼저 출현한 초기 파충류이며, 체온을 조절하는 등지느러미를 지녔다.

로토사우루스는 공룡보다 먼저 나타난 초기 파충류이다. 등뼈를 따라 척추가 솟아나 있는데, 이 등뼈가 살아 있는 조직의 등지느러미를 받치고 있었다. 이 조직은 혈관이 있고 체온을 조절했다. 로토사우루스는 등지느러미에 태양 광선을 쪼이거나 시원한 바람을 맞아서 몸을 따뜻하게 하거나 시원하게 했다. 다리가 옆보다는 몸통 아래에 있어 육지에서 빠르게 움직일 수 있었다. 2억 5000년 전에 로토사우루스는 이빨 없는 부리로 강바닥을 따라 식물과 새순을 뜯어먹었다. 자신의 큰 몸을 유지하기 위해 매일 많은 양의 양치식물과 속새(줄기 가운데가 비어 있는 높이 30~60cm인 여러해살이풀)를 먹어야 했다.

시기:	트라이아스기
화석이 발견된 장소:	중국
식습관:	초식동물
발음:	로토사우루스(Lotosaurus)
길이:	2.5m
키:	알 수 없음
무게:	알 수 없음
이름의 의미:	'연꽃 도마뱀'이라는 뜻. 화석이 발견된 중국의 후난성을 기념하기 위해. 연꽃 왕국(Lotus Kingdom)이 후난성의 또 다른 이름이다.

칸네메예리아(Kannemeyeria)

넓은 통 모양의 몸집과 큰 소화기관을 가진 파충류이며 초식동물이다.

칸네메예리아는 포유동물 같은 거대한 파충류이다. 이빨 없는 부리로 새싹과 뿌리를 잘라서 납작하고 뭉툭한 주둥이로 식물을 크게 한 입 먹었다. 칸네메예리아는 하루 종일 먹어도 끄떡없는 파충류의 강한 턱 근육을 가졌다. 넓은 통 모양의 몸통과 그 안에 있는 큰 소화기관은 엄청난 양의 양치식물과 속새를 소화하기에 적합했다. 칸네메리아의 통통하고 널찍한 다리는 충분히 그 무게를 지탱했지만 속도는 느렸다. 칸네메예리아는 강한 앞다리와 발톱을 사용해서 식물을 캐냈다. 탱크 같은 칸네메예리아의 무리는 많은 포식자들을 단념시켰을 것이다. 그러나 드넓은 평원에서 식물을 뜯는 동안에는 배고픈 키노그나투스(Cynognathus) 떼에 쉽게 먹이가 될 수 있었다.

시기:	트라이아스기
화석이 발견된 장소:	남아메리카, 남아프리카, 인도, 러시아
식습관:	초식동물
발음:	칸네메예리아(Kannemeyeria)
길이:	3m까지
키:	알 수 없음
무게:	알 수 없음
이름의 의미:	'양철통에서 나온'이라는 뜻.

리스트로사우루스(Lystrosaurus)

리스트로사우루스는 콧구멍이 높은 위치에 있고 한 쌍의 뿔 같은 엄니로 식물을 캐는 것이 특징인 파충류이다.

리스트로사우루스는 통 모양의 몸통, 깊은 주둥이, 짧은 머리뼈, 통통한 다리, 높은 콧구멍을 가진 포유동물 같은 파충류였다. 높이 있는 콧구멍과 특이한 주둥이는 무는 힘을 증가시켰다. 리스트로사우루스가 가진 유일한 이빨은 한 쌍의 뿔 같은 엄니인데, 식물을 캐는 데 사용했다. 질긴 섬유 식물을 먹기 위해서는 강하게 물어야 했다. 리스트로사우루스는 호수와 습지 근처에서 떼를 지어 살았다. 발이 넓적하기 때문에 늪 같은 곳에서 걸어 다닐 수 있었다. 리스트로사우루스의 유골 화석은 전 세계에서 발견되었는데, 이는 독일 과학자 알프레트 베게너(Alfred Wegener, 1880~1930)가 대륙 모두는 한때 판게아라는 하나의 거대한 대륙으로 붙어 있었다고 말한 이론을 뒷받침한다.

시기:	트라이아스기
화석이 발견된 장소:	남극 대륙, 남아프리카, 중국, 인도, 러시아
식습관:	초식동물
발음:	리스트로사우루스(Lystrosaurus)
길이:	1.5m까지
키:	알 수 없음
무게:	91kg
이름의 의미:	'삽 도마뱀'이라는 뜻.

쇼니사우루스(Shonisaurus)

쇼니사우루스는 바다에서 새끼를 낳고 떼 지어 사냥하며 살았던 헤엄치는 파충류 어룡이다.

쇼니사우루스는 바다 생활에 알맞았던 헤엄치는 파충류, 즉 어룡(ichthyosaur)이었다. 어류 중 가장 크다고 알려졌으며 네 개의 지느러미발, 튼튼한 꼬리, 얇은 턱, 곡선(유선) 모양의 몸을 가졌다. 머리뼈는 3m 길이까지 자랄 수 있었다. 오늘날의 돌고래처럼 떼 지어 사냥했던 포식자이자 파충류이며, 물고기와 두족류(오징어, 문어 등)를 먹었다. 쇼니사우루스는 물속에서 새끼를 낳았다. 아가미가 없기 때문에 머리 맨 꼭대기 가까이에 있는 콧구멍으로 숨을 쉬기 위해 주기적으로 수면으로 올라가야 했다. 쇼니사우루스는 먼 거리까지 헤엄쳤지만 너무 덩치가 커서 갑작스럽게 속도를 내지는 못했다. 화석은 1869년 네바다 주에 거주하는 광부들이 처음에 발견했는데, 이들은 쇼니사우루스의 커다랗고 둥근 척추뼈를 만찬용 접시로 사용했었다.

시기:	트라이아스기
화석이 발견된 장소:	미국 남서부
먹이:	물고기
발음:	쇼니사우루스(Shonisaurus)
길이:	15m
키:	알 수 없음
무게:	20~35.5톤
이름의 의미:	'쇼니 도마뱀'이라는 뜻. 미국 네바다 주에서 발견된 쇼숀 산(Shoshone Mountain)을 기념하기 위해.

키노그나투스(Cynognathus)

키노그나투스는 남아프리카와 아르헨티나에서 살았던 강한 이빨을 가진 파충류이며 육식동물이다.

키노그나투스는 포유동물 같은 파충류이다. 고생물학자들은 키노그나투스가 혈액이 따뜻하고 털로 덮여 있었다고 믿는다. 머리뼈에 있는 작은 구멍들은 거기에 수염이 있었고, 수염이 있는 곳에 보통은 털이 있다는 의미이다. 키노그나투스는 뛰어 다닐 수 있었지만 오늘날의 개처럼 빠르지는 않았다. 다리가 짧고, 발가락이 아니라 넓적한 발로 땅 위를 걸어 다녔다. 사나운 포식자의 능력을 갖추었다. 기다란 머리뼈에는 자를 수 있는 앞니, 뾰족한 송곳니, 삼각형의 날카로운 어금니를 가진 강한 턱이 있었다. 키노그나투스는 이런 이빨로 먹이에 상처를 내고 부순 다음 살을 먹기 쉽게 조각조각 내어 큰 덩어리로 만들었다. 떼를 지어 사냥을 했고 칸네메예리아(Kannemeyeria) 같은 동물을 잡아먹었다.

시기:	트라이아스기
화석이 발견된 장소:	남아프리카, 아르헨티나
식습관:	육식동물
발음:	키노그나투스(Cynognathus)
길이:	1.5m
키:	알 수 없음
무게:	알 수 없음
이름의 의미:	'개의 턱'이라는 뜻. 개의 이빨을 닮아서.

헤레라사우루스(Herrerasaurus)

헤레라사우루스는 세 개의 갈고리 손톱과 경첩 같은 아래턱을 가진 초기 조룡이자 용반류 공룡이다.

헤레라사우루스는 공룡의 특징 중 몇 가지만 부족한, 공룡의 직계 조상인 초기 조룡(archosaur)이다. 엉덩뼈는 용반류(saurischian) 공룡, 즉 도마뱀의 골반 모양을 한 공룡과 비슷하다. 헤레라사우루스는 또한 포식 공룡의 많은 특징을 가진 지배적인 포식자였다. 뒷다리로 빠르게 뛰어 다녔고, 갈고리 손톱이 달린 손가락으로 꽉 쥐고 찢을 수 있었다. 헤레라사우루스의 아래턱은 유연해서 몸부림치는 먹잇감을 단단히 붙잡을 수 있었다. 경첩처럼 움직이는 턱은 도마뱀, 양서류, 스카포닉스(Scaphonyx), 피사노사우루스(Pisanosaurus) 등에서 큰 살덩어리를 뜯어냈다. 헤레라사우루스는 단단한 질감으로 되어 있는 피부를 위장할 수 있었는데, 이 위장술로 주변 식물과 조화롭게 뒤섞여 매복했다가 지나가는 사냥감을 습격했다.

시기:	트라이아스기
화석이 발견된 장소:	아르헨티나
식습관:	육식동물
발음:	헤레라사우루스(Herrerasaurus)
길이:	3m
키:	1m(엉덩이에서)
무게:	200~350kg
이름의 의미:	'헤레나의 도마뱀'이라는 뜻. 이 화석을 발견한 목장 주인 빅토리오 헤레라(Victorino Herrera)를 기리기 위해.

피사노사우루스(Pisanosaurus)

피사노사우루스는 뒷다리로 능수능란하게 뛰어 다녔던 조반류 공룡이다.

피사노사우루스는 가장 빠른 조반류(ornithischian), 즉 조류의 골반 모양을 한 공룡이며 작은 초식동물이다. 머리뼈와 이빨은 원시용각류(prosauropod, 목이 길고 용각류보다 머리가 더 작은 초식 공룡)를 닮았다. 뾰족한 이빨로 낮게 깔린 식물들을 잘라 먹었다. 피사노사우루스는 뒷다리로 서서 다녔고, 자유롭게 손을 쥐었다 풀었다 하면서 양치식물과 다른 식물들을 모았다. 길고 가느다란 발을 가지고 있어서 빠르게 뛰어 다녔고, 그래서 헤레라사우루스(Herrerasaurus) 같은 거대한 포식자를 아주 잘 피할 수 있었다. 피사노사우루스는 비가 오면 길고 가느다란 꼬리를 뒤쪽으로 내밀어 균형을 유지했다. 피사노사우루스에 대해 알려진 사실은 화석 잔유물만을 토대로 한 것이다. 지금까지 발견된 조각은 턱, 다리, 발, 등뼈 일부분에 불과하다.

시기:	트라이아스기
화석이 발견된 장소:	아르헨티나
식습관:	초식동물
발음:	피사노사우루스(Pisanosaurus)
길이:	90cm
키:	30cm
무게:	3.6kg
이름의 의미:	'피사노의 도마뱀'이라는 뜻. 아르헨티나 고생물학자 주안 피사노(Juan Pisano)를 기리기 위해.

스타우리코사우루스(Staurikosaurus)

스타우리코사우루스는 손가락 네 개와 발가락 다섯 개를 가진 원시 공룡이며, 자기보다 더 큰 동물을 공격한 최초의 공룡이다.

스타우리코사우루스는 가장 초기에 나타난 가장 원시적인 공룡이며, 작은 조룡의 후손이다. 손가락 네 개와 발가락 다섯 개가 원시적인 특징인데, 더 후에 나타나 고기를 먹었던 공룡보다 손발가락이 더 많고 초기 원시용각류 또는 코엘루로사우루스(coelurosaur, 작고 가느다란 뒷다리로 걷고 보통의 수각류에 비해 앞다리가 긴 편인 육식 공룡)와 친척 관계였을지도 모른다. 커다란 뒷다리를 가졌던 스타우리코사우루스는 그 당시에 가장 빠른 육지 동물이었을 것이다. 작은 공룡에 비해 큰 머리를 지녔다. 아래턱 관절을 미끄러지듯 앞뒤로 움직일 수 있어서 이빨 안으로 몸부림치는 먹이를 붙잡고 있는 것이 가능했다. 스타우리코사우루스는 작은 도마뱀과 포유동물 같은 파충류를 먹었지만 날카롭고 구부러진 이빨을 가지고 있어서, 자기보다 더 큰 동물을 공격할 수 있었던 최초의 공룡이었다.

시기:	트라이아스기
화석이 발견된 장소:	브라질, 아르헨티나
식습관:	육식동물
발음:	스타우리코사우루스(Staurikosaurus)
길이:	2m
키:	80m
무게:	28kg
이름의 의미:	'남쪽의 십자 도마뱀'이라는 뜻. 남반구의 남십자성(Southern Cross constellation)을 참고해서.

데스마토수쿠스(Desmatosuchus)

데스마토수쿠스는 구부러진 톱니 모양의 가시들이 등을 따라 두 줄로 이어졌으며, 악어처럼 생긴 파충류이다.

데스마토수쿠스는 공룡이 아니라 육지에 살았던 갑옷 두른 파충류 아에토사우루스(aetosaur, 등에 갑옷이나 뼈판을 두른 파충류)이다. 그 모양에도 불구하고 작은 나뭇잎 모양의 이빨을 가졌던 초식동물이다. 뭉툭한 부리 모양의 주둥이로 땅을 파헤쳐 뿌리를 캤다. 데스마토수쿠스는 구부러진 톱니 모양의 가시들이 등을 따라 두 줄로 이어져 있었다. 가장 큰 두 개의 가시가 어깨에 돌출되어 있었는데 54cm까지 자랐다. 등과 꼬리, 배는 사각형의 갑옷판으로 덮여 있었다. 데스마토수쿠스는 고관절 밑에 있는 짧은 다리로 자기의 커다란 몸통을 지탱했지, 많은 파충류처럼 옆으로 다리를 펼치지 않았다.

시기:	트라이아스기
화석이 발견된 장소:	미국 남부
식습관:	초식동물
발음:	데스마토수쿠스(Desmatosuchus)
길이:	1.3~5m
키:	알 수 없음
무게:	알 수 없음
이름의 의미:	'횃불 악어'라는 뜻. 오늘날의 악어처럼 비슷하게 생긴 머리뼈 때문.

라고수쿠스(Lagosuchus)

라고수쿠스는 선 자세로 있고 긴 꼬리와 짧은 팔을 가졌으며, 정강이가 길어 전력 질주에 능했던 작은 조룡이다.

라고수쿠스는 공룡의 조상인 작은 조룡이다. 선 자세로 있고 긴 꼬리와 짧은 팔을 가졌으며, 미니어처 공룡처럼 보였다. 고생물학자들은 라고수쿠스를 연구하면서 어떻게 공룡이 진화했는지 더 잘 이해할 수 있었다. 라고수쿠스는 기다란 뒷다리로 먹잇감을 쫓아 다녔는데 곤충과 작은 파충류를 먹었다. 넓적다리의 길이보다 두 배 더 긴 정강이 때문에 전력 질주할 수 있었다. 근육질 다리로 미국 남부 숲속의 빈터를 빠르게 가로질러 달릴 수 있었다. 머리뼈에는 양쪽 눈 뒤로 각각의 구멍이 있었는데, 여기에 강한 턱 근육이 붙어 있었다. 이는 라고수쿠스가 이빨을 먹이에 박았을 때 작고 강한 턱이지만 먹이를 비집어 열기는 어려웠다는 것을 의미한다.

시기:	트라이아스기
화석이 발견된 장소:	아르헨티나
식습관:	육식동물
발음:	라고수쿠스(Lagosuchus)
길이:	30~40cm
키:	알 수 없음
무게:	200g
이름의 의미:	'토끼 악어'라는 뜻. 고생물학자들이 이렇게 빠르게 속력을 내는 파충류는 악어와 친척 관계였다고 보았기 때문.

스카포닉스(Scaphonyx)

스카포닉스는 통 모양의 몸통, 튼튼한 다리, 구부러진 부리를 가진 파충류 린코사우르이다.

스카포닉스는 통 모양의 몸통과 짧고 튼튼한 다리, 아래로 구부러진 부리를 가진 파충류인 린코사우르(rhynchosaur, 통 모양의 몸통과 짧고 튼튼한 다리, 아래쪽으로 굽은 위턱과 갈고리처럼 생긴 부리를 가진 파충류)이다. 스카포닉스는 이 부리로 뿌리를 캐거나 낮게 깔린 식물을 따서 먹었다. 입을 닫을 때 아래턱을 위턱의 홈으로 끼워서 베어 물었다. 아래턱에 뭉툭하고 둥근 이빨이 배열되어 있고 이 이빨로 양치식물, 뿌리, 씨앗, 열매를 갈아먹었다. 스카포닉스의 몸통 안에는 식물을 발효시키고 분해해야 하는 큰 소화기관이 있었다. 그 당시에 살고 있던 대부분의 종들처럼 스카포닉스는 트라이아스기 말에 멸종했다.

시기:	트라이아스기
화석이 발견된 장소:	남아프리카, 브라질
식습관:	초식동물
발음:	스카포닉스(Scaphonyx)
길이:	1~2.5m
키:	알 수 없음
무게:	알 수 없음
이름의 의미:	'구유 모양의 발톱'이라는 뜻.

샨시수쿠스(Shansisuchus)

샨시수쿠스는 중국에서 살았던 조룡으로, 넓고 짧은 머리에 강한 턱 근육을 지녔으며 흉포하게 먹는 습관을 가졌다.

샨시수쿠스는 공룡의 파충류 조상인 조룡이다. 악어와 비슷하지만, 옆쪽이 아니라 몸통 아래에 달린 네 개의 튼튼한 다리로 걸었다. 고관절 바로 밑에 다리가 있어서 그 크기의 파충류에 비해 빠르게 움직였다. 넓고 짧은 머리에는 사납게 물 수 있는 강한 턱 근육을 지녔다. 샨시수쿠스는 지나가는 사냥감에게 달려들어 잡아먹었는데, 사정거리 안으로 돌아다니는 더 작은 파충류나 다른 것을 먹었다. 먹잇감의 살덩어리를 찢고 주둥이를 들어 올리며 입 안에서 고기를 굴린 다음 고기 전체를 삼키는 등 흉포하게 먹는 습관을 가졌다. 나중에는 편안한 곳을 찾아 햇볕을 쬐면서 쉬고 먹은 음식물을 소화시켰을 것이다.

시기:	트라이아스기
화석이 발견된 장소:	중국
식습관:	육식동물
발음:	샨시수쿠스(Shansisuchus)
길이:	2.2m
키:	알 수 없음
무게:	알 수 없음
이름의 의미:	'샨시 악어'라는 뜻. 화석이 발견된 중국의 산시성(Shansi province)을 기념하기 위해.

난창고사우루스(Nanchangosaurus)

난창고사우루스는 중국 난창에서 살았으며 큰 눈과 물갈퀴를 가진 수중 파충류이다.

난창고사우루스는 물속에서 살았던 파충류이다. 많은 과학자들은 난창고사우루스를 어룡과 조룡 사이에서 끊어진 연결 고리라고 믿었다. 난창고사우루스는 발가락이 일곱 개인 다른 양서류가 사라진 후인 1억 년 전에 살았다. 앞다리에 각각 일곱 개의 발가락이, 뒷다리에 각각 여섯 개의 발가락이 있었다. 물갈퀴를 사용해서 물을 가르며 앞으로 나아갔고 장어 같은 꼬리 때문에 물속에서 급하게 회전할 수 있었다. 커다란 눈을 가졌는데, 이는 시야가 좋다는 것을 가리킨다. 난창고사우루스는 물고기와 갑각류를 길고 이빨 없는 주둥이 안으로 물어 먹었다. 공기를 들이마셔 숨을 쉬기 때문에 새로운 공기를 들이마시기 위해 주기적으로 수면 위로 올라가야 했다.

시기:	트라이아스기
화석이 발견된 장소:	중국
먹이:	물고기, 갑각류
발음:	난창고사우루스(Nanchangosaurus)
길이:	1m
키:	알 수 없음
무게:	알 수 없음
이름의 의미:	'난창 도마뱀'이라는 뜻. 화석이 발견된 중국의 난창(Nanchang) 지역을 기념하기 위해.

히페로다페돈(Hyperodapedon)

히페로다페돈은 부리 같은 특이한 턱을 위아래로 움직여서 먹었던 초식 파충류이다.

히페로다페돈은 통통한 통 모양의 몸통을 가진 파충류이다. 그 당시에 가장 번성한 파충류였다. 부리 같은 턱을 사용해서 양치류 종자식물을 잘라내고 질긴 뿌리를 캐서 먹었다. 특이한 턱은 가위처럼 정밀하게 잘라낼 수 있었다. 좌우로 턱을 움직이지는 못했지만, 부리를 위아래로 움직여 벌리고 닫아서 고기를 충분히 잘라냈다. 히페로다페돈의 전체 화석 골격은 인도에 있는 사암판석(모래가 굳어져 단단해진 암석판) 안에 보존되어 있었다. 트라이아스기 말에 양치류 종자식물이 사라지자 히페로다페돈도 사라졌다. 양치류 종자식물 대신 자라났던 침엽수를 먹는 데 적응하지 못해 멸종한 것이다.

시기:	트라이아스기
화석이 발견된 장소:	인도, 스코틀랜드
식습관:	초식동물
발음:	히페로다페돈(Hyperodapedon)
길이:	1.3m까지
키:	90cm
무게:	91kg
이름의 의미:	'포석(옛날 전쟁에서 적에게 던진 돌) 모양의 윗니'라는 뜻.

에오랍토르(Eoraptor)

에오랍토르는 체중이 가볍고 빠르게 달리며 사냥했던 지능이 좋은 초기 공룡이며, 짧은 팔과 커다란 손톱, 톱니 모양의 이빨을 가졌다.

에오랍토르는 최초의 공룡 중 하나이며, 빠르고 지능이 좋은 사냥꾼이었다. 전체 골격이 발견된 몇 안 되는 초기 공룡 중 하나이다. 에오랍토르의 날씬한 체구와 속이 빈 뼈는 체중을 가볍게 했다. 머리뼈는 길고 가볍지만 튼튼했다. 턱에는 톱니 모양의 어금니와 나뭇잎 모양의 앞니를 포함한 이빨들이 일렬로 배열되어 있었다. 짧은 팔에는 다섯 개의 손가락과 먹이를 잡아 찢을 수 있는 커다란 손톱이 달렸다. 에오랍토르는 초기 공룡처럼 뒷다리로 서서 걸어 다니며 작은 파충류와 포유동물을 뒤쫓아 빠르게 달렸다. 뛰어 다닐 때, 균형을 잡기 위해서는 꼬리를 뒤로 내민 채 있어야 했다. 에오랍토르는 또한 더 큰 포식자들이 죽인 동물의 사체를 찾아 먹기도 했다.

시기:	트라이아스기
화석이 발견된 장소:	아르헨티나
식습관:	육식동물
발음:	에오랍토르(Eoraptor)
길이:	1m
키:	50m
무게:	3.6kg
이름의 의미:	'새벽 도둑'이라는 뜻. 아주 빠른 육식동물 중 하나로 알려진 공룡이기 때문.

테코돈토사우루스(Thecodontosaurus)

테코돈토사우루스는 구부러진 엄지손톱과 가느다란 팔다리를 가진 원시 초식 공룡이다.

테코돈토사우루스는 초기 원시용각류(목이 길고 용각류보다 머리가 더 작은 초식 공룡)이다. 풀을 뜯어먹고 네 다리로 걸어 다녔지만 뛰어 다닐 때는 뒷다리로 섰다. 작은 머리, 약간 긴 목, 뛸 때 균형을 잡는 데 사용되는 긴 꼬리를 가졌다. 손가락 다섯 개에 구부러진 커다란 엄지손톱을 가져서 식물과 나뭇가지를 쉽게 잡을 수 있었다. 구석진 곳에 내몰렸을 때는 이 발톱으로 방어했을 것이다. 테코돈토사우루스는 톱니 모양의 날을 한 뭉툭한 이빨로 소철(겉씨식물, 떨기나무)이나 종려나무, 다른 낮게 깔린 식물을 뜯고 씹을 수 있었다. 뒷다리는 팔보다 더 길었다. 테코돈토사우루스는 갈고리 엄지손톱 이외에는 싸울 능력을 갖추지 못했고 위협을 받을 때 가느다란 뒷다리로 도망쳤다.

시기:	트라이아스기
화석이 발견된 장소:	영국, 아르헨티나
식습관:	초식동물
발음:	테코돈토사우루스(Thecodontosaurus)
길이:	2.1m
키:	1.2m
무게:	70kg
이름의 의미:	'이틀(치조) 도마뱀'이라는 뜻. 이빨들이 이틀(이빨이 박혀 있는 뼈의 구멍) 속에 잘 맞춰졌기 때문.

타니스트로페우스(Tanystropheus)

타니스트로페우스는 목이 몸통과 꼬리를 합한 길이보다 더 길며, 자기 꼬리를 잘라내 포식자를 따돌렸던 파충류이다.

타니스트로페우스는 얕은 바다와 해안가를 따라 살았던 이상한 파충류이다. 목은 믿기 힘들 정도로 긴데, 몸통과 꼬리를 합한 길이보다 더 길었다. 목에는 척추뼈가 열 개만 있었지만, 그 길이가 아주 길기 때문에 타니스트로페우스의 목은 약간 뻣뻣했다.

타니스트로페우스는 물속을 헤치며 걷고는 경계를 게을리 하는 물고기를 잡았다. 해변에서 곤충과 작은 파충류를 먹었고, 그렇지 않으면 머리를 물속에 잠겨서 지나가는 물고기를 놀라게 할 수도 있었다. 꼬리뼈에 있는 골절선은 꼬리를 잘라내거나 다시 자랄 수 있었다는 의미이다. 꼬리를 잘라내는 것이 꼬리를 잡고 있던 포식자를 피하는 유용한 방법인데, 단순히 포식자에게 잘린 꼬리를 남긴 채 도망갔고 다른 꼬리가 자랄 수 있었다.

시기:	트라이아스기
화석이 발견된 장소:	유럽, 이스라엘
먹이:	물고기
발음:	타니스트로페우스(Tanystropheus)
길이:	3~4m
키:	알 수 없음
무게:	363kg
이름의 의미:	'굽히는 긴 도마뱀'이라는 뜻. 엄청나게 기다란 목 때문.

에우파르케리아(Euparkeria)

에우파르케리아는 등 중심과 꼬리에 가벼운 뼈판을 지녔으며 달리기와 위장술이 뛰어난 조룡이다.

에우파르케리아는 등 중심과 꼬리에 가벼운 뼈판이 이어져 있었던 조룡이다. 에우파르케리아는 대부분의 시간에 네 다리로 있었지만, 뒷다리로 일어서고 달릴 수 있었다. 골격의 무게가 가볍기 때문에 민첩하고 빨랐다. 뛰어난 전력 질주 능력은 더 작은 포유동물 같은 파충류를 사냥할 때 유리했다. 유연한 턱에는 칼 같은 톱니 모양의 이빨이 있는데, 이틀(또는 치조, 치아나 이빨이 박혀 있는 뼈의 구멍)에 잘 붙어 있고 사냥감에 충분히 손상을 입힐 수 있었다. 에우파르케리아는 식물들 가운데 숨어서 자기 크기를 위장했다. 에우파르케리아는 사냥감이 지나갈 법한 곳에서 매복했다가 슬그머니 움직여 지나가는 사냥감에 달려들고 뒤쫓았다.

시기:	트라이아스기
화석이 발견된 장소:	남아프리카
식습관:	육식동물
발음:	에우파르케리아(Euparkeria)
길이:	50cm
키:	알 수 없음
무게:	알 수 없음
이름의 의미:	'진실한 파커의 것'이라는 뜻. 영국의 형태학자 겸 동식물 연구가인 W. 키친 파커(W. Kitchen Parker, 1823~1890)를 기리기 위해.

유스켈로사우루스(Euskelosaurus)

유스켈로사우루스는 남아프리카에서 살았으며, 기다란 목과 꼬리를 가진 커다란 초기 초식 공룡이다.

유스켈로사우루스는 아주 큰 초기 공룡 중 하나이다. 기다란 목과 꼬리는 원시용각류의 특징을 갖추었다. 네 다리로 걷거나 뒷다리로 설 수 있었다. 초식동물인 유스켈로사우루스는 더 높은 위치에 있는

나뭇잎에 도달하려고 뒷다리로 섰다. 나뭇잎을 먹을 때 뒷다리로 섰고 균형을 잡기 위해 긴 꼬리를 땅에 받쳐 삼각대 다리처럼 사용했다. 살아남기 위해 매일 방대한 양의 식물을 먹어야 했다. 유스켈로사우루스의 턱은 자신의 커다란 덩치에 맞는 에너지를 얻기 위해 이파리를 뜯어먹고 으깨는 동작을 계속했다. 그 당시에 많은 유스켈로사우루스 무리는 식물이 남아 있지 않을 때 옆쪽의 숲 지대로 이동해서 식물을 빠르게 쓸어내어 없앨 수 있었다.

시기:	트라이아스기
화석이 발견된 장소:	레소토(남아프리카에 있는 국가), 짐바브웨
식습관:	초식동물
발음:	유스켈로사우루스(Euskelosaurus)
길이:	8~12m
키:	3~4m
무게:	1.6~~1.8톤
이름의 의미:	'좋은 다리 도마뱀'이라는 뜻. 정강이뼈가 1m나 되기 때문.

살토푸스(Saltopus)

살토푸스는 곤충이나 작은 동물을 잡아먹거나 죽은 사체를 찾아 먹었던 작고 가벼운 육식 공룡이다.

살토푸스는 진화한 공룡의 거의 없었을 때 살았던 작고 가벼운 공룡이다. 목이 길고 눈이 컸다. 눈이 크다는 것은 시력이 예리하다는 뜻이다. 두 다리로 서서 걸었고 위험을 피해 빠르게 달려서 살아남았다. 강한 뒷다리는 작은 도마뱀을 잡을 만큼 빠른 속도를 냈다. 다섯 개의 손가락으로 곤충을 잡거나 먹잇감을 잡아 이빨 안으로 넣어 삼켰다. 살토푸스는 또한 더 큰 포식자가 남긴 동물 사체를 찾아 먹었다. 아마도 껑충껑충 뛰어 다니지 않고 길고 빠른 걸음걸이로 성큼성큼 걸었을 것이다.

시기:	트라이아스기
화석이 발견된 장소:	스코틀랜드
식습관:	육식동물
발음:	살토푸스(Saltopus)
길이:	60cm
키:	엉덩이에서 20cm
무게:	1kg
이름의 의미:	'껑충껑충 뛰는 발'이라는 뜻. 살토푸스가 뛰어넘고 다녔을 것이라고 고생물학자들이 믿었기 때문.

리오자사우루스(Riojasaurus)

리오자사우루스는 육중한 몸을 하고 있었지만, 골격은 가볍고 머리는 작고 목이 긴 초식 공룡이다.

리오자사우루스는 튼튼하고 무거운 공룡이며, 가장 큰 원시용각류(목이 길고 용각류보다 머리가 더 작은 초식 공룡) 중 하나이다. 척추뼈 안의 빈 공간이 골격을 더 가볍게 햇지만 소화기관은 아주 크고 팔다리는 매우 두꺼워서 뒷다리로 서서 달리거나 나무 꼭대기에 있는 이파리를 먹지는 못했다. 숟가락 모양의 약한 이빨을 가졌고, 이 이빨로 덤불과 침엽수에서 이파리와 솔잎을 뜯어먹었다. 리오자사우루스는 용반류, 즉 도마뱀의 골반 모양을 한 공룡이었다. 긴 꼬리는 긴 목의 균형을 잡아주는 역할을 했다. 작은 머리에 들어 있는 뇌는 작았다. 그래서 배고픈 포식자가 있는지 경계하는 눈으로 주위를 살피면서 하루 종일 식물을 우적우적 먹는 데 만족했다. 안전을 위해 무리를 지어 다녔다.

시기:	트라이아스기
화석이 발견된 장소:	아르헨티나
식습관:	초식동물
발음:	리오자사우루스(Riojasaurus)
길이:	9~11m
키:	4.9m
무게:	4.5톤까지
이름의 의미:	'리오하 도마뱀'이라는 뜻. 화석이 발견된 아르헨티나의 라리오하(La Rioja) 주를 기념하기 위해.

멜라노로사우루스(Melanorosaurus)

멜라노로사우루스는 몸집이 엄청나게 크며, 기둥 같은 육중한 다리로 걸어 다녔던 목이 긴 초식 공룡이다.

멜라노로사우루스는 엄청나게 큰 초기 공룡 중 하나이다. 유스켈로사우루스, 리오자사우루스와 친척 관계이며 대표적인 원시용각류이다. 또한 용반류, 즉 도마뱀의 골반 모양을 한 공룡이며 네 개의 기둥 같은 다리로 걸었다. 거대한 크기는 멜라노로사우루스가 매일 엄청난 양의 식물을 섭취해야 했다는 의미인데, 숟가락 모양의 이빨로 이파리를 뜯어먹었다. 멜라노로사우루스는 이빨이 씹어 먹기에 완벽하지 않았기 때문에 소화기관에서 식물을 분해시키기 위해 위석이나 작은 돌을 삼켰다. 그러면 삼킨 음식물은 소화기관에서 발효되었다. 사실상 이 소화기관은 어디든지 끌고 다녔던 큰 발효통인 셈이었다.

시기:	트라이아스기
화석이 발견된 장소:	남아프리카
식습관:	초식동물
발음:	멜라노로사우루스(Melanorosaurus)
길이:	12m
키:	4.3m
무게:	알 수 없음
이름의 의미:	'블랙마운틴 도마뱀'이라는 뜻. 화석이 발견된 남아프리카의 케이프 주 타바에 있는 나미(블랙마운틴)를 기념하기 위해.

콜로라디사우루스(Coloradisaurus)

콜로라디사우루스는 날카롭고 불규칙한 이빨을 가졌으며, 네 다리 또는 뒷다리로 걸었던 목이 긴 원시용각류이다.

콜로라디사우루스는 네발로 걷거나 뒷다리로 서서 걸었던 원시용각류이다. 서서 나무 꼭대기에 있는 이파리를 뜯어먹었는데, 꼬리를 땅에 올려놓고 안정적으로 선 채 손톱으로 나뭇가지를 붙잡아 먹었다. 포식자가 달려들었다면, 콜로라디사우루스는 더 위협적으로 보이기 위해 뒷다리로 일어서서 손톱으로 공격자를 향해 후려쳤을 것이다. 콜로라디사우루스의 턱은 이빨이 날카롭고 불규칙하게 나 있어서 이파리를 찢는 데 유용했다. 많은 고생물학자는 콜로라디사우루스가 같은 지역에서 발견된 아기 공룡 무스사우루스(Mussaurus)의 어른 모습이라고 믿었다. 원래는 콜로라디아(Coloradia)라는 이름을 붙였는데, 이 이름은 이미 한 나방에게 붙여진 것이기 때문에 다시 이름을 지어야 했다.

시기:	트라이아스기
화석이 발견된 장소:	아르헨티나
식습관:	초식동물
발음:	콜로라디사우루스(Coloradisaurus)
길이:	3~4m
키:	알 수 없음
무게:	290kg
이름의 의미:	'로스 콜로라도스 도마뱀'이라는 뜻. 화석이 발견된 아르헨티나 로스 콜로라도스(Los Colorados, 아르헨티나의 원시 지대)의 암석층을 기념하기 위해.

프로콤프소그나투스(Procompsognathus)

프로콤프소그나투스는 날카로운 손톱과 뾰족한 이빨, 긴 다리를 가진 아주 작은 수각류 육식 공룡이며 몸이 가벼워 빠르게 달렸다.

프로콤프소그나투스는 수각류(theropod, 두 발로 걷는 육식 공룡)이며 트라이아스기에 살았던 가장 작은 공룡 중 하나이다. 짧은 거리를 빠른 속도로 달릴 수 있는 데다 감각이 예민하고 반사 신경이 빠른 뛰어난 사냥꾼이었다. 속이 빈 뼈가 무게를 가볍게 했고 먹잇감을 할퀴고 찢는 날카로운 손톱과 기다란 뒷다리를 가졌다. 긴 꼬리는 균형을 잡고 빠른 속도로 움직이는 데 도움이 되었다. 프로콤프소그나투스는 할퀴고 쥘 수 있는 손으로 먹이를 잡았고, 작은 도마뱀과 포유동물을 손으로 쥔 채 구부러진 뾰족한 이빨로 먹잇감의 목을 잡아 뜯었다. 다섯 개의 손가락으로 공중에서 곤충을 낚아챌 수 있었다.

시기:	트라이아스기
화석이 발견된 장소:	독일
먹이:	곤충, 작은 동물
발음:	프로콤프소그나투스(Procompsognathus)
길이:	1.2m
키:	30cm
무게:	1~2.5kg
이름의 의미:	'귀여운 턱 이전'이라는 뜻. 처음에 이 공룡이 '귀여운 턱'을 뜻하는 이름의 콤프소그나투스(Compsognathus)와 친척 관계라고 믿어졌기 때문.

노토사우루스(Nothosaurus)

노토사우루스는 길고 좁은 주둥이에 뾰족한 앞니를 가졌고, 물갈퀴가 있는 손발가락으로 열대 바다를 헤엄치며 다녔던 파충류이다.

노토사우루스는 얕은 열대 바다에서 헤엄치며 다녔던 파충류이다. 노 같은 팔다리는 물갈퀴가 있는 다섯 개의 손가락과 발가락을 지녀서 수영을 하는 데 도움이 되었다. 근육이 강해서 몸통 아랫면에 붙어 있는 팔다리를 조절할 수 있었다. 노토사우루스는 헤엄치며 먹잇감을 향해 나아가는 동안 길고 유연한 꼬리를 양옆으로 움직였다. 길고 좁은 주둥이에는 크고 뾰족한 앞니와 더 작은 어금니가 있었다. 턱이 닫힐 때 이빨들이 서로 맞물리면서 물고기와 바다 동물이 갇혔다. 노토사우루스는 콧구멍이 주둥이 위에 있었다. 이 콧구멍으로 새로운 공기를 들이마시기 위해 수면 위로 올라갔다. 바다에서 식사를 마친 후에는 육지에서 휴식을 취했다.

시기:	트라이아스기
화석이 발견된 장소:	유럽, 아프리카, 중국, 이스라엘, 러시아
먹이:	물고기, 바다 동물
발음:	노토사우루스(Nothosaurus)
길이:	3~4m
키:	알 수 없음
무게:	알 수 없음
이름의 의미:	'거짓 도마뱀'이라는 뜻. 공룡은 아니지만 도마뱀 같은 수중 파충류이기 때문.

에리트로수쿠스(Erythrosuchus)

에리트로수쿠스는 느리지만 강한 턱과 무서운 이빨, 근력을 가졌던 큰 육식동물이다.

에리트로수쿠스는 파충류이자 그 당시에 가장 컸던 육식동물이다. 대담하고 게걸스럽게 먹는 포식자였는데, 자기보다 큰 동물을 사냥했다. 에리트로수쿠스는 빠르지도 민첩하지도 않았지만, 근력으로 이 결점들을 보완했다. 머리뼈는 길이 1m이고 잔인하게 보일 정도로 날카로운 이빨을 가졌다. 에리트로수쿠스의 강한 턱은 한 번 물면 어떤 동물에게든 손상을 입히기에 충분했을 것이다. 날카로운 이빨은 희생 동물의 거대한 살덩어리를 찢어서 출혈과 사망을 이르게 할 수 있었다. 에리트로수쿠스는 마음껏 먹기 전에 피 흘리는 동물의 힘이 빠질 때까지 기다려야 했다. 크고 느린 동물들은 주변에 이 사나운 파충류가 있는지 경계해야 했다.

시기:	트라이아스기
화석이 발견된 장소:	남아프리카
식습관:	육식동물
발음:	에리트로수쿠스(Erythrosuchus)
길이:	5m
키:	알 수 없음
무게:	알 수 없음
이름의 의미:	'붉은 악어'라는 뜻.

셀로사우루스(Sellosaurus)

셀로사우루스는 무거운 소화기관과 긴 꼬리를 지녔고 네 다리로 걷다가 나뭇잎을 먹을 때는 두 다리로 섰던 원시용각류이다.

셀로사우루스는 큰 원시용각류(목이 길고 용각류보다 머리가 더 작은 초식 공룡)이다. 무거운 소화기관 때문에 네 다리로 걸을 때 체중이 더 편안하게 분산되었다. 그러나 높이 있는 나뭇잎에 도달할 때는 뒷다리로 서고 긴 꼬리를 바닥에 안정적으로 올려놓고서 몸통을 받쳤다. 톱니처럼 거친 나뭇잎 모양의 이빨로 나뭇가지에 있는 잎들을 긁어내었다. 셀로사우루스는 음식물이 입 양쪽에서 빠져나오는 일 없도록 입 안에 식물을 넣어둔 상태에서 씹을 수 있었다. 위 안에 있는 위석이나 작은 돌이 먹은 식물을 분해했다. 셀로사우루스는 먹을 때 갈고리 엄지손톱을 나뭇가지에 걸어 더 가깝게 잡아당기거나 포식자에게 방어 수단으로 사용할 수 있었다.

시기:	트라이아스기
화석이 발견된 장소:	독일
식습관:	초식동물
발음:	셀로사우루스(Sellosaurus)
길이:	7m
키:	1.7m
무게:	100~400kg
이름의 의미:	'안장 도마뱀'이라는 뜻. 척추가 비교적 넓고 평평하기 때문.

무스사우루스(Mussaurus)

무스사우루스는 기다란 목과 꼬리를 가진 초기 초식 공룡이며, 지금까지 발굴된 공룡 화석 중 가장 작다.

무스사우루스는 초기 초식 공룡이다. 유일하게 발견된 화석은 아기 무스사우루스이다. 이 갓 부화한 아기 공룡은 18~37cm인데, 이제까지 발굴된 공룡 화석 중 가장 작다. 둥지와 알껍데기, 갓 부화한 다섯 마리의 공룡이 발견되었다. 이 아기 공룡들이 살아 있었다면 커다란 원시용각류로 자랐을 것이다. 무스사우루스는 네발로 걸었고 기다란 목과 꼬리를 지녔다. 식물을 따고 잘라낼 수 있는 작은 잎 모양의 이빨을 가지고 있었다. 고생물학자들은 무스사우루스가 무리를 지어 다녔고 계절이 바뀔 때마다 새로운 식량 공급원을 찾아 이동하는 사회적 동물이었을 것이라고 믿는다. 일부 전문가들은 콜로라디사우루스(Coloradisaurus)가 무스사우루스의 어른 모습이라고 생각한다.

시기:	트라이아스기
화석이 발견된 장소:	아르헨티나
먹이:	침엽수, 소철(겉씨식물 일종)
발음:	무스사우루스(Mussaurus)
길이:	3m(어른 공룡일 때)
키:	알 수 없음
무게:	120kg(어른 공룡일 때)
이름의 의미:	'쥐 도마뱀'이라는 뜻. 발견된 갓 부화한 작은 크기의 공룡이 발견되었기 때문.

프로토아비스(Protoavis)

프로토아비스는 공룡의 후예가 아니라 최초의 공룡과 같은 시대에 살았던 최초의 조류이다.

프로토아비스는 조류나 수각류(두 발로 걷는 육식 공룡) 중 하나이다. 고생물학자들은 그 분류가 아직도 올바른지 논쟁하고 있다. 프로토아비스는 시조새보다 약 7500만 년 전 더 먼저 나타났기 때문에 최초의 새라고 할 수도 있다. 이는 프로토아비스가 공룡의 후예가 아니라 최초의 공룡과 같은 시대에 살았던 최초의 새라는 의미이다. 프로토아비스의 화석은 조각조각 부서져 있어 분산된 뼈를 모아서 조립해야 했다. 이런 일이 생길 때마다 하나의 종이 아닌 여러 종의 뼈들이 우연히 섞여 있을 가능성이 있다. 프로토아비스의 수수께끼는 완전한 프로토아비스 화석이 발견될 때까지는 해결되지 않을 것이다. 완전한 골격이 발견되면 고생물학자들이 프로토아비스를 올바르게 분류할 수 있을 것이다.

시기:	트라이아스기
화석이 발견된 장소:	미국, 몽골
먹이:	곤충, 작은 동물, 어쩌면 물고기도
발음:	프로토아비스(Protoavis)
길이:	35cm
키:	알 수 없음
무게:	350g
이름의 의미:	'최초의 새'라는 뜻. 원시 새를 닮았기 때문.

리리엔스테르누스(Liliensternus)

리리엔스테르누스는 머리뼈에 볏이 있고, 무리 지으며 날카로운 손톱과 이빨로 사냥을 했던 수각류 공룡이다.

리리엔스테르누스는 최초의 수각류(두 발로 걷는 육식 공룡) 중 하나이다. 딜로포사우루스(Dilophosaurus)처럼 머리뼈에 작은 볏을 지녔다. 근육이 있는 뒷다리로 서서 걸었고, 꼬리를 뒤로 내민 채 균형을 잡고서 빠르게 뛸 수 있었다. 리리엔스테르누스는 사나운 손톱으로 무장한 공격적인 사냥꾼이었다. 무리를 지으며 경계를 게을리 하는 셀로사우루스(Sellosaurus)를 쉽게 잡아먹었는데, 이 초식 공룡을 둘러싸고 날카로운 갈고리 손톱으로 살을 찢었다. 일단 희생 동물이 크게 다쳐 움직이지 못한다면, 리리엔스테르누스 무리는 날카로운 이빨로 이 희생 동물의 몸에서 큰 고깃덩어리를 떼어냈다.

시기:	트라이아스기
화석이 발견된 장소:	미국 남서부, 독일
식습관:	육식동물
발음:	리리엔스테르누스(Liliensternus)
길이:	5m
키:	2.5m
무게:	100~400kg
이름의 의미:	'릴리엔스턴을 위해'라는 뜻. 독일의 고생물학자 휴고 륄레 본 릴리엔스턴(Hugo Rühle von Lilienstern, 1882~1946)을 기리기 위해.

코엘로피시스(Coelophysis)

코엘로피시스는 다양한 시대에 살았던 초기 용반류이며 머리가 뾰족한 육식 공룡이다.

코엘로피시스는 길지만 가벼운 초기 용반류(도마뱀의 골반 모양을 한 공룡)이다. 다양한 나이의 코엘로피시스 화석 표본 수백 개가 한 지역에서 발견되었다. 많은 수의 코엘로피시스 무리가 한 물웅덩이를 찾아갔을 때 갑작스런 홍수가 일어 익사했을 것이다. 속이 빈 뼈가 코엘로피시스를 가볍게 했고, 그래서 서서 달리거나 네 다리 모두를 사용해서 뛰어 다닐 수 있었다. 세 개의 손가락을 지닌 손은 튼튼했고 갈고리 손톱으로 먹잇감을 움켜잡았다. 길고 뾰족한 머리는 작은 톱니 모양의 이빨을 지녔는데 이 이빨로 작은 파충류와 물고기, 포유동물을 먹었다. 화석이 된 위 안에는 작은 코엘로피시스 뼈들이 들어 있었는데, 이는 때때로 자기 종의 새끼를 잡아먹었다는 것을 의미한다.

시기:	트라이아스기
화석이 발견된 장소:	미국 남서부
식습관:	육식동물
발음:	코엘로피시스(Coelophysis)
길이:	2.5~3m
키:	1.5m
무게:	15~30kg
이름의 의미:	'빈 형태'라는 뜻. 속이 비고 가벼운 뼈 때문.

헤노두스(Henodus)

헤노두스는 거북이처럼 껍데기로 덮여 있었고 사각형의 머리와 주둥이를 가진 중생대의 파충류이다.

헤노두스는 납작한 거북이를 닮은 바다 파충류이다. 중생대에 남유럽을 덮었던 얕은 고대의 수역(물이 고여 있는 낮은 지역)인 테티스해(Tethys Sea)에서 헤엄을 쳤다. 헤노두스는 사각형의 머리에 이빨은 없지만 턱으로 조개류를 부수었다. 사각형 주둥이는 바다 밑바닥 진흙에 코를 박고 먹이가 될 작은 바다 생물을 찾는 데 적합했다. 머리, 네 다리, 짧은 꼬리만이 껍데기에서 튀어나와 있었다. 등과 배는 모자이크 같은 불규칙한 뼈판 껍데기로 덮여 있었다. 이 껍데기가 더 큰 바다 포식자에게 잡아먹히지 못하도록 헤노두스를 보호했다.

시기:	트라이아스기
화석이 발견된 장소:	독일
먹이:	물고기, 갑각류, 연체동물
발음:	헤노두스(Henodus)
길이:	1m
키:	알 수 없음
무게:	알 수 없음
이름의 의미:	알 수 없음

플라테오사우루스(Plateosaurus)

플라테오사우루스는 그 크기 때문에 나무 꼭대기의 나뭇잎을 뜯어먹을 수 있었던 최초의 공룡이며, 나뭇잎 모양의 이빨로 이파리를 벗겨 먹었다.

 플라테오사우루스는 가장 많이 알려진 원시용각류 중 하나이다. 중앙 유럽 전 지역에서 열두 개의 골격이 발견되었다. '다이노소어'(dinosaur)라는 이름이 생기기 전 1837년에 플라테오사우루스라는 이름이 붙었다. 플라테오사우루스는 원래 네발로 걸었지만 위험에 처했을 때는 강한 뒷다리로 서서 빠른 걸음으로 걸었다. 그 커다란 크기 때문에 나무 꼭대기에 있는 나뭇잎을 뜯어먹을 수 있었던 최초의 공룡이다. 가장자리가 톱니 같은 나뭇잎 모양의 이빨로 나뭇가지에서 이파리들을 벗겨 먹었다. 점점 가늘어진 꼬리를 땅에 올려놓으면 서 있을 때 균형을 잡을 수 있었다. 플라테오사우루스는 그 크기에도 불구하고 리리엔스테르누스(Liliensternus)의 먹이가 되지 않기 위해 계속해서 주변을 경계했다.

시기:	트라이아스기
화석이 발견된 장소:	유럽, 중국, 남아프리카
먹이:	침엽수, 소철
발음:	플라테오사우루스(Plateosaurus)
길이:	7m
키:	3m
무게:	700kg
이름의 의미:	'납작한 도마뱀'이라는 뜻. 납작한 나뭇잎 모양의 이빨 때문.

불카노돈(Vulcanodon)

불카노돈은 네발로 걸었고 작은 머리와 긴 목과 꼬리를 가진 거대한 용각류 공룡이다.

불카노돈은 작은 머리와 긴 목을 가졌으며, 낮게 깔린 식물을 뜯어먹거나 코끼리 같은 다리를 나무에 댄 채 머리 위에 있는 나뭇가지에 도달했다. 느리게 움직이는 이 거대한 용각류가 떼를 지어 있는 것이 보인다면, 어떤 포식자든 사냥을 단념시키기에 충분했을 것이다. 용각류는 네발로 걸었고 작은 머리와 긴 목과 꼬리를 지닌 거대한 초식 공룡이다. 그 크기는 불카노돈이 매일 엄청난 양의 식물을 섭취해서 씹지 않고 그 많은 양을 통째로 삼켰다는 것을 의미한다. 불카노돈 화석에서 들쑥날쑥한 작은 이빨이 발견되었지만, 고생물학자들은 이 이빨이 초식동물인 불카노돈의 것이 아니라 불카노돈을 공격했던 육식동물의 것이라고 믿고 있다.

시기:	쥐라기
화석이 발견된 장소:	짐바브웨
먹이:	침엽수, 양치류, 종자식물, 소철, 쇠뜨기(여러해살이풀), 은행, 석송(신근초)
발음:	불카노돈(Vulcanodon)
길이:	6.5m
키:	2.4m
무게:	알 수 없음
이름의 의미:	'화산 이빨'이라는 뜻. 골격과 함께 발견된 이빨 화석이 두 줄기의 용암 사이에서 보존되어 있었기 때문.

헤테로돈토사우루스(Heterodontosaurus)

헤테로돈토사우루스는 세 가지 형태의 다른 이빨을 가졌고 포식자를 피해 빨리 달릴 수 있었던 작은 초식 공룡이다.

헤테로돈토사우루스는 세 가지 형태의 이빨을 가졌지만, 먹이가 무엇인지에 따라 한 가지 형태의 이빨만을 사용했다. 보통의 초식동물은 이빨이 없는 부리와 침엽수, 소철, 은행을 으깨 먹기에 알맞은 어금니를 가지고 있었다. 헤테로돈토사우루스 또한 물고 잘라내는 데 적합한 날카로운 위 앞니를 가졌고, 여기에 더해서 고기를 뜯는 데 사용했던 육식동물의 이빨처럼 위아래 송곳니를 가졌다. 그러나 이 이빨들은 방어에 사용했다. 이 작고 빠른 공룡은 팔이 길고 손에 다섯 개의 갈고리 손톱이 달렸다. 발 각각에 있는 세 개의 발가락은 발톱이 달려 있었고, 뒤쪽으로 하나 더 있는 발톱은 서 있을 때 균형을 잡는 데 도움이 되었다. 헤테로돈토사우루스는 악어나 코엘로피시스(Coelophysis) 같은 포식자보다 더 빨리 쉽게 달릴 수 있었다.

시기:	쥐라기
화석이 발견된 장소:	남아프리카
식습관:	초식동물
발음:	헤테로돈토사우루스(Heterodontosaurus)
길이:	1.2m
키:	60cm
무게:	9~10kg
이름의 의미:	'다른 이빨 도마뱀'이라는 뜻. 세 가지 다른 형태의 이빨을 가졌기 때문.

스쿠텔로사우루스(Scutellosaurus)

스쿠텔로사우루스는 수많은 등딱지가 있어서 포식자의 사냥을 단념시킬 수 있었던 초식 파충류이며, 짧은 팔과 커다란 손을 가졌다.

스쿠텔로사우루스는 갑옷처럼 등에 300개 이상의 뼈판이나 등딱지가 있었기 때문에 이 이름이 붙었다. 몸집이 가벼워서 딜로포사우루스(Dilophosaurus) 같은 포식자가 쫓아올 때 강한 뒷다리로 달릴 수 있었다. 몸통보다 더 기다란 꼬리는 스쿠텔로사우루스의 균형을 잡아주는 데 도움이 되었고 서 있을 때 안정감을 주기도 했다. 뼈 같은 갑옷은 포식자를 단념시키는 수단이 되었다. 팔은 다리보다 더 짧은 반면, 커다란 손은 스쿠텔로사우루스가 네 다리로 자주 걸었다는 것을 의미한다. 갑옷 때문에 앞쪽 끝이 무거웠지만, 네 다리로 있었다는 것 또한 지면에 깔려 있는 연한 식물을 뜯어먹기 더 편하게 했다.

시기:	쥐라기
화석이 발견된 장소:	미국 서부
식습관:	초식동물
발음:	스쿠텔로사우루스(Scutellosaurus)
길이:	1.3m
키:	30cm
무게:	10kg
이름의 의미:	'작은 방패 도마뱀'이라는 뜻. 등과 꼬리에 있는 여러 줄의 등딱지를 참고해서.

신타르수스(Syntarsus)

신타르수스는 삼각형 머리에 볏을 가졌고 긴 꼬리와 구부러진 손톱을 가진 민첩한 육식 공룡이다.

신타르수스는 발목뼈들이 융합된 것 말고는 여러 면에서 코엘로피시스(Coelophysis)와 비슷하다. 사냥감을 쫓고 고기를 먹는 더 큰 포식자를 피하기 위해 강한 뒷다리로 전력 질주할 수 있었던 민첩한 육식동물이다. 신타르수스의 긴 꼬리는 달리는 동안 뒤로 뻣뻣하게 내밀어 안정감을 주었다. 신타르수스는 세 개인 손가락에 구부러진 손톱이 달렸고, 이 손톱으로 먹잇감의 살을 뜯어먹을 수 있었다. 삼각형 머리에 볏을 가졌는데, 많은 고생물학자는 이것이 깃털로 덮인 것이라고 주장한다. 그러나 다른 고생물학자들은 어쨌든 신타르수스가 깃털을 가지고 있다는 이론에 강하게 반대한다. 30개 정도의 신타르수스 화석들이 짐바브웨에서 가까운 위치에 함께 있는 것이 발견되었는데, 이는 무리 지어 다녔다는 것을 의미한다.

시기:	쥐라기
화석이 발견된 장소:	아프리카, 미국 남서부
먹이:	도마뱀, 작은 포유동물, 날아다니는 곤충
발음:	신타르수스(Syntarsus)
길이:	3m
키:	80cm
무게:	30kg
이름의 의미:	'융합된 발목'이라는 뜻. 발목뼈의 이름을 따서.

스켈리도사우루스(Scelidosaurus)

스켈리도사우루스는 조류의 골반 모양을 한 조반류이며, 등딱지와 두꺼운 비늘로 덮여 있었던 초식 공룡이다.

스켈리도사우루스는 원시 조반류, 즉 조류의 골반 모양을 한 공룡이다. 작은 머리와 약한 턱은 스켈리도사우루스가 초식동물이라는 것을 의미한다. 몸통의 꼭대기와 옆쪽은 원형의 두꺼운 비늘로 덮였고, 여기에 여러 줄의 등딱지가 덧붙었다. 각각의 귀 뒤에는 세 개의 뼈판이 있었다. 이 갑옷은 초기 쥐라기 시대에 살았던 대부분의 육식 포식자로부터 스켈리도사우루스를 보호했다. 공격을 받는다면 스켈리도사우루스는 네 개의 두꺼운 다리로 재빨리 움직이거나 자신을 보호하기 위해 아래쪽으로 몸을 쭈그려서 갑옷이 있는 쪽만 드러냈다. 스켈리도사우루스는 안킬로사우르(ankylosaur, 갑옷으로 덮여 있는 공룡)와 스테고사우루스(stegosaurs, 가시와 뼈판으로 덮여 있는 공룡)와 비슷한데, 이 때문에 스켈리도사우루스가 원시 안킬로사우르 또는 스테고사우루스의 조상이었다는 이론이 생겼다. 다른 고생물학자는 스켈리도사우루스를 조각류(ornithopod, 부리를 가진 공룡)로 여기고 있다.

시기:	쥐라기
화석이 발견된 장소:	영국, 미국 서부, 티베트
먹이:	양치식물, 낮게 깔린 떨기나무
발음:	스켈리도사우루스(Scelidosaurus)
길이:	3~4m
키:	1.2~1.8m
무게:	200~250kg
이름의 의미:	'다리 도마뱀'이라는 뜻. 강한 뒷다리를 참고해서.

마소스폰틸루스(Massospondylus)

마소스폰틸루스는 육지에 나타난 최초의 초식 공룡이며, 이빨이 작아 나뭇잎들을 씹지 못했고 위석이 음식물을 분해했다.

마소스폰틸루스는 가장 널리 알려진 초기 공룡 중 하나이며, 육지에 나타난 최초의 초식 공룡 중 하나로 여겨진다. 이빨이 작기 때문에 나뭇잎들을 뜯을 수는 있지만 잘 씹지는 못했다. 화석에서 공룡이 삼켰던 돌인 위석이 발견되었는데, 이것은 위에서 음식물을 갈고 으깨는 데 도움이 되었다. 침엽수, 은행, 소철을 먹는 것 외에도 거대한 뒷다리를 나무에 대고 나무의 이파리에 도달할 수 있었다. 이처럼 마소스폰틸루스는 낮게 깔린 식물만을 먹고 살았던 더 작은 초식동물이 누리지 못한 이점을 누렸다. 큰 엄지와 구부러진 둘째, 셋째 손톱을 사용해서 물건을 잡았다. 넷째, 다섯째 손가락은 훨씬 더 작고 약했다.

시기:	쥐라기
화석이 발견된 장소:	미국 남서부, 남아프리카
식습관:	초식동물
발음:	마소스폰틸루스(Massospondylus)
길이:	4m
키:	1m
무게:	1524kg(1.5톤)
이름의 의미:	'다량의 척추뼈'라는 뜻.

딜로포사우루스(Dilophosaurus)

딜로포사우루스는 머리에 초승달 모양의 볏 한 쌍이 있고, 턱이 강하지 않아 손톱으로 먹잇감을 잡아먹었던 육식 공룡이다.

딜로포사우루스는 먹잇감을 찾으러 우거진 숲과 탁 트인 삼림 지대를 돌아다녔다. 가느다란 초승달 모양의 뼈 같은 볏 한 쌍이 있어서 독특하게 보였다. 이 볏은 너무 부서지기 쉬워서 무기로 사용할 수는 없었지만 과시용으로 사용했을 가능성이 있다. 수컷일 경우 이 볏이 몸집을 더 커 보이게 하고 실제로 어떤 포식자에게 더 무섭게 보이게 하거나, 암컷에게 더 멋있는 모습으로 보이게 하는 기능을 했을 것이다. 딜로포사우루스는 속이 빈 뼈와 민첩한 다리, 길고 가느다란 꼬리를 가져서, 사냥감을 쫓거나 포식자를 피할 때 아주 빠르게 움직일 수 있었다. 느슨하게 붙어 있는 턱은 뭔가를 죽일 때 사용할 만큼 강하지 않았기 때문에 먹잇감을 향해 갈고리 손톱을 사용하거나 최후의 수단으로 이미 죽은 동물을 찾아다녀야 했다.

시기:	쥐라기
화석이 발견된 장소:	미국 서부, 중국
식습관:	육식동물
발음:	딜로포사우루스(Dilophosaurus)
길이:	6~7m
키:	1.5m
무게:	300~450kg
이름의 의미:	'이중의 볏이 있는 도마뱀'이라는 뜻. 머리 꼭대기에 두 개의 가느다란 볏이 있어서.

아브리크토사우루스(Abrictosaurus)

아브리크토사우루스는 남아프리카에서 우기와 건기에 생존했던 조반류 초식 공룡이다.

아브리크토사우루스는 화석이 된 머리뼈 하나 때문에 알려졌기 때문에 이 공룡의 습성에 대해서는 논쟁이 되고 있다. 보통은 꼬리가 길거나 식물을 먹은 조반류, 즉 조류의 골반 모양을 하고서 뒷다리로 섰던 공룡이라는 데 동의한다. 아브리크토사우루스는 초기 쥐라기 시대에 남아프리카에서 살았고 우기와 건기 때 살아남아야 했을 것이다. 건기에는 식물이 부족했기 때문에, 일부 고생물학자들은 아브리크토사우루스가 식물이 다시 잘 자랄 때까지 우기까지 겨울잠 같은 휴식을 취했을 것이라고 믿는다. '말똥말똥 깨어 있는 도마뱀'(wide-awake lizard)이라는 별명을 붙여준 한 고생물학자를 포함해서 다른 고생물학자들은 동면 이론을 뒷받침할 어떤 증거도 없다고 생각한다.

시기:	쥐라기
화석이 발견된 장소:	레소토(남아프리카에 있는 국가)
식습관:	초식동물
발음:	아브리크토사우루스(Abrictosaurus)
길이:	1.2m
키:	35cm
무게:	43kg
이름의 의미:	'말똥말똥 깨어 있는 도마뱀'이라는 뜻. 이 공룡이 겨울잠 같은 휴식을 취했는지, 그렇지 않았는지는 고생물학자들 간의 의견이 일치하지 않아서.

리코리누스(Lycorhinus)

리코리누스는 육식동물에게 있던 큰 송곳니를 가진 초식 공룡이다.

리코리누스는 식물을 뜯어먹었지만, 보통은 육식동물에게 있던 위턱과 아래턱의 큰 송곳니들을 가졌다. 작은 공룡은 더 큰 육식동물에게 쉬운 먹잇감이 될 수 있기 때문에, 이런 송곳니는 방어에 사용했을 것이다. 리코리누스는 이빨 없는 부리로 새싹을 잘라내어 뭉툭한 어금니로 씹어 먹었다. 1924년에 발견된 이 화석은 왼쪽 턱뼈 하나밖에 없었고, 고생물학자들은 여기에 있는 송곳니가 원시 포유동물 같은 파충류의 것이라고 믿었다. 이후 40년이 지난 1962년에 헤테로돈토사우루스(Heterodontosaurus)가 발견되었는데, 고생물학자들은 리코리누스가 이 공룡과 가까운 친척 관계임을 깨닫고 마침내 공룡으로 인정했다.

시기:	쥐라기
화석이 발견된 장소:	남아프리카
식습관:	초식동물
발음:	리코리누스(Lycorhinus)
길이:	1.2m
키:	40cm
무게:	알 수 없음
이름의 의미:	'늑대 주둥이'라는 뜻. 아래턱에 늑대 같은 이빨이 있어서.

암모사우루스(Ammosaurus)

암모사우루스는 미국에서 발견된 초식 공룡으로, 낮게 깔린 식물을 먹을 때는 네발로, 나뭇잎을 뜯어먹을 때는 두 다리로 섰다.

암모사우루스는 낮게 있는 식물을 뜯어먹을 때 네발로 서 있고, 나뭇잎을 뜯어먹을 때는 뒷다리로 서 있었던 초식동물이다. 갈고리 발톱으로 공격자를 후려치거나 달아날 수 있었다. 1884년, 미국의 코네티컷 주에서 다리를 놓는 사람들이 채석장에서 암모사우루스 뼈를 처음 발굴했다. 그때 화석의 뒷부분만 건졌는데, 앞부분은 다리에 놓인 이미 잘린 돌덩어리에 있었기 때문이다. 1969년에 이 돌다리가 철거되었을 때, 고생물학자들은 85년 동안 다리에 숨어 있던 더 많이 남아 있던 화석을 되찾을 수 있었다. 그 이후에 더 많은 화석들이 미국의 코네티컷 주와 애리조나 주에서 발견되었다.

시기:	쥐라기
화석이 발견된 장소:	미국
식습관:	초식동물
발음:	암모사우루스(Ammosaurus)
길이:	2.5~4m
키:	1.8m
무게:	290kg
이름의 의미:	'모래 도마뱀'이라는 뜻. 화석이 발견되었던 코네티컷 강 계곡의 사암(모래가 뭉쳐서 단단히 굳어진 암석)을 참고해서.

크리올로포사우루스(Cryolophosaurus)

크리올로포사우루스는 초기 쥐라기 시대에 남극 대륙에서 살았던 육식 공룡이며, 머리에 뿔 같은 볏을 달고 있었다.

크리올로포사우루스는 남극 대륙에서 발굴된 최초의 화석 공룡이다. 또한 남극 대륙에서 확인해야 할 유일한 육식 공룡이기도 하다. 크리올로포사우루스가 원시용각류를 사냥하러 다녔던 초기 쥐라기 시대에는 남극 대륙이 더 북쪽에 있었고 훨씬 더 따뜻했다. 남극 대륙이 남극으로 이동해서 얼음으로 뒤덮였을 때는 공룡이 멸종한 후였다. 남극 대륙에 있는 화석들 중 많은 것이 얼음의 1.6km 아래에 묻혀 있다. 알로사우루스(Allosaurus)와 친척 관계인 크리올로포사우루스는 날카로운 이빨과 튼튼한 뒷다리를 가지고 있었다. 눈 위에는 위쪽을 향해 구부러진 뿔 같은 볏이 있었다. 이 구부러진 볏이 엘비스 프레슬리(Elvis Presley, 1935~ 1977)의 틀어 올린 머리 모양과 닮아서 엘비사우루스(Elvisaurus)라는 별명이 붙었다.

시기:	쥐라기
화석이 발견된 장소:	남극 대륙
식습관:	육식동물
발음:	크리올로포사우루스(Cryolophosaurus)
길이:	6m
키:	1.5m(엉덩이에서)
무게:	525kg
이름의 의미:	'볏을 달고 있는 얼어붙은 도마뱀'이라는 뜻. 볏을 달고 있는 공룡이 꽁꽁 얼어붙은 환경에서 발견되었기 때문.

운나노사우르스(Yunnanosaurus)

운나노사우르스는 초기 쥐라기 시대에 살았던 원시용각류이며, 저절로 날카로워지는 이빨을 가졌다는 특징이 있다.

운나노사우르스는 긴 목을 지녔고 뒷다리로 설 수 있어서 나무꼭대기에서 나뭇잎들을 잡아 뜯을 수 있었다. 그 크기 때문에 네 다리로 걷는 것이 아주 쉬웠고 꽃피우는 식물을 뜯어먹을 수 있었다. 운나노사우르스는 더 큰 원시용각류 중 하나이다. 원시용각류는 작은 머리, 긴 목, 발가락 다섯 개인 발, 갈고리 같은 기다란 손톱을 가진 공룡이다. 일부 고생물학자는 운나노사우르스가 브라키오사우루스(Brachiosaurus)와 이빨이 비슷해서 그 조상이라고 믿지만 브라키오사우루스는 7000만 년 후가 되어서야 나타났다. 운나노사우르스는 이빨이 저절로 날카로워지는데, 이 특징을 가진 유일한 원시용각류이다. 이 때문에 초기 쥐라기 시대에 살았던 다른 초식동물보다 살아가는 데 더 유리했다.

시기:	쥐라기
화석이 발견된 장소:	중국
식습관:	초식동물
발음:	운나노사우르스(Yunnanosaurus)
길이:	7m
키:	2m
무게:	알 수 없음
이름의 의미:	'윈난 도마뱀'이라는 뜻. 이 화석이 발견된 중국의 윈난성을 기념하기 위해.

루펜고사우루스(Lufengosaurus)

루펜고사우루스는 원시용각류이며, 육식 공룡에게 있었던 날카로운 이빨을 가진 초식 공룡이다.

루펜고사우루스는 중국에서 가장 오래된 공룡 중 하나이며, 원시용각류가 전 세계적으로 살았다는 증거이기도 하다. 원시용각류의 대표적인 특징대로 긴 목이 있어서 아주 높은 나뭇가지까지 뻗을 수 있었다. 작고 납작한 머리 때문에 다른 공룡이 이르지 못한 나무에도 도달할 수 있었다. 자신의 몸을 지탱하기 위해 엄청난 양의 식물을 섭취해야 했다. 삐뚤빼뚤한 이빨이 그 먹잇감에 대한 논쟁을 불러일으켰다. 더 날카로운 이빨은 고기를 씹는 데 유용해서, 일부 고생물학자들은 루펜고사우루스가 잡식동물이었을지 모른다는 의견을 냈었다. 그러나 루펜고사우루스의 화석에서 위석이 발견되었기 때문에 초식동물이었을 가능성이 더 높다.

시기:	쥐라기
화석이 발견된 장소:	중국
식습관:	초식동물
발음:	루펜고사우루스(Lufengosaurus)
길이:	6m
키:	3m
무게:	알 수 없음
이름의 의미:	'루펑(Lufeng) 도마뱀'이라는 뜻. 이 화석이 발견된 중국의 암석층 지대인 루펑을 기념하기 위해.

에마우사우루스(Emausaurus)

에마우사우루스는 튼튼한 네 개의 다리로 걸어 다녔으며, 다리가 팔보다 더 길고 갑옷으로 덮였던 초식 공룡이다.

에마우사우루스는 뿔처럼 생긴 부리와 나뭇잎 모양의 이빨로 종려나무 같은 식물의 연한 가지를 잘라냈다. 스켈리도사우루스(Scelidosaurus)의 친척이며, 튼튼한 네 개의 다리로 걸어 다녔다. 다리가 팔보다 길기 때문에 엉덩이에서 시작된 키가 가장 크다. 그 친척인 스켈리도사우루스와는 달리 뼈판과 함께 단단한 비늘이 덮여 있어 수각류(두 발로 걷는 육식 공룡)가 물어도 보호되었다. 이 무거운 공룡을 지탱하기 위해서는 발이 널찍해야 했다. 에마우사우루스는 티레오포라(Thyreophora) 아목으로 여겨졌는데, 이는 네 개의 다리 모두를 사용해서 걷고 갑옷을 둘렀다는 뜻이다. 에마우사우루스의 머리뼈 몇 조각과 골격, 갑옷만이 발견되었기 때문에 어떤 습성을 가졌는지는 파악하기가 어렵다.

시기:	쥐라기
화석이 발견된 장소:	독일
식습관:	초식동물
발음:	에마우사우루스(Emausaurus)
길이:	2m
키:	60cm
무게:	227kg
이름의 의미:	'에른스트 모리츠 아른트 (대학) 도마뱀'이라는 뜻. 이 화석이 발견된 장소 근처에 있는 대학을 기념하기 위해.

코타사우루스(Kotasaurus)

코타사우루스는 용각류와 원시용각류의 특징을 동시에 지닌 거대한 초식 공룡이다.

코타사우루스는 용각류(목이 긴 초식 공룡)와 원시용각류(목이 길고 용각류보다 머리가 더 작은 초식 공룡)의 특징이 있기 때문에 가장 오래된 용각류로 여겨진다. 그 크기는 용각류과에 속할 것 같지만 뼈는 용각류와 원시용각류의 형태가 혼합되어 있었다. 이 때문에 코타사우루스는 최초의 거대한 공룡들 사이에 끼어 있었다. 코타사우루스는 작은 머리에 식물을 씹는 뭉툭한 이빨과 작은 뇌를 지녔다. 긴 꼬리는 기다란 목의 균형을 잡아주었다. 발가락이 다섯 개인 발과 함께 두꺼운 기둥 같은 다리를 느리게 움직였다. 코타사우루스는 엄청난 양의 식물을 소화할 만큼 큰 소화기관을 가졌다. 이런 채식 습성은 코타사우루스가 많은 양의 메탄가스를 방출했다는 것을 의미한다.

시기:	쥐라기
화석이 발견된 장소:	인도
식습관:	초식동물
발음:	코타사우루스(Kotasaurus)
길이:	9m
키:	3m
무게:	알 수 없음
이름의 의미:	'코타 도마뱀'이라는 뜻. 이 화석이 발견된 인도 코타(Kota) 시의 퇴적층을 기념하기 위해.

안키사우루스(Anchisaurus)

안키사우루스는 초기 쥐라기 시대에 북아메리카에서 살았으며, 기다란 목과 톱니 모양의 이빨을 가진 초식 공룡이다.

안키사우루스는 북아메리카에서 가장 처음에 발견된 공룡 중 하나이며, 네발로 걸으면서 식물을 찾아다녔다. 초기 쥐라기 시대에 살았으며, 나뭇가지에 뻗어 나뭇잎을 뜯어낼 만큼 기다란 목을 지닌 최초의 공룡 중 하나였다. 뒷다리로 서서 더 높이 있는 나뭇잎에 도달할 수 있었지만 긴 목 때문에 앞쪽에 무게가 쏠렸다. 원래는 네 다리로 걸어 다녔다. 작고 가느다란 머리에는 나뭇잎을 자르는 데 유리한 톱니 모양의 이빨이 있었다. 안키사우루스의 위 안에는 작은 돌인 위석이 있어 위 속의 음식물을 분해하는 데 도움이 되었다. 때때로 안키사우루스는 그 화석이 보관된 예일대 피바디 박물관(Yale Peabody Museum)의 이름을 따서 예일로사우루스(Yaleosaurus)라고 불리기도 한다.

시기:	쥐라기
화석이 발견된 장소:	미국 동북부
식습관:	초식동물
발음:	안키사우루스(Anchisaurus)
길이:	2~4m
키:	1m
무게:	30~70kg
이름의 의미:	'가까운 도마뱀'이라는 뜻. 여러 다른 공룡과 비슷하다는 것을 가리키기 위해.

케티오사우루스(Cetiosaurus)

케티오사우루스는 척추뼈가 해면으로 되어 있고, 숟가락 모양의 이빨을 가진 용각류이다.

케티오사우루스가 처음 이름이 붙었을 때, 고생물학자들은 이 공룡이 바다에서 헤엄치고 다녔던 커다란 파충류라고 생각했다. 그러나 후에 용각류로 다시 분류되었다. 속이 빈 뼈를 가진 대부분의 용각류와 달리, 케티오사우루스는 척추뼈가 해면(스펀지처럼 구멍이 송송 나 있는 모양)으로 되어 있었다. 이 때문에 긴 목이 무거웠고 덜 유연해서 머리를 자주 올리지 못했다. 실제로 어깨보다 훨씬 더 높이 있는 머리를 들어 올릴 수 없었지만 목을 뻗을 수 있는 곳에 많은 양치식물과 작은 나뭇잎들이 많이 있었다. 이 공룡은 평평한 숟가락 모양의 이빨로 나뭇잎을 잘라냈고 위 안에 있는 위석이 음식물이 소화되도록 분쇄했다. 케티오사우루스는 가장 처음에 발견된 용각류이다.

시기:	쥐라기
화석이 발견된 장소:	영국, 모로코
식습관:	초식동물
발음:	케티오사우루스(Cetiosaurus)
길이:	15m
키:	4.9m
무게:	9톤
이름의 의미:	'고래 도마뱀'이라는 뜻. 척추뼈의 질감이 고래와 비슷하기 때문.

메갈로사우루스(Megalosaurus)

메갈로사우루스는 세 개의 날카로운 손톱으로 사냥했던 수각류이자 용반류 공룡이다.

메갈로사우루스는 '다이노소어'(공룡)라는 말이 생기기 전에 1824년 최초로 이름이 붙여진 공룡이다. 거대한 턱이 왕도마뱀(monitor lizard)과 닮아서 그 이름이 붙었다. 여러 해 동안 모든 커다란 수각류(두 발로 걷는 육식 공룡)나 용반류(도마뱀의 골반 모양을 한 공룡)는 고생물학자들이 이런 종류의 공룡을 구별하는 법을 알 때까지 메갈로사우루스로 불렸다. 메갈로사우루스는 뒷다리로 서서 걸을 때 몸통은 수평 자세로 유지했고 꼬리는 무거운 머리의 균형을 잡기 위해 뒤쪽으로 쭉 뻗었다. 근육질의 짧은 팔은 세 개의 손가락에 날카로운 손톱이 달렸는데, 이 손톱으로 스테고사우루스(가시와 뼈판으로 덮여 있는 공룡)와 용각류(목이 긴 초식 공룡)의 살을 찢었다. 턱에는 가장자리가 톱니처럼 생긴 구부러진 커다란 이빨이 있어 사냥감을 공격하기에 완벽했다.

시기:	쥐라기
화석이 발견된 장소:	영국, 아시아, 남아메리카, 아프리카
식습관:	육식동물
발음:	메갈로사우루스(Megalosaurus)
길이:	7~9m
키:	3m
무게:	1.3~2톤
이름의 의미:	'거대한 도마뱀'이라는 뜻. 커다란 크기 때문.

슈노사우루스(Shunosaurus)

슈노사우루스는 두 개의 가시가 솟아 있는 곤봉 모양의 꼬리와 짧은 목, 숟가락 모양의 이빨을 가진 용각류이다.

슈노사우루스는 곤봉 모양의 꼬리가 발견된 최초의 용각류이다. 긴 꼬리를 흔들 때 끝에 있는 두 개의 가시가 포식자에게 치명타는 아니지만 충격적인 타격을 가할 수 있었던 가공할 만한 무기였다. 길게 늘어진 척추뼈가 이 위험한 곤봉을 형성했다. 후기에 등장한 용각류보다 더 짧은 목을 가지고 있고, 숟가락 모양의 이빨로 낮게 자라는 식물의 잎을 뜯었다. 위 속에 있는 위석이 섭취한 엄청난 양의 식물을 소화하는 데 도움이 되었다. 중국에서 발견된 10개가 넘는 골격은 슈노사우루스가 한때 아주 흔했다는 것을 가리킨다. 이 초기 용각류는 속이 빈 척추뼈가 발달하지는 않았는데, 이런 속이 빈 척추뼈는 후에 등장한 용각류를 더 가볍고 더 유연하게 했다.

시기:	쥐라기
화석이 발견된 장소:	중국
먹이:	더 작은 나무에 달린 나뭇잎
발음:	슈노사우루스(Shunosaurus)
길이:	9~10m
키:	4m
무게:	7톤
이름의 의미:	'쓰촨성 도마뱀'이라는 뜻. 이 화석이 발견된 중국의 쓰촨성(Sichuan province)을 기념하기 위해.

바라파사우루스(Barapasaurus)

바라파사우루스는 숟가락 모양의 이빨을 가진 용각류이며, 다른 용각류보다 팔다리가 가늘다.

바라파사우루스는 최초로 알려진 용각류 중 하나이다. 많은 다른 용각류처럼 떼를 지어 살았는데, 여덟 개 또는 아홉 개의 표본에서 나온 화석들이 인도에서 함께 발견되었다. 그렇게 많은 뼈가 발견되었는데도 고생물학자들은 아직도 머리뼈 하나도 발견하지 못했다. 그러나 바라파사우루스는 다른 용각류처럼 숟가락 모양의 이빨을 가졌다. 이 이빨은 키가 큰 나무 꼭대기에 있는 나뭇잎과 솔잎을 벗기는 데 적합했다. 위 속에 있는 위석은 음식물을 더 잘 소화될 수 있는 농도로 갈아준다. 다른 용각류보다 팔다리가 가늘다. 포식자의 위협을 받을 때, 바라파사우루스는 뒷다리로 서서 더 크고 더 위협적으로 보이게 할 수 있었다.

시기:	쥐라기
화석이 발견된 장소:	인도
식습관:	초식동물
발음:	바라파사우루스(Barapasaurus)
길이:	18~20m
키:	6m
무게:	알 수 없음
이름의 의미:	'큰 다리 도마뱀'이라는 뜻. 넓적다리의 길이가 1.7m나 되기 때문.

라파렌토사우루스(Lapparentosaurus)

라파렌토사우루스는 긴 목을 가진 용각류이지만, 척추뼈는 후기 용각류에게 있던 속이 빈 척추뼈가 아니다.

고생물학자들은 이 어린 라파렌토사우루스의 골격 화석이 마다가스카르에서 발견되었을 때 긴 목이 바라파사우루스(Barapasaurus)와 비슷하다는 데 주목했다. 그러나 바라파사우루스는 라파렌토사우루스가 출현한 후 2000만 년이 지나서야 나타났다. 이 때문에 라파렌토사우루스가 바라파사우루스의 조상이라는 추측으로 이어졌다. 학자들은 라파렌토사우루스를 용각류로 분류했지만, 척추뼈는 후기에 등장한 용각류보다 더 원시적이었다. 후기에 등장한 용각류의 속이 빈 척추뼈는 그 용각류를 더 가볍고 더 유연하게 했다(라파렌토사우루스는 쥐라기 중기에 존재함). 고생물학자들은 라파렌토사우루스가 완전한 어른 크기에 이를 때까지 겨우 12년이 걸렸을 것이라고 추측한다. 중생대에 어른 크기로 아주 빠르게 자라난 공룡은 살아남을 기회가 아주 많았다. 왜냐하면 더 작은 공룡은 육식동물에게 먹이가 될 가능성이 더 컸기 때문이다.

시기:	쥐라기
화석이 발견된 장소:	마다가스카르(남아프리카에 있는 국가)
식습관:	초식동물
발음:	라파렌토사우루스(Lapparentosaurus)
길이:	알 수 없음
키:	알 수 없음
무게:	알 수 없음
이름의 의미:	'라파렌트의 도마뱀'이라는 뜻. 프랑스 고생물학자 알베르 드 라파렌트 (Albert de Lapparent, 1839~1908)를 기리기 위해.

로에토사우루스(Rhoetosaurus)

로에토사우루스는 초기 쥐라기 시대에 호주에서 살았던 커다란 용각류 공룡이다.

로에토사우루스는 최초의 용각류 중 하나이며, 호주에서 발견된 최초의 대형 공룡이다. 작은 머리, 긴 목, 커다란 덩치, 기둥 같은 다리는 케티오사우루스(Cetiosaurus)와 비슷하다. 다른 용각류 공룡처럼 나뭇가지에서 이파리를 뜯을 수 있는 숟가락 모양의 이빨을 가졌을 것이다. 로에토사우루스의 화석은 단계적으로 발굴되었다. 1924년에 척추뼈 중 일부는 호주 퀸즐랜드 주에서 발견되었다. 2년 후에 갈비뼈, 꼬리뼈, 골반뼈와 뒷다리의 일부분들이 같은 지역에서 발견되었다. 뒷발을 포함해서 더 많은 로에토사우루스의 유골 조각들이 다음 몇십 년에 걸쳐 발견되었다. 로에토사우루스의 발견은 용각류가 초기 쥐라기 시대에 초대륙 곤드와나랜드(Gondwanaland)에서 살았다는 증거이다.

시기:	쥐라기
화석이 발견된 장소:	호주
식습관:	초식동물
발음:	로에토사우루스(Rhoetosaurus)
길이:	12~17m
키:	5m
무게:	11톤
이름의 의미:	'로이토스의 도마뱀'이라는 뜻. 그리스 신화에 등장한 거인 로이토스(Rhoetus)를 기념하기 위해.

후아양고사우루스(Huayangosaurus)

후아양고사우루스는 꼬리와 어깨에 가시를 지녔던 초기 스테고사우루스이며, 후기 스테고사우루스처럼 이빨 없는 부리는 없었다.

후아양고사우루스는 스테고사우루스과(등에 갑옷이나 뼈판을 두른 공룡)에 속한 공룡으로, 등 아래까지 두 줄의 가시와 날카로운 삼각형의 판이 이어져 있었다. 포식자의 위협을 받으면 네 개의 날카로운 가시로 덮인 꼬리를 흔들어서 자신을 보호했다. 어깨에 가시가 더 있었는데, 이 때문에 대부분의 육식동물에게 싸워볼 만한 상대가 되었을 것이다. 후아양고사우루스는 아주 무거워서 튼튼한 네 개의 다리로 천천히 걸었고, 머리와 기다란 뻣뻣한 꼬리는 땅에 가깝게 유지했다. 후아양고사우루스는 최초의 스테고사우루스 공룡 중 하나였기 때문에 후기에 등장한 스테고사우루스 공룡에게 없던 특이한 특징을 가졌다. 위턱의 앞니가 작아서 낮게 깔린 식물을 뜯어먹었다. 후기에 등장한 스테고사우루스 공룡은 이빨이 없는 부리를 가졌다.

시기:	쥐라기
화석이 발견된 장소:	중국
식습관:	초식동물
발음:	후아양고사우루스(Huayangosaurus)
길이:	4m
키:	1.5m
무게:	450kg
이름의 의미:	'후아양 도마뱀'이라는 뜻. 이 공룡이 발견된 중국의 지역 화양(Huayang)의 이름을 따서.

다토사우루스(Datousaurus)

다토사우루스는 다른 용각류와 달리 단단한 머리뼈를 지녔으며, 그 크기로 포식자들의 공격을 방어했던 가장 오래된 용각류이다.

다토사우루스는 가장 오랫동안 존재한 용각류 중 하나이다. 중국에서 슈노사우루스(Shunosaurus)와 동시에 발견되었는데, 큰 용각류들이 지구를 가로질러 영국, 인도, 호주, 아르헨티나, 중국처럼 멀리 떨어진 지역으로 두루 돌아다녔다는 증거이다. 머리뼈가 작게 부서진 다른 용각류와는 달리, 다토사우루스는 단단한 머리뼈를 가졌다. 턱에는 구부러진 숟가락 모양의 이빨이 있어서 쥐라기 시대의 무성한 양치식물 숲과 소나무의 가지에서 나뭇잎을 긁어낼 수 있었다. 다토사우루스가 가진 가장 큰 방어 수단은 그 크기였다. 가장 큰 용각류는 아니었지만 육식 포식자들을 밀어낼 정도로 덩치가 컸다. 떼를 지어 다닐 때 어른 다토사우루스 무리가 어린 공룡들을 둘러싸서 적의 공격으로부터 보호했다.

시기:	쥐라기
화석이 발견된 장소:	중국
식습관:	초식동물
발음:	다토사우루스(Datousaurus)
길이:	14~15m
키:	5m
무게:	16톤
이름의 의미:	'큰 머리 도마뱀'이라는 뜻. 큰 머리뼈 때문.

가소사우루스(Gasosaurus)

가소사우루스는 큰 머리뼈에 날카로운 이빨과 예리한 시력, 날카로운 손톱을 가진 수각류 공룡이다.

가소사우루스는 큰 머리뼈와 강한 다리를 지닌 수각류(두 발로 걷는 육식 공룡)이다. 뻣뻣한 꼬리가 달리는 동안 균형을 잡아주었다. 칼 같은 이빨과 날카로운 손톱이 달린 세 개의 손가락은 위협적이었다. 예리한 시력으로 먹잇감이 있는지 주변을 살피면서 새 같은 발로 서서 걸어 다녔다. 턱 근육이 잘 발달되어서 희생 동물에게 이빨을 박아 단단히 물 수 있었다. 가소사우루스는 일단 희생 동물을 물면 자기 머리 뒤로 확 젖히고는 커다란 살덩어리를 떼어냈다. 과학자들은 수년의 시간을 들여 새로운 공룡 화석을 찾지만, 이런 공룡 화석은 우연히 발견하게 된다. 가소사우루스의 경우도 마찬가지였는데, 중국의 가스 회사 건설현장 노동자가 발견했다.

시기:	쥐라기
화석이 발견된 장소:	중국
식습관:	육식동물
발음:	가소사우루스(Gasosaurus)
길이:	3.5m
키:	1.3m
무게:	150kg
이름의 의미:	'가스 도마뱀'이라는 뜻. 이 화석을 발견한 다샨푸 가스 채굴 회사를 기념하기 위해.

프로케라토사우루스(proceratosaurus)

프로케라토사우루스는 주둥이 앞에 작은 볏을 가졌고 육지 동물과 물고기를 사냥했던 사나운 포식 공룡이다.

프로케라토사우루스는 주둥이 앞에 케라토사우루스(Ceratosaurus)와 비슷한 작은 볏이 있었다. 이 때문에 고생물학자들은 처음에 두 공룡이 친척이라고 믿었다. 프로케라토사우루스는 아마도 다른 육지 동물만을 먹지는 않았을 것이다. 이빨이 미끄러운 물고기를 무는 데 적합했기 때문이다. 프로케라토사우루스는 사나운 포식자이지만 메갈로사우루스(Megalosaurus)를 조심해야 했다. 메갈로사우루스는 두 배 더 크고 쉽게 프로케라토사우루스를 먹을 수 있었다. 프로케라토사우루스는 오랫동안 카르노사우루스(carnosaur, 눈이 크고 머리뼈가 좁고 길며 넓적다리가 정강이보다 긴 공룡)라고 불렸지만 위쪽 머리뼈의 뒷부분이 얕아서 카르노사우루스에게 없는 특징을 가졌다. 그 이후 고생물학자들은 프로케라토사우루스를 조류와 밀접하게 관계있는 수각류 일종인 초기 코엘루로사우루스(coelurosaur, 작고 가느다란 뒷다리로 걷고 보통의 수각류에 비해 앞다리가 긴 편인 육식 공룡)로 분류했다.

시기:	쥐라기
화석이 발견된 장소:	영국
식습관:	육식동물
발음:	프로케라토사우루스(proceratosaurus)
길이:	3m까지
키:	알 수 없음
무게:	100kg
이름의 의미:	'케라토사우루스 이전'이라는 뜻. 케라토사우루스의 조상이라고 믿어졌기 때문.

시아오사우루스(Xiaosaurus)

시아오사우루스는 작고 가느다란 몸집과 강한 뒷다리를 가졌으며, 포식자를 피해 빠르게 달렸던 조반류이자 초식 공룡이다.

시아오사우루스는 두 다리로 걸었던 초식 조반류(조류의 골반 모양을 한 공룡)이며, 빠르고 민첩하게 달렸다. 더 큰 육식동물을 피할 때 빠른 속도로 달렸다. 강한 뒷다리와 호리호리한 몸집이 시아오사우루스를 가젤처럼 만들었다. 작은 손톱, 좋은 시력, 도망가는 능력만이 공격을 받을 때 자연스럽게 나오는 방어력이었다. 커다란 몸집을 드러내는 포식자의 세계에서 시아오사우루스는 빈틈없이 위험을 감지해야 했다. 이 작은 공룡은 뿔처럼 단단한 부리 같은 입을 사용해 낮게 깔린 식물을 뜯은 다음 어금니로 식물을 씹어 더 쉽게 소화될 수 있게 만들었다. 시아오사우루스는 더 큰 포식자에 대항할 수 있는 방어력이 거의 없기 때문에 떼를 지어 다녔고, 아마도 발견되지 않도록 숲속에 숨었을 것이다.

시기:	쥐라기
화석이 발견된 장소:	중국
식습관:	초식동물
발음:	시아오사우루스(Xiaosaurus)
길이:	1~1.5m까지
키:	30~50cm
무게:	7kg
이름의 의미:	'새벽 도마뱀'이라는 뜻. 지질 연대 초에 나타났기 때문.

오메이사우루스(Omeisaurus)

오메이사우루스는 기다란 목을 가진 거대한 용각류이며, 콧구멍이 다른 용각류보다 주둥이 끝에 더 가깝게 있었다.

오메이사우루스는 중국에서 잘 알려진 공룡 중 하나이며, 목이 길고 네 개의 튼튼한 기둥 같은 다리를 가졌던 거대한 용각류이다. 화석 발굴지에서 끝이 곤봉 모양인 꼬리가 발견되어서 이런 모습이 그림에 자주 묘사되고 있지만, 고생물학자들은 이제 이 꼬리는 이 공룡의 화석이 발견된 근처에서 죽은 슈노사우루스(Shunosaurus)의 것이라고 믿는다. 오메이사우루스는 기다란 목을 가져서 나무 꼭대기에 있는 나뭇잎을 뜯어먹거나, 커다란 몸집을 끼워 넣을 수 없는 곳에서는 나뭇잎들을 모으기 위해 빽빽한 수풀 사이에 작은 머리를 쑤셔 넣을 수 있었다. 오메이사우루스의 한 가지 특이한 특징은 콧구멍이 다른 용각류보다 주둥이 끝에 훨씬 더 가깝게 있었다는 점이다. 많은 오메이사우루스 화석들이 가까운 곳에서 함께 발견되었기 때문에 이 공룡이 떼를 지어 다녔을 것이라는 추측이 맞을 것이다.

시기:	쥐라기
화석이 발견된 장소:	중국
식습관:	초식동물
발음:	오메이사우루스(Omeisaurus)
길이:	18~20m
키:	9m
무게:	알 수 없음
이름의 의미:	'오메이 도마뱀'이라는 뜻. 중국의 화석 발굴지 근처에 있는 오메이산(Mount Omei)을 기념하기 위해.

다켄트루루스(Dacentrurus)

다켄트루루스는 등에서 꼬리까지 두 줄의 날카로운 가시를 지닌 스테고사우루스이자 덩치가 크고 유연성이 부족한 초식 공룡이다.

다켄트루루스는 초기 스테고사우루스(가시와 뼈판으로 덮여 있는 공룡)에 속한 공룡이다. 스테고사우루스처럼 등 밑으로 두 줄의 뼈판이 있는 대신 척추를 따라 두 줄의 날카로운 가시가 꼬리까지 계속 이어져 있었다. 등에 있는 가장 긴 가시는 길이 45cm까지 자랄 수 있었다. 영국에서 이 화석이 처음 발견되었을 때 오모사우루스(Omosaurus)라는 이름이 붙었다. 그러나 이 이름을 가진 다른 공룡이 이미 있어서 다켄트루루스라는 이름으로 바뀌었다. 다켄트루루스는 덩치가 컸고 머리를 땅에 가깝게 둔 채 느리게 움직이면서 천천히 걸었다. 그 덩치와 부족한 유연성 때문에 낮게 깔린 식물만을 먹었다. 포식자보다 더 빨리 달릴 수는 없었지만, 두 줄의 날카로운 가시가 다켄트루루스의 가장 강력한 방어 수단이었다.

시기:	쥐라기
화석이 발견된 장소:	영국, 프랑스, 포르투갈
식습관:	초식동물
발음:	다켄트루루스(Dacentrurus)
길이:	4.6~7m
키:	1.8m
무게:	알 수 없음
이름의 의미:	'아주 날카로운 도마뱀'이라는 뜻. 꼬리에 기다란 가시를 가졌기 때문.

치아링고사우루스(Chialingosaurus)

치아링고사우루스는 네 다리로 걸어 다녔던 스테고사우루스 공룡이지만, 크기는 절반 크기였고 뇌가 작고 움직임이 둔했다.

치아링고사우루스는 다른 스테고사우루스처럼 네 개의 다리 모두를 사용해서 걸어 다녔던 초식 공룡이다. 뼈판 같은 가시는 켄트로사우루스(Kentrosaurus)의 가시보다 더 작았다. 이런 판은 포식자에 대항할 때 치아링고사우루스를 보호해줄 뿐 아니라 그 종의 암컷을 유혹하는 데 사용했을 것이다. 치아링고사우루스는 다른 스테고사우루스 공룡의 절반 크기에 불과했고 IQ는 같은 수준으로 낮았다. 스테고사우루스의 뇌는 골프공 크기 정도였다. 치아링고사우루스는 좁은 머리를 땅에 가깝게 둔 채 부리 같은 주둥이로 낮게 있는 식물을 뜯어먹었고, 그 식물을 약한 나뭇잎 모양의 이빨로 더 잘 소화될 수 있도록 잘게 잘라 씹었다. 쥐라기 시대의 카르노사우루스에게는 느릿느릿 걷고 지능이 떨어진 치아링고사우루스가 쉬운 먹잇감이었다.

시기:	쥐라기
화석이 발견된 장소:	중국
식습관:	초식동물
발음:	치아링고사우루스(Chialingosaurus)
길이:	4m
키:	알 수 없음
무게:	150kg
이름의 의미:	'치아링 도마뱀'이라는 뜻. 중국의 지아링강(Chialing River)을 기념하기 위해.

양추아노사우루스(Yangchuanosaurus)

양추아노사우루스는 혼자 또는 무리 지어 사냥한 무서운 수각류 공룡이며, 머리에 볏이 있고 아래쪽 등에 돌기를 지녔다.

양추아노사우루스는 혼자서 또는 무리를 지어 사냥감을 쫓아다녔던 무서운 수각류이다. 적은 무리로 쉽게 사냥감을 뒤쫓으면서 커다란 용각류(목이 긴 초식 공룡) 한 마리를 죽일 수 있었다. 갈고리 발톱으로 지면을 파면서 길고 강한 다리로 서서 다녔다. 양추아노사우루스는 달릴 때 머리의 균형을 잡기 위해 무거운 꼬리를 땅보다 높게 유지했다. 머리가 컸지만 가벼운 뼈 구조로 이루어져 있었다. 머리뼈 맨 위에 주둥이와 가깝게 작은 볏이 있고, 등이 약간 솟아 보이게 하는 돌기가 아래쪽 등에 있었다. 고생물학자들은 중국에서 거의 완벽한 양추아노사우루스의 골격을 발견했는데, 한쪽 발과 한쪽 팔, 일부 꼬리 조각만이 없었다.

시기:	쥐라기
화석이 발견된 장소:	중국
식습관:	육식동물
발음:	양추아노사우루스(Yangchuanosaurus)
길이:	6~10m
키:	4.6m
무게:	2350kg
이름의 의미:	'양찬의 도마뱀'이라는 뜻. 이 화석이 발견된 중국의 양찬(Yang-chu'an) 지역을 기념하기 위해.

에우스트렙토스폰딜루스(Eustreptospondylus)

에우스트렙토스폰딜루스는 큰 머리에 구멍이 나 있고 짧은 팔과 날카로운 손톱을 가진 후기 수각류 공룡이다.

발견된 에우스트렙토스폰딜루스 화석만으로는 완전하게 자란 이 공룡의 크기를 알 수 없어서 정확하게 얼마나 크게 자랐는지 말하기 어렵다. 에우스트렙토스폰딜루스는 테타누란(tetanuran, 꼬리가 뻣뻣한 수각류)으로 알려진 일종의 초기 수각류이다. 더 초기에 있던 수각류는 걸을 때 꼬리를 좌우로 흔들었을 것이다. 그러나 에우스트렙토스폰딜루스 같은 후기 수각류는 꼬리와 넓적다리 사이에 더 짧은 근육을 가지고 있어 꼬리가 더 뻣뻣하고 움직임이 덜했다. 육식 공룡인 에우스트렙토스폰딜루스는 두 개의 강한 다리로 서서 걸었다. 머리뼈에는 여러 구멍이 있어서 큰 머리의 무게가 줄어들었고 목이 뒤틀릴 가능성이 감소했다. 짧은 팔을 지녔고 손에는 날카로운 손톱이 있었다. 아마도 렉소비사우루스(Lexovisaurus), 케티오사우루스(Cetiosaurus), 그 밖의 초식동물이 에우스트렙토스폰딜루스의 먹이였을 것이다.

시기:	쥐라기
화석이 발견된 장소:	영국
식습관:	육식동물
발음:	에우스트렙토스폰딜루스(Eustreptospondylus)
길이:	7~9m
키:	3~3.7m
무게:	1134kg
이름의 의미:	'잘 구부러진 척추뼈'라는 뜻.

보스리오스폰딜루스(Bothriospondylus)

보스리오스폰딜루스는 콧구멍이 머리 꼭대기에 있었고, 물속과 육지에서 생활을 했던 초식 공룡이다.

보스리오스폰딜루스는 물속에서 일부분의 시간을 보내야 했기 때문에, 고생물학자들은 처음에 이 공룡이 크고 무거웠을 것이라고 생각했다. 그렇게 커다란 생물이 피곤해 하지 않고 육지에서 자신의 몸을 지탱할 수 있다고 상상하기가 어려웠다. 콧구멍이 머리 꼭대기에 있어서, 전문가들은 보스리오스폰딜루스가 물속을 잠수한 채 시간을 보내면서 수면 위로 콧구멍만 내밀었을 것이라고 생각했다. 그러나 보스리오스폰딜루스의 가까운 친척인 브라키오사우루스(Brachiosaurus)는 훨씬 더 크고 더 무거웠고, 그 이후에 두 공룡이 육지에서 느릿느릿 잘 다니면서 쥐라기 시대의 나무 꼭대기에 있는 나뭇잎을 뜯어먹었다는 것이 증명되었다. 머리 꼭대기에 있는 콧구멍은 잠수할 때 사용하는 장치가 아니었지만, 그 대신 보스리오스폰딜루스가 나뭇잎 조각들을 먹을 때 이 조각들을 흡입하는 일 없이 숨을 쉬게 할 수 있었다.

시기:	쥐라기
화석이 발견된 장소:	마다가스카르, 영국, 탄자니아
식습관:	초식동물
발음:	보스리오스폰딜루스(Bothriospondylus)
길이:	20m
키:	10.7m
무게:	알 수 없음
이름의 의미:	'고랑이 있는 척추뼈'라는 뜻. 등뼈 모양을 따서.

메트리아칸토사우루스(Metriacanthosaurus)

메트리아칸토사우루스는 척추에 가시가 돋아 있었고 짧은 팔에 날카로운 손톱을 가진 육식 공룡이다.

메트리아칸토사우루스 화석이 처음에 발견되었을 때, 고생물학자들은 이것을 메갈로사우루스(Megalosaurus)라고 생각했다. 메트리아칸토사우루스를 별도의 공룡으로 인정하기까지 거의 40년이 걸렸다. 이 두 공룡은 가까운 친척 관계로 여겨진다. 메트리아칸토사우루스는 척추에 25cm 길이의 가시가 있어서 등이 약간 솟아나 보이는 커다란 카르노사우루스(눈이 크고 머리뼈가 좁고 길며 넓적다리가 정강이보다 긴 공룡)였다. 이 가시는 3000만 년 후에 등장한 스피노사우루스(Spinosaurus)만큼 크지 않았는데, 이 공룡은 부채 모양의 커다란 등지느러미를 지녔다. 메트리아칸토사우루스는 카르노사우루스가 가진 특징처럼 칼 같은 이빨을 가졌다. 짧은 팔에 날카로운 손톱을 지녀서 턱으로 몸부림치는 희생물을 붙들고 있는 동안 이 손톱으로 먹이를 잡고 찢었다.

시기:	쥐라기
화석이 발견된 장소:	영국
식습관:	육식동물
발음:	메트리아칸토사우루스(Metriacanthosaurus)
길이:	8m
키:	1.8m(엉덩이에서)
무게:	1톤
이름의 의미:	'중간 정도의 가시가 있는 도마뱀'이라는 뜻. 척추에 있는 뼈로 된 등줄기가 다른 공룡만큼 두드러지지 않았기 때문.

렉소비사우루스(Lexovisaurus)

렉소비사우루스는 목과 등, 꼬리로 두 줄의 긴 뼈판이 이어져 있고 어깨와 꼬리에 가시를 지닌 최초의 스테로사우루스 초식 공룡이다.

렉소비사우루스는 최초의 스테고사우루스(가시와 뼈판으로 덮여 있는 공룡)이며, 아프리카의 켄트로사우루스(Kentrosaurus)와 닮은 초식동물이다. 그러나 렉소비사우루스의 뼈판과 가시는 켄트로사우루스보다 더 다양한데, 어깨에 있는 두 개의 가시는 길이 1.1m에 폭이 27.5cm이다. 꼬리에는 최소한 한 쌍의 가시가 있었다. 이런 가시는 꼬리를 흔들어 포식자를 칠 때 사용할 수 있었다. 목과 등, 꼬리로 이어진 두 줄의 긴 뼈판은 지나가는 포식자의 공격을 단념시켰다. 이런 가시는 또한 짝을 유혹하거나 태양열을 흡수해서 자신의 몸을 식혔을 것이다. 렉소비사우루스는 호두만 한 크기의 작은 뇌를 가졌다.

시기:	쥐라기
화석이 발견된 장소:	영국, 프랑스
식습관:	초식동물
발음:	렉소비사우루스(Lexovisaurus)
길이:	5~6m
키:	2.7m
무게:	2000kg
이름의 의미:	'렉소비의 도마뱀'이라는 뜻. 이 화석이 발견된 곳에서 살았던 고대 프랑스 족속인 렉소빌(Lexovil)을 기리기 위해.

피아트니츠키사우루스(Piatnitzkysaurus)

피아트니츠키사우루스는 큰 머리와 강한 턱을 지닌 공격적인 카르노사우루스 육식 공룡이다.

피아트니츠키사우루스는 중간 크기의 공격적인 카르노사우루스(눈이 크고 머리뼈가 좁고 길며 넓적다리가 정강이보다 긴 공룡)이다. 이 화석은 큰 초식 공룡의 뼈들 사이에서 발견되었는데, 이는 아마도 피아트니츠키사우루스가 이 초식 공룡들을 죽인 장본인이었을 것이라는 뜻이다. 이 카르노사우루스 공룡은 큰 머리를 가졌다. 사냥감을 보면 강한 턱을 벌린 채 돌진했고, 그 살을 강하게 물 준비가 되어 있었다. 일단 희생물을 물면 자기 머리 뒤로 홱 젖히고는 먹잇감에서 커다란 살덩어리를 떼어냈다. 피아트니츠키사우루스가 먹잇감이 될 만한 것을 찾아 주변을 살피든 희생물을 찢어 떼어내든, 머리뼈의 속이 비어 있어 그 무게가 줄어들었기 때문에 튼튼한 목에 붙어 있는 머리를 쉽게 움직일 수 있었다.

시기:	쥐라기
화석이 발견된 장소:	아르헨티나
식습관:	육식동물
발음:	피아트니츠키사우루스(Piatnitzkysaurus)
길이:	4~6m
키:	2.1~2.5m
무게:	알 수 없음
이름의 의미:	'피아트니츠키의 도마뱀'이라는 뜻. 러시아 태생의 아르헨티나 지질학자 알레잔드로 피아트니츠키(Alejandro Piatnitzky, 1879–1959)를 기리기 위해.

켄트로사우루스(Kentrosaurus)

켄트로사우루스는 다른 스테고사우루스보다 1/4 정도 작고 두 줄의 판과 가시가 돋아나 있는 초식 공룡이다.

켄트로사우루스는 스테고사우루스 크기의 1/4 정도 되는 스테고사우루스이며, 척추 아래까지 등 중앙에 두 줄의 판들이 이어졌다. 이 판들이 멈춘 곳에서 두 줄의 가시가 시작되어 척추 아래의 나머지 길에서 꼬리 끝까지 이어졌다. 각각의 어깨에도 불쑥 튀어나온 기다란 가시가 있었다. 이런 모든 가시와 판들을 지닌 켄트로사우루스이지만 케라토사우루스(Ceratosaurus)나 엘라프로사우루스(Elaphrosaurus)에게 가시가 있는 먹잇감이 되고 말았다. 흉포한 모습에도 불구하고, 켄트로사우루스는 평화롭게 풀을 뜯어먹었는데 머리를 낮게 숙여 이빨 없는 부리로 양치식물, 침엽수, 소철, 은행 등을 뜯었다. 그런 다음 작은 어금니로 그 식물을 으깼다. 켄트로사우루스는 다른 스테고사우루스처럼 무리 지어 다니는 동물이었을 것이다.

시기:	쥐라기
화석이 발견된 장소:	탄자니아
식습관:	초식동물
발음:	켄트로사우루스(Kentrosaurus)
길이:	2.5~5m
키:	1m
무게:	1~2톤
이름의 의미:	'가시 있는 도마뱀'이라는 뜻. 등 아래로 두 줄의 가시가 있기 때문.

마멘키사우루스(Mamenchisaurus)

마멘키사우루스는 전체 길이의 절반을 차지할 정도로 엄청나게 긴 목과 19개의 척추뼈를 지닌 초식 공룡이다.

마멘키사우루스는 사우로포세이돈(Sauroposeidon)이 발견된 최근까지 가장 긴 목을 가진 공룡으로 알려졌다. 이 가느다란 목은 전체 길이의 절반을 차지했고 19개의 척추뼈가 기다란 버팀목과 버팀대에 연결되어 있었다. 이는 빠르게 목을 돌리는 것이 어려웠다는 뜻이다. 짧고 넓은 몸통은 그 특별한 목을 붙들고 있는 육중한 토대가 되었다. 목뼈의 속이 빈 부분은 뼈에 가해지는 압박을 덜어주고 동시에 목뼈를 더 가볍고 더 강하게 해주었다. 목뼈 맨 윗부분은 척추가 갈라져 V자 모양의 홈이 생겼다. 목을 받치고 있는 인대가 이 홈까지 연속되어 있었다. 이 놀랄 만한 목을 지닌 어른 마멘키사우루스는 나무 꼭대기에 있는 즙이 많은 이파리를 뜯어먹었고 새끼를 위해 낮게 깔린 식물을 남겨두었다.

시기:	쥐라기
화석이 발견된 장소:	몽골, 중국 남서부
식습관:	초식동물
발음:	마멘키사우루스(Mamenchisaurus)
길이:	21m
키:	8m
무게:	11톤
이름의 의미:	'마멘크시 도마뱀'이라는 뜻. 마멘키사우루스의 화석이 처음 발견된 중국의 지역 이름을 따서.

오트니엘리아(Othnielia)

오트니엘리아는 정강이가 길어 빨리 달릴 수 있고, 이빨이 작아 질긴 식물은 먹지 못했던 초식 공룡이다.

오트니엘리아는 부리 모양의 턱을 가졌는데, 이 턱에 낮게 깔린 부드러운 식물을 뜯기에 적합한 사기질(에나멜질)로 된 이빨들이 붙어 있었다. 이빨이 사기질로 되어 있지만 너무 작아서 질긴 식물은 먹지 못했다. 일부 고생물학자들은 오트니엘리아가 볼주머니를 가지고 있어 섭취한 식물이 입가에서 떨어지지 않도록 여기에 잠깐 보관했을 것이라고 생각한다. 짧은 팔에 달린 손은 다섯 개의 손가락이 있어 먹으려는 식물을 편하게 잡을 수 있었다. 오트니엘리아는 어린 수각류(두 발로 걷는 육식 공룡)의 완벽한 먹잇감이기 때문에 큰 눈으로 위험은 없는지 계속해서 경계해야 했다. 정강이가 길기 때문에 빠른 속도로 달릴 수 있었다. 위험이 닥칠 때, 오트니엘리아는 뻣뻣한 꼬리로 균형을 잡으면서 가느다란 다리로 빠르게 도망쳤다.

시기:	쥐라기
화석이 발견된 장소:	미국
식습관:	초식동물
발음:	오트니엘리아(Othnielia)
길이:	1.4m
키:	60cm
무게:	알 수 없음
이름의 의미:	'오트니엘을 위하여'라는 뜻. 미국의 고생물학자 오트니엘 마시(Othniel Marsh, 1831~1899)를 기리기 위해.

오르니톨레스테스(Ornitholestes)

오르니톨레스테스는 길고 가는 다리를 가지고 있어 빠르게 뛰어 다녔으며, 살아 있는 동물뿐 아니라 죽은 동물도 먹었던 육식 공룡이다.

오르니톨레스테스는 길고 가는 다리를 가지고 있어 날렵하게 잘 뛰어 다닐 수 있었다. 개구리와 도마뱀을 사냥했을 뿐 아니라 오트니엘리아(Othnielia)도 쉽게 죽이고 먹을 수 있었다. 오르니톨레스테스는 엄지 같은 셋째 손가락을 사용해서 긴 손가락 안으로 먹잇감을 잡았을 것이다. 살아 있는 먹잇감이 부족할 때 먹을 만한 죽은 동물이 있는지 찾아다녔다. 오르니톨레스테스의 화석이 처음 발견되었을 때 머리뼈가 부서져 있었는데, 아마 커다란 용각류(목인 긴 초식 공룡)에게 밟혔을 것이다. 뼈는 다른 공룡 뼈와 함께 섞여 있어서 처음에는 오르니톨레스테스에게 잘못된 손을 걸쳐놓았다. 이 손이 새를 잡을 수 있는 것처럼 보여서 오르니톨레스테스라는 이름이 잘못 붙여졌다.

시기:	쥐라기
화석이 발견된 장소:	미국 서부
식습관:	육식동물
발음:	오르니톨레스테스(Ornitholestes)
길이:	2m
키:	30cm
무게:	11kg
이름의 의미:	'새 도둑'이라는 뜻. 그 이름을 붙인 과학자들이 처음에 오르니톨레스테스가 새를 먹었을 것이라고 믿었기 때문.

케라토사우루스(Ceratosaurus)

케라토사우루스는 코와 눈 위에 뿔을 지녔으며, 다른 육식 공룡과 달리 네 개의 손가락을 가진 특이한 공룡이다.

케라토사우루스는 코에 잎사귀 같은 뿔이 달려 있고 눈 위에 작은 두 개의 뿔이 돋아 있는 특이한 육식 공룡이다. 이 뿔들은 나이가 들면서 자라났다. 코뿔은 방어하기에는 너무 약해서 아마도 짝을 얻을 목적으로 다른 케라토사우루스와 결투하는 데 사용했을 것이다. 케라토사우루스의 팔은 짧고 네 개의 날카로운 손톱을 가졌지만, 주된 방어 수단은 강한 턱에 있는 가느다란 칼 같은 이빨이었다. 케라토사우루스는 알로사우루스(Allosaurus)보다 더 작았지만 턱은 훨씬 더 컸다. 커다란 용각류까지도 쉽게 죽일 수 있었다. 네 개의 손가락 역시 독특한 특징이었는데, 쥐라기 시대의 커다란 육식 공룡은 손가락 세 개만을 가졌기 때문이다. 케라토사우루스는 큰 눈을 가지고 있어 예리한 시력을 가졌을 것으로 추측된다.

시기:	쥐라기
화석이 발견된 장소:	미국 서부, 탄자니아
식습관:	육식동물
발음:	케라토사우루스(Ceratosaurus)
길이:	6m
키:	2m
무게:	1톤
이름의 의미:	'뿔 있는 도마뱀'이라는 뜻. 코에 뿔이 있어서.

캄프토사우루스(Camptosaurus)

캄프토사우루스는 두 다리 또는 네 다리로 걸을 수 있고, 손가락 다섯 개와 발가락 네 개를 가진 초식 공룡이다.

캄프토사우루스는 두 개 또는 네 개의 다리로 걸을 수 있으며, 백악기 시대에 살았던 이구아나돈(Iguanadon)의 원시 조상이다. 각각의 발에 네 개의 발가락을 달고 있었던 강한 뒷다리로 포식자를 피해 빠르게 도망칠 수 있었다. 캄프토사우루스는 뒷다리로 서서 나무와 소철의 나뭇잎들을 기다란 혀로 뜯어먹거나, 네 다리로 있는 동안 땅에 난 식물을 뜯어먹을 수 있었다. 부리 같은 입 앞부분에는 이빨이 없지만, 강한 턱니는 식물을 씹는 데 적합했다. 이구아나돈과는 달리 엄지에 가시는 없었다. 손은 다섯 개의 손가락을 지녔고 발은 네 개의 발가락을 지녔는데, 발톱보다는 발굽을 가진 것이 특징적이다. 무리 지어 다녔고 일단 그 지역의 식량 공급원이 없어지면 다른 지역으로 이동했을 것이다.

시기:	쥐라기
화석이 발견된 장소:	미국, 영국, 포르투갈
식습관:	초식동물
발음:	캄프토사우루스(Camptosaurus)
길이:	5~7m
키:	1m
무게:	1톤까지
이름의 의미:	'유연한 도마뱀'이라는 뜻. 캄프토사우루스가 모든 네 다리 또는 두 다리로 서서 걸을 수 있었기 때문.

브라키오사우루스(Brachiosaurus)

브라키오사우루스는 모든 시대를 통틀어서 가장 크고 무거운 육지 동물이며, 팔이 다리보다 긴 초식 공룡이다.

브라키오사우루스는 모든 시대에서 가장 큰 육지 동물로 알려졌으며, 가장 무거운 동물 중 하나이기도 했다. 그만한 크기의 공룡은 자신의 큰 덩치에 맞는 에너지를 얻기 위해 계속해서 먹어야 했다. 과학자들은 브라키오사우루스가 매일 200kg의 식량을 먹어야 했다고 추측했다. 믿을 수 없을 정도로 긴 목은 나무 꼭대기에 있는 즙이 많은 이파리들에 도달하기에 적합했다. 14개의 척추뼈에 강한 힘줄과 근육이 있어서 거대한 목을 받칠 수 있었다. 척추뼈에 그 뼈를 가볍게 해줄 빈 공간이 없었다면, 브라키오사우루스는 목을 들어 올리지 못했을 것이다. 혈액이 머리까지 도달하기 위해서는 강한 심장이 높은 압력으로 펌프질해야 했다. 브라키오사우루스는 100년 이상의 수명을 가졌다.

시기:	쥐라기
화석이 발견된 장소:	미국 서부, 남유럽, 북아프리카
식습관:	초식동물
발음:	브라키오사우루스(Brachiosaurus)
길이:	26m
키:	12~16m
무게:	30~79톤
이름의 의미:	'팔 파충류'라는 뜻. 뒷다리에 비해서 앞다리의 길이가 더 길기 때문.

드라코펠타(Dracopelta)

드라코펠타는 짧은 네 다리로 걸어 다녔고, 등딱지와 두 줄의 가시들로 덮여 있던 초식 공룡 안킬로사우르이다.

드라코펠타는 대표적인 안킬로사우르(갑옷으로 덮여 있는 공룡)이며, 네 개의 다리로 걷고 다녔던 초식 공룡이다. 서양 배 모양처럼 생긴 머리에는 이빨 없는 뿔 같은 부리와 이파리 모양의 어금니가 있었는데, 이 어금니로 낮게 깔린 식물을 우적우적 씹어 먹었다. 무거운 몸과 짧은 다리로는 빠르게 달리지 못했기 때문에 갑옷으로 자신을 보호했다. 두 줄로 솟아 있는 뼈 같은 가시들이 등에서 꼬리 끝까지 이어져 있었다. 수백 개의 등딱지가 등에 박혀 있었고, 몇 줄의 뼈판이 목을 보호했다. 몸통 양쪽에 솟아난 날카로운 가시 한 줄이 측면 공격을 받았을 때 드라코펠타를 보호했다. 드라코펠타는 공격을 받을 때 확 뒤집히지 않도록 몸을 낮게 쭈그리고 발톱으로 땅을 움켜잡았다.

시기:	쥐라기
화석이 발견된 장소:	포르투갈
식습관:	초식동물
발음:	드라코펠타(Dracopelta)
길이:	2.1m
키:	80cm
무게:	알 수 없음
이름의 의미:	'용 방패'라는 뜻. 몸을 덮고 있는 갑옷 때문.

케티오사우리스쿠스(Cetiosauriscus)

케티오사우리스쿠스는 꼬리에 두 갈래로 갈라진 뼈가 있고 척추뼈에 근육이 붙어 있던 용각류 공룡이다.

케티오사우리스쿠스는 처음에 케티오사우루스(Cetiosaurus)로 여겨졌지만, 디플로도쿠스(Diplodocus)와 더 가까운 친척으로 밝혀졌다. 보통의 용각류보다 목이 더 짧았는데, 보통의 용각류는 뒷다리로 서서 더 높은 곳에 있는 식물에 도달할 때 앞쪽이 덜 무겁다는 이점이 있었다. 케티오사우리스쿠스의 기다란 채찍 같은 꼬리에는 두 갈래로 갈라진 뼈가 있었는데, 뒷다리로 서서 꼬리를 받침대로 사용할 때 그 갈라진 뼈가 꼬리의 혈관이 부서지지 않도록 보호했다. 이런 척추뼈는 또한 근육이 붙어 있었다. 많은 사람들이 생각하는 것과는 달리, 이렇게 점점 가늘어지는 꼬리는 포식자들에게 효과적인 무기가 되지 못했다. 아마도 육식 공룡의 몸을 꼬리로 때렸을 때 생긴 충격으로 케티오사우리스쿠의 척추뼈는 망가졌을 것이다.

시기:	쥐라기
화석이 발견된 장소:	영국, 모로코
식습관:	초식동물
발음:	케티오사우리스쿠스(Cetiosauriscus)
길이:	15m
키:	4.9m
무게:	17톤
이름의 의미:	'고래 도마뱀'이라는 뜻. 척추뼈가 고래의 척추뼈와 비슷한 질감을 가졌기 때문.

스테고사우루스(Stegosaurus)

스테고사우루스는 두 줄로 배열되어 있는 뼈판으로 체온을 조절할 수 있었고, 꼬리에 있는 가시로 포식자의 공격을 방어했던 초식 공룡이다.

스테고사우루스는 등에 17개의 뼈판이 이어져 있었던 초식 공룡이다. 이 뼈판들은 서로 마주보지 않고 두 줄로 교차해서 배열되어 있었고, 혈관이 박혀 있어 스테고사우루스의 체온을 조절했다. 스테고사우루스는 몸을 어떤 방향으로 돌리는지에 따라 햇볕으로 뼈판을 따뜻하게 할 수 있었으며, 뼈판을 경쾌하게 움직여 뼈판까지 흐르는 혈액을 식힐 수도 있었다. 강한 인상을 주는 모습에도 불구하고, 이 뼈판은 가는 뼈로 되어 있기 때문에 포식자에게 좋은 방어 수단이 되지 못했다. 스테고사우루스의 꼬리에 있는 포악하게 보이는 가시는 최고의 방어 수단이었다. 스테고사우루스는 공격을 피하기 위해 무거운 몸을 움직이지는 못했지만, 포식자에게 꼬리를 후려쳐 찌를 것 같은 타격을 가할 수 있었다.

시기:	쥐라기
화석이 발견된 장소:	미국 서부, 서유럽, 남인도, 중국, 남아프리카
먹이:	양치식물, 소철, 무성한 침엽수, 그 밖의 낮게 깔린 식물
발음:	스테고사우루스(Stegosaurus)
길이:	8~9m
키:	2.75m(엉덩이에서)
무게:	3100kg
이름의 의미:	'지붕 도마뱀' 또는 '판 도마뱀'이라는 뜻. 등에 있는 뼈판 때문.

디플로도쿠스(Diplodocus)

디플로도쿠스는 긴 목과 꼬리를 지녔지만 뼈의 속이 비어 있어 목의 무게가 가벼웠던 용각류 초식 공룡이다.

디플로도쿠스 화석은 이제까지 발견된 공룡의 골격 중 가장 길고 완전한 것 중 하나이다. 두드러진 긴 목과 꼬리는 디플로도쿠스를 아주 길게 만들었다. 디플로도쿠스는 척추뼈가 목에 15개, 꼬리에 70개가 있었다. 꼬리는 그 끝까지 점점 가늘어져 채찍 모양을 띠었다. 긴 목을 수평으로 유지했고 어깨보다 훨씬 더 높게 올리지는 못했다. 목뼈가 비어 있지 않았다면 너무 무거워서 전혀 올리지 못했을 것이다. 디플로도쿠스는 양치식물을 뜯어먹거나 작은 나무 아래로 목을 밀어 이파리를 따 먹었다. 푹신한 땅에서는 그 주변에서 자란 양치식물과 속새, 이끼를 먹었지만, 더 단단한 땅에 서 있을 때는 긴 목으로 식물에 도달할 수 있었다.

시기:	쥐라기
화석이 발견된 장소:	미국 서부
식습관:	초식동물
발음:	디플로도쿠스(Diplodocus)
길이:	27m
키:	5m
무게:	10~20톤
이름의 의미:	'두 개의 기둥(줄기)'이라는 뜻. 꼬리 아랫면의 뼈를 설명할 때 이 단어들이 쓰이기 때문.

엘라프로사우루스(Elaphrosaurus)

엘라프로사우루스는 무게가 가볍고 짧은 팔에 세 개의 손가락과 갈고리 손톱을 가졌으며, 아주 빠르게 달렸던 수각류 공룡이다.

엘라프로사우루스는 호리호리하고 무게가 가벼운 민첩한 사냥꾼이었고 쥐라기 시대에 살았던 공룡 중 가장 빠른 공룡 중 하나이다. 팔은 짧고 그렇게 강하지는 않았지만 세 개의 손가락에 달린 갈고리 손톱으로 먹이를 잡을 수 있었다. 긴 뒷다리로 섰고 세 개의 발가락에 날카로운 발톱을 가지고 있었다. 엘라프로사우루스는 뛰어 다닐 때 몸통 뒤로 꼬리를 뻣뻣하게 유지해서 안정감과 균형감을 잡아주었다. 속이 빈 뼈 때문에 무게가 가벼웠다. 살아 있는 먹이를 찾지 못하면 더 큰 육식동물들이 남긴 죽은 공룡의 사체를 찾아다녔다. 엘라프로사우루스는 조류와 밀접하게 관계있는 수각류(두 발로 걷는 육식 공룡) 일종인 코엘루로사우루스(작고 가느다란 뒷다리로 걷고 다른 수각류에 비해 앞다리가 긴 편인 육식 공룡)로 여겨진다.

시기:	쥐라기
화석이 발견된 장소:	탄자니아
먹이:	도마뱀, 작은 포유동물, 곤충
발음:	엘라프로사우루스(Elaphrosaurus)
길이:	5~6.2m
키:	1.5m(엉덩이에서)
무게:	210kg
이름의 의미:	'가벼운 도마뱀'이라는 뜻. 호리호리한 몸집 때문.

울트라사우로스(Ultrasauros)

울트라사우로스는 지구상에 살았던 공룡 중 가장 키가 크며, 무리 생활을 한 초식 공룡이다.

일부 고생물학자들은 발견된 울트라사우로스의 뼈 몇 개로 울트라사우로스가 지구상에 살았던 공룡 중 가장 키가 크다고 생각한다. 울트라사우로스는 무리를 지어 살았고, 끌 모양의 이빨로 키 큰 나무의 꼭대기에 있는 이파리를 훑어 먹었다. 식물 재료를 씹지 않고 통째로 삼켰고 위 안에 있는 작은 돌인 위석으로 먹은 음식물을 갈아 소화시켰다. 거대한 기둥 같은 다리로 주변을 천천히 걸어 다녔는데 그 우람한 크기로 공격할 것 같은 포식자들을 단념시켰다. 울트라사우로스를 둘러싼 논란이 있는데, 많은 고생물학자는 어깨뼈와 몇 개의 척추뼈, 엉덩이뼈 부분만 발견된 것을 보고 울트라사우로스 화석이 실제로 브라키오사우루스(Brachiosaurus)와 수퍼사우루스(Supersaurus)의 뼈가 잘못 합쳐진 것이라고 믿고 있다.

시기:	쥐라기
화석이 발견된 장소:	미국 서부
식습관:	초식동물
발음:	울트라사우로스(Ultrasauros)
길이:	25~30m
키:	15~16m
무게:	55~130톤
이름의 의미:	'초대형 도마뱀'이라는 뜻. 그 거대한 크기 때문.

스체추아노사우루스(Szechuanosaurus)

스체추아노사우루스는 중국에서 살았으며, 빠르게 달리지는 못하지만 시력이 좋고 사냥에 능했던 무서운 수각류 공룡이다.

스체추아노사우루스는 쥐라기 말 중국에서 살았던 무시무시한 수각류이거나 두 다리로 걸어 다녔던 육식 공룡이다. 빠르게 달리지 못해서 숨어 있다가 희생 동물에게 달려드는 술책을 썼다. 이 공룡은 떼를 지어 먹잇감에게 몰래 접근했다. 긴 뒷다리가 강해서 사냥감에게 갑자기 달려들 수 있었다. 스체추아노사우루스는 짧은 팔에 갈고리 손톱이 달린 손을 가졌다. 이 손톱으로 먹잇감을 잡고 살을 뜯었다. 기다란 꼬리는 큰 머리의 균형을 잡아주었다. 스체추아노사우루스의 큰 눈은 시력이 좋아서 중국 전 지역을 느릿느릿 걸어 다닌 용각류를 잘 포착할 정도로 위협이 되었다는 것을 의미한다.

시기:	쥐라기
화석이 발견된 장소:	중국
식습관:	육식동물
발음:	스체추아노사우루스(Szechuanosaurus)
길이:	6~8m
키:	알 수 없음
무게:	100~150kg
이름의 의미:	'사천 도마뱀'이라는 뜻. 이 화석이 발견된 중국의 사천성(Szechuan province)을 기념하기 위해.

카마라사우루스(Camarasaurus)

카마라사우루스는 다른 용각류보다 크기가 작고 목과 꼬리가 더 짧았지만 꼬리는 더 강했으며, 무리 생활을 했던 초식 공룡이다.

카마라사우루스는 쥐라기 말에 살던 다른 용각류보다 작았지만, 상당히 인상적인 공룡이다. 다른 용각류보다 목과 꼬리가 더 짧지만, 더 짧은 꼬리가 더 강했다. 이 꼬리가 네 개의 거대한 다리와 커다란 덩치를 받치고 있었다. 카마라사우루스는 어깨 높이에 있는 떨기나무와 나무에서 먹이를 먹었는데, 숟가락 모양의 이빨로 식물을 벗겨 먹었다. 카마라사우루스의 이빨 화석이 마모된 형태로 봐서 아마 다른 용각류가 먹었던 것보다 더 질긴 식물을 먹었을 것이다. 그래서 디플로카울루스(Diplocaulus) 같은 다른 용각류와 동일한 식물을 두고 경쟁하지 않고 함께 살 수 있었다. 새끼와 어른의 화석 표본이 함께 발견되었는데, 이는 카마라사우루스가 무리를 지어 새끼를 길렀다는 것을 의미한다.

시기:	쥐라기
화석이 발견된 장소:	미국 서부, 멕시코 서북부
먹이:	양치식물, 침엽수, 그 밖의 식물
발음:	카마라사우루스(Camarasaurus)
길이:	18m
키:	4.6m
무게:	28톤
이름의 의미:	'빈 공간이 있는 도마뱀'이라는 뜻. 목뼈에 빈 공간이 있기 때문.

하프로칸토사우루스(Haplocanthosaurus)

하프로칸토사우루스는 다른 용각류보다 목과 꼬리가 짧으며, 큰 덩치에 에너지를 공급하기 위해 엄청난 양의 식물을 먹었던 초식 공룡이다.

하프로칸토사우루스는 북아메리카에서 살았던 가장 원시적인 용각류이며 그 비슷한 용각류보다 목과 꼬리가 더 짧았다. 척추뼈는 거의 단단해서 목이 무거웠고 어깨 위로 올리는 것이 어려웠다. 다행스럽게도 하프로칸토사우루스는 어깨 높이에서 많은 양의 나뭇잎을 먹을 수 있을 정도로 키가 컸다. 주로 먹는 음식은 영양이 부족한 침엽수와 소철이었다. 이는 하프로칸토사우루스가 거대한 소화기관을 가지고 있어서 섭취한 식물을 더 오랫동안 소화했고 그 식물에서 얻을 수 있는 영양분을 쥐어짜야 했다는 것을 뜻한다. 이 거대한 용각류는 대부분의 시간을 먹는 데 사용했다. 거대한 몸에 에너지를 주기 위해 엄청난 양의 식물을 섭취했던 것이다.

시기:	쥐라기
화석이 발견된 장소:	미국 서부
식습관:	초식동물
발음:	하프로칸토사우루스(Haplocanthosaurus)
길이:	21.5m
키:	7m
무게:	13톤
이름의 의미:	'척추가 단순한 도마뱀'이라는 뜻. 많은 다른 공룡보다 척추뼈들이 더 단순하기 때문.

투오지앙고사우루스(Tuojiangosaurus)

투오지앙고사우루스는 척추에 뾰족한 뼈판들이 솟아나 있고 꼬리 끝에 날카로운 가시를 지닌 스테고사우루스 공룡이다.

투오지앙고사우루스는 척추 아래로 이어진 뾰족한 뼈판을 15쌍까지 지녔다. 꼬리 끝에는 포식자를 방어하는 데 사용할 수 있는 네 개의 날카로운 가시가 있었다. 대부분의 스테고사우루스처럼 길고 좁은 머리뼈와 이빨이 없는 부리를 지녔다. 투오지앙고사우루스는 쥐라기 시대에 중국의 탁 트인 숲 지대를 천천히 걸어 다니면서 머리를 땅에 가깝게 둔 채 낮게 깔린 식물을 찾아 부리로 뜯어먹었다. 삐뚤빼뚤한 어금니는 음식물을 찢기만 했고 음식물을 세밀하게 가는 데는 적합하지 않았다. 투오지앙고사우루스는 작은 돌, 즉 위석을 삼켜서 소화기관에 있는 음식물을 분쇄시켰다. 살집이 있는 볼은 씹는 동안 입에서 음식물이 떨어지지 않게 했다.

시기:	쥐라기
화석이 발견된 장소:	중국
식습관:	초식동물
발음:	투오지앙고사우루스(Tuojiangosaurus)
길이:	7m
키:	2m
무게:	알 수 없음
이름의 의미:	'타강 도마뱀'이라는 뜻. 이 화석이 처음에 발견된 중국의 타강(Tuo River)을 기념하기 위해.

에우헬로푸스(Euhelopus)

에우헬로푸스는 코끼리 같은 다리에 넓은 발바닥을 가졌으며, 콧구멍이 머리 꼭대기에 있었던 용각류 공룡이다.

에우헬로푸스는 습한 땅을 밟아도 빠지지 않는, 발바닥이 납작한 거대한 다리를 가졌다. 이 네 다리로 쥐라기 시대에 중국의 범람원과 탁 트인 수풀 지대를 터벅터벅 걸었다. 숟가락 모양의 이빨로 양치식물과 다른 식물로부터 길게 갈라진 잎들을 벗겼다. 카마라사우루스(Camarasaurus)와 브라키오사우루스(Brachiosaurus)처럼 콧구멍이 머리 꼭대기에 있어 식물을 흡입하지 않고 먹으면서 숨을 쉴 수 있었다. 과거에 고생물학자들은 이렇게 신기한 위치에 콧구멍이 있는 용각류는 물속에 있을 때 잠수용 호흡 기구처럼 콧구멍만을 내밀며 많은 시간을 보냈을 것이라고 생각했지만 이 생각은 무시당했다. 에우헬로푸스는 너무 무거웠고 수영하기에 좋은 특이한 형태의 발을 가졌다.

시기:	쥐라기
화석이 발견된 장소:	중국
식습관:	초식동물
발음:	에우헬로푸스(Euhelopus)
길이:	10~15m
키:	5m
무게:	알 수 없음
이름의 의미:	'뛰어난 습지 발'이라는 뜻. 발바닥이 넓은 뒷발이 습지대를 걷는 데 적합했기 때문.

코엘루루스(Coelurus)

코엘루루스는 꼬리뼈의 속이 비었고 뼈의 벽이 얇아서 몸이 가볍고 예리한 시력을 가졌던 수각류 육식 공룡이다.

코엘루루스는 작고 민첩한 수각류이다. 꼬리뼈의 속이 비었고 그중 많은 뼈는 벽이 얇아서 이 공룡의 무게를 가볍게 했다. 코엘루루스는 먹이를 잡거나 더 큰 육식 공룡의 먹이가 되지 않기 위해 가느다란 뒷다리로 빨리 달려야 했다. 뼛속이 빈 긴 꼬리는 방향을 바꾸고 빠른 속도로 급하게 회전하는 데 도움이 되었다. 짧은 팔에 작고 약한 손을 가졌기 때문에 위협을 받을 때 싸우기보다는 도망치는 것이 더 현명했다. 코엘루루스는 쉽게 잡히는 작은 사냥감을 쫓거나 다른 육식 공룡이 남겨둔 죽은 공룡을 먹고 살았다. 예리한 시력으로 위협물이 있는지 살펴보고 먹이가 될 만한 것을 포착했다.

시기:	쥐라기
화석이 발견된 장소:	미국 서부
식습관:	육식동물
발음:	코엘루루스(Coelurus)
길이:	2m
키:	1.8m
무게:	20kg
이름의 의미:	'속이 빈 꼬리'라는 뜻. 꼬리뼈의 속이 비어 있기 때문.

디크라에오사우루스(Dicraeosaurus)

디크라에오사우루스는 긴 목과 작은 머리, 튼튼한 다리, 긴 꼬리를 지닌 용각류이며, 식물을 잘라 먹지 못하고 통째로 삼켜 먹은 초식 공룡이다.

디크라에오사우루스는 긴 목과 꼬리, 작은 머리뼈, 튼튼한 다리와 용각류의 커다란 몸통을 지녔다. 말뚝 모양의 이빨로 식물을 뜯어냈지만 그 이빨은 갈거나 잘게 깎아 씹어 먹기에는 적합하지 않았다. 디크라에오사우루스는 식물을 통째로 삼켰고, 위산과 위석이 소화기관에서 음식물을 분해했다. 한 지역의 식물이 다 떨어졌을 때 무리 지어 새로운 지역으로 이동했다. 긴 꼬리는 공격자에게 대항할 만한 유용한 방어 수단처럼 보이겠지만, 디크라에오사우루스와 같은 용각류는 적에게 꼬리를 휘두르면 척추뼈가 망가졌다. 그런 데다 나뭇잎을 먹고 있을 때는 나무의 몸통을 치지 않고서는 꼬리를 휘두를 여유가 없었을 것이다.

시기:	쥐라기
화석이 발견된 장소:	탄자니아
식습관:	초식동물
발음:	디크라에오사우루스(Dicraeosaurus)
길이:	13~20m
키:	6m
무게:	15톤
이름의 의미:	'두 갈래로 갈라진 도마뱀'이라는 뜻. 척추가 두 갈래로 나뉘었기 때문.

시조새 또는 아르카이오프테릭스(Archaeopteryx)

시조새는 새처럼 깃털과 가벼운 몸을 가졌을 뿐 아니라 공룡처럼 이빨과 볼록한 갈비뼈, 꼬리뼈, 손톱을 가진 육식동물이다.

시조새는 가장 오래된 새로 알려진 새 중 하나이다. 공룡과 새의 두 가지 특징을 가졌으며 이 두 동물 사이에서 끊어진 연결 고리였을 것으로 추측된다. 오늘날의 새처럼 시조새는 깃털과 가벼운 몸을 가졌으며, 속이 빈 뼈가 특징을 이룬다. 오늘날의 새와 달리 이빨과 볼록한 갈비뼈가 있었고 양쪽 날개에 각각 세 개의 손톱이 달려 있었다. 시조새의 날카로운 이빨, 머리뼈, 꼬리뼈의 중심부는 공룡과 같은 특징을 가졌다. 일단 난다면 잘 날지도 멀리까지 날지도 못했다. 곤충을 쫓아 펄럭였지만 가슴뼈의 형태는 비행에 필요한 강한 근육이 붙어 있기에는 미흡했다. 화석은 결이 고운 석회석에서 발견되었는데, 깃털 자국(형상)이 잘 보존되어 있었다.

시기:	쥐라기
화석이 발견된 장소:	독일
식습관:	육식동물
발음:	아르카이오프테릭스(Archaeopteryx)
길이:	65cm
키:	30cm
무게:	300~500g
이름의 의미:	'고대의 날개'라는 뜻. 공룡과 새를 이어주는 연결 고리로 믿어졌기 때문.

아파토사우루스(Apatosaurus)

아파토사우루스는 뒷다리로 서서 나뭇잎을 뜯어먹기도 하며 엄청난 양의 식물을 먹었던 초식공룡이다.

아파토사우루스는 가장 잘 알려진 공룡 중 하나이며, 오랫동안 브론토사우루스(Brontosaurus)로도 불렸다. 고생물학자들이 아파토사우루스의 골격에 카마라사우루스(Camarasaurus)의 머리를 잘못 갖다 놓고 브론토사우루스라는 이름을 지었던 것이다. 아파토사우루스는 디플로카울루스(Diplocaulus)보다 무겁지만 브라키오사우루스(Brachiosaurus)만큼 키가 크지 않았다. 1990년대에 진행한 연구는 아파토사우루스가 머리와 목을 수직 자세보다는 수평 자세로 유지했다고 밝혔다. 엄청난 양의 음식을 먹고 살아야 했고, 나뭇잎이나 양치식물, 떨기나무, 소철, 침엽수, 쥐라기 말에 풍성했던 은행나무를 우적우적 먹는 데 대부분의 시간을 썼다. 뒷다리로 설 수 있어서 나무 꼭대기에 있는 나뭇잎에 이르는 데 짧은 시간이 들었다.

시기:	쥐라기
화석이 발견된 장소:	미국 서부, 멕시코 서북부
식습관:	초식동물
발음:	아파토사우루스(Apatosaurus)
길이:	21~27m
키:	4.6m
무게:	30톤
이름의 의미:	'속이는 도마뱀'이라는 뜻. 아파토사우루스의 뼈가 다른 공룡의 뼈와 닮았기 때문.

알로사우루스(Allosaurus)

알로사우루스는 튼튼한 턱과 날카로운 톱니 모양의 이빨을 가진 흉포한 육식 공룡이지만, 사냥감을 쫓다가 넘어지면 크게 다치는 약점이 있었다.

흉포한 알로사우루스는 쥐라기 말에 북아메리카에서 살았던 원시 육식 공룡이다. 우거진 나무 사이에서 숨거나 매복했다가 스테고사우루스(Stegosaurus)나 아파토사우루스(Apatosaurus), 캄프토사우루스(Camptosaurus)처럼 느리게 움직이는 초식 공룡을 놀라게 했을 것이다. 알로사우루스는 면도칼처럼 날카로운 톱니 모양의 이빨이 입 안 가득히 있었다. 공격할 때 입을 활짝 벌렸고, 도끼 같은 위턱으로 희생물의 살을 파고들었다. 아래턱으로는 희생물의 큰 고깃덩어리를 뜯어 씹어 삼켰다. 알로사우루스는 근육질의 다리 때문에 사냥감을 뒤쫓을 수는 있지만 조심해야 했고 너무 빨리 달려서는 안 되었다. 알로사우루스의 팔이 아주 짧아서 발이 걸려 넘어지면 사냥감을 잡을 수 없었고, 빨리 달리는 동안 넘어지면 크게 다칠 수 있었기 때문이다.

시기:	쥐라기
화석이 발견된 장소:	미국 서부
식습관:	육식동물
발음:	알로사우루스(Allosaurus)
길이:	7~12m
키:	3~4.5m
무게:	1~4톤
이름의 의미:	'다른 도마뱀'이라는 뜻. 특이할 정도로 가벼운 척추뼈 때문.

리오플레우로돈(Liopleurodon)

리오플레우로돈은 물속에서 살았던 파충류, 즉 수장룡이며 네 개의 커다란 물갈퀴와 티라노사우르스보다 더 강한 이빨을 가졌다.

리오플레우로돈은 식욕이 왕성한 수장룡(플레시오사우루스, plesiosaur)으로, 공룡과 같은 시대에 살았으며 수영하고 다녔던 파충류이다. 머리뼈의 길이가 3m이고 티라노사우르스(Tyrannosaurus)보다 두 배 더 위험하고 날카로운 이빨을 가졌다. 악어, 상어, 어룡, 수장룡, 물고기를 찾아 먹기 위해 쥐라기 말에 얕은 바다를 헤엄쳤다. 리오플레우로돈은 네 개의 커다란 물갈퀴로 물을 저으며 다녔다. 턱을 벌려 수영을 하면 물이 입천장에 있는 콧구멍 입구로 들어간 다음 눈 주변의 코와 연결된 틈으로 나오는데, 이때 물속에 있는 먹잇감의 냄새를 맡을 수 있었다. 리오플레우로돈은 탁한 더 깊은 곳에서 숨어 있다가 의심하지 않고 지나가는 먹잇감을 밑에서 공격했다.

시기:	쥐라기
화석이 발견된 장소:	유럽
먹이:	커다란 바다 동물
발음:	리오플레우로돈(Liopleurodon)
길이:	12~15m
키:	알 수 없음
무게:	알 수 없음
이름의 의미:	'옆면이 매끄러운 이빨'이라는 뜻. 이빨의 한쪽 옆면이 매끄럽기 때문.

세이스모사우루스(Seismosaurus)

세이스모사우루스는 모든 시대에 있었던 동물 중 가장 길며, 코끼리 같은 넓은 발바닥으로 걸어 다녔던 거대한 용각류 공룡이다.

세이스모사우루스는 거대한 용각류 초식 공룡이며, 모든 시대에 존재했던 동물 중 가장 긴 육지 동물이다. 짧고 커다란 다리에 코끼리 같은 발을 지녀 천천히 느긋하게 숲을 지나갔는데, 이런 발과 다리 때문에 안정적으로 다닐 수 있었다. 세이스모사우루스는 턱 앞쪽에 있는 말뚝 모양의 이빨로 나뭇가지에서 이파리들을 벗겨냈다. 200개가 넘는 위석이 한 화석에서 발견되었는데, 이 위석들이 매일 섭취한 엄청난 양의 식물을 분해했다. 고생물학자들은 세이스모사우루스가 알에서 부화했다고 믿는다. 용각류 알이 둥지에서 발견되지 않고 선 무늬의 형태에서 발견된 것을 보면, 아마도 세이스모사우루스가 걷는 동안에 알을 낳았고 새끼가 스스로 알을 까고 혼자 힘으로 헤쳐 나가도록 그 자리에 그대로 두었을 것으로 짐작된다.

시기:	쥐라기 말기-백악기 초기
화석이 발견된 장소:	미국 남서부
식습관:	초식동물
발음:	세이스모사우루스(Seismosaurus)
길이:	45m까지
키:	13m까지
무게:	33톤까지
이름의 의미:	'지진 도마뱀'이라는 뜻. 거대한 크기 때문.

프테로다우스트로(Pterodaustro)

프테로다우스트로는 작은 동물이나 미생물을 걸러내면서 먹이를 먹고 공동생활을 했던 익룡(날아다니는 파충류)이었다.

프테로다우스트로는 공룡과 같은 시대에 살았던 날아다니는 파충류 종류인 익룡이다. 여과 섭식 동물로, 긴 부리를 사용해서 염분이 있는 호수에서 작은 동물을 걸러내었다. 부리가 있는 아래턱에 500개의 뻣뻣한 털 같은 이빨이 양쪽으로 배열되어 있어 동물플랑크톤과 크릴새우 같은 무척추동물을 걸러냈다. 플라밍고가 먹이 때문에 분홍색을 띠는 것처럼 프테로다우스트로도 같은 먹이를 먹어 분홍빛을 띠었다. 위턱에 있는 몇 개의 짧고 뭉툭한 이빨로 더 큰 포획물을 더 쉽게 처리할 수 있는 크기로 잘게 잘랐다. 최근에 뼈 화석과 함께 화석이 된 알을 발견했는데, 이는 프테로다우스트로는 공동생활을 하면서 새끼들을 함께 돌보았다는 것을 의미한다.

시기:	쥐라기 말기-백악기 초기
화석이 발견된 장소:	아르헨티나
먹이:	새우, 물고기, 연체동물, 게
발음:	프테로다우스트로(Pterodaustro)
길이:	1.2m의 날개폭
키:	알 수 없음
무게:	알 수 없음
이름의 의미:	'남쪽 날개'라는 뜻. 남아메리카에서 발견되었기 때문.

드리오사우루스(Dryosaurus) 또는
디살로토사우루스(Dysalotosaurus)

드리오사우루스는 예리한 시력과 빠른 속도로 포식자를 따돌리며 무리 생활을 했던 초식 공룡이다.

드리오사우루스는 가느다란 몸집을 한 작고 우아한 공룡이다. 예리한 시력과 가젤 같은 속도로 포식자들을 피했다. 무리를 지어 생활하면서 안전을 지켰다. 그 무리의 모두가 알로사우루스(Allosaurus)에게 쉬운 먹잇감이 되지 않도록 예리한 시력으로 포식자가 있는지 살폈다. 드리오사우루스는 도망가야 할 때 뒷다리로 서서 달렸고 뻣뻣한 꼬리로 균형을 잡았다. 씹는 동안 음식물을 잠시 저장할 수 있는 볼주머니를 가졌다. 무성한 숲에서 뿔 같은 부리로 아주 풍부한 침엽수와 양치식물, 은행나무를 잘라 먹었다. 아프리카에서 발견된 디살로토사우루스(Dysalotosaurus)는 드리오사우루스의 종으로 여겨진다.

시기:	쥐라기 말기-백악기 초기
화석이 발견된 장소:	탄자니아
식습관:	초식동물
발음:	드리오사우루스(Dryosaurus) 또는 디살로토사우루스(Dysalotosaurus)
길이:	2.4m
키:	알 수 없음
무게:	알 수 없음
이름의 의미:	드리오사우루스 = '나무 도마뱀'이라는 뜻. 서식지가 숲 속이고 초식동물의 식습관 때문. 디살로토사우루스 = '붙잡을 수 없는 도마뱀'이라는 뜻. 빠른 속도 때문.

듕가리프테루스(Dsungaripterus)

듕가리프테루스는 턱 앞부분이 위로 구부러져 집게처럼 생겼고, 날개가 박쥐와 비슷한 가죽 같은 막으로 덮여 있으며, 손가락과 손톱을 가진 익룡이다.

듕가리프테루스는 공룡이 아니라 익룡이다. 주둥이에 뼈 같은 볏이 있고, 턱은 길고 좁으며 그 끝은 구부러져 있었다. 턱 뒤쪽에 조개류를 부술 수 있는 크고 뭉툭한 이빨을 가졌다. 이빨이 없는 턱 앞부분은 위쪽으로 구부러져 있고 집게처럼 생겨서 암모나이트 껍데기 안으로 쑤셔 넣거나 안에 있는 다른 연체동물을 잡을 수 있었다. 듕가리프테루스의 날개는 박쥐와 비슷한 가죽 같은 질긴 막으로 덮여 있었다. 이 막은 몸통부터 다리의 맨 위쪽과 기다란 네 번째 손가락까지 덮여 있었다. 다른 세 개의 손가락에는 손톱이 달렸다. 많은 화석이 함께 발견되었는데, 이는 듕가리프테루스가 무리 지어 살았다는 뜻이다.

시기:	쥐라기 말기-백악기 초기
화석이 발견된 장소:	중국
먹이:	물고기, 게, 연체동물, 플랑크톤, 곤충
발음:	듕가리프테루스(Dsungaripterus)
길이:	3m의 날개폭
키:	알 수 없음
무게:	10kg
이름의 의미:	'정가 날개'라는 뜻. 이 화석이 발견된 중국의 정가 분지(Junggar Basin)를 기념하기 위해.

폴라칸투스(Polacanthus)

폴라칸투스는 몸에 덮여 있는 가시와 뿔 같은 판으로 포식자들을 따돌릴 수 있었던 초식 공룡이다.

폴라칸투스는 가시가 돋친 작은 공룡이다. 좁은 머리에 뾰족한 주둥이와 식물을 뜯어내는 나뭇잎 모양의 이빨을 가졌다. 양치식물, 소철, 속새류, 그 밖에 낮게 깔린 식물을 먹었다. 폴라칸투스는 몸통 위 전체 피부에 박힌 뿔 같은 판과 어깨와 척추, 꼬리에 솟아나 있는 몇 줄의 가시로 잘 보호되었다. 포식자들 거의가 폴라칸투스를 사냥할 엄두를 내지 못했을 것이다. 폴라칸투스는 끊임없이 식물을 찾아 먹었지만, 항상 육식 동물이 있는지 주변을 경계하면서 네 다리로 천천히 다녔다. 위협을 받으면 빠른 걸음으로 걸어서 피할 수 있었지만, 땅에 낮게 웅크리고 가시로 공격자들을 궁지로 모는 것이 최고의 방어 수단이었다.

시기:	백악기
화석이 발견된 장소:	영국
식습관:	초식동물
발음:	폴라칸투스(Polacanthus)
길이:	4m
키:	1m
무게:	1톤
이름의 의미:	'많은 가시'라는 뜻.

드라비도사우루스(Dravidosaurus)

드라비도사우루스는 갑옷이나 가시를 두른 스테고사우루스인지, 바다 파충류인 수장룡인지 아직까지 학자들 간에 논쟁이 일고 있다.

드라비도사우루스는 유골 조각이 발견되었을 때 처음에 공룡으로 여겨졌다. 고생물학자들은 모든 다른 공룡이 멸종한 후에도 스테고사우루스 종만이 수백 년 더 살아남았다는 생각에 흥분했었다. 그러나 이제는 일반적으로 드라비도사우루스가 수영하는 파충류인 수장룡(플레시오사우루스)이라고 믿는다. 과학자들은 더 자세하게 조사한 후에 드라비도사우루스를 목이 긴 바다 파충류로 분류했다. 그렇다면 드라비도사우루스는 전혀 공룡이 아니라는 뜻이다. 일부 고생물학자는 드라비도사우루스에게서 발견된 뼈판이 바다 파충류에 속하지 않는다고 주장한다. 드라비도사우루스가 수장룡이라고 믿는 과학자들은 이런 판들이 실제로 비바람에 변한 팔다리 부분이라고 주장한다. 그런 논쟁은 화석 잔유물을 해석하는 시도 중 하나일 뿐이다.

시기:	백악기
화석이 발견된 장소:	인도
식습관:	낮게 깔린 식물
발음:	드라비도사우루스(Dravidosaurus)
길이:	3m
키:	1.2m
무게:	907kg
이름의 의미:	'드라비다나두(Dravidanadu) 도마뱀'이라는 뜻. 이 화석이 발견된 인도의 남부 지역을 기념하기 위해.

펠로로사우루스(Pelorosaurus)

펠로로사우루스는 덩치가 크고, 목과 꼬리가 길고, 머리가 작은 용각류이며 머리 맨 위쪽에 콧구멍이 있는 초식 공룡이다.

펠로로사우루스는 브라키오사우루스(Brachiosaurus)와 비슷한 용각류 공룡이다. 믿을 수 없을 정도로 긴 목을 지녀 쉽게 나무 꼭대기에 접근하고 끌 모양의 이빨로 나뭇잎을 갉아먹을 수 있었다. 피부는 여섯 개의 옆면이 있는 평평한 딱지들로 덮여 있었다. 펠로로사우루스는 모든 용각류처럼 덩치가 크고, 목과 꼬리가 길고, 머리가 작다. 거대한 소화기관을 받치고 있는 기둥 같은 네 다리로 걸었다. 위 안에 있는 위석이나 작은 돌이 질긴 식물을 분해했다. 콧구멍은 머리 맨 위쪽 높은 곳에 있어서 먹는 동안 식물을 흡입하지 않고 호흡을 할 수 있었다. 펠로로사우루스의 깎아지른 듯한 몸집은 포식자들을 방어하는 수단이었는데, 커다란 덩치로 단순히 포식자들을 짓밟을 수 있었다.

시기:	백악기
화석이 발견된 장소:	영국, 포르투갈
식습관:	초식동물
발음:	펠로로사우루스(Pelorosaurus)
길이:	15~24m
키:	12m까지
무게:	알 수 없음
이름의 의미:	'기괴한 도마뱀'이라는 뜻. 거대한 척추뼈와 팔다리뼈 때문.

이구아노돈(Iguanodon)

이구아노돈은 엄지에 가시가 돋아나 있고 경첩 같은 턱을 지녔으며, 다섯 개의 손가락을 자유롭게 사용했던 육중한 체구의 초식 공룡이다.

이구아노돈은 두 번째로 이름이 붙은 공룡이며, 과학적으로 공룡으로 인정받은 최초의 공룡이다. 엄지에 돋아난 가시는 처음에 코에 있는 뿔로 잘못 알려져서, 고생물학자들은 이구아노돈을 코뿔소 같은 동물이라고 생각했다. 이구아노돈은 육중한 체구를 지녔고 꼬리를 땅에서 떨어진 채 유지하면서 네 다리로 걸었다. 손은 다섯 개의 손가락을 지녀서 식물을 잡거나, 걷거나, 무기로 사용할 정도로 다재다능했다. 이빨 없는 부리와 어금니로 백악기 숲 지대에 있던 소철과 침엽수, 양치식물, 꽃피우는 식물을 잘게 깎아 먹었다. 위아래의 턱은 경첩 같아서 서로 맞물려 질긴 식물을 씹어 먹을 수 있었다. 여러 발자국 화석은 이구아노돈이 무리 지어 다녔다는 것을 의미한다.

시기:	백악기
화석이 발견된 장소:	영국, 벨기에, 독일, 북아프리카, 미국 서부
식습관:	초식동물
발음:	이구아노돈(Iguanodon)
길이:	6~10m
키:	머리를 올렸을 때 5m, 엉덩이에서는 2.7m
무게:	4~5톤
이름의 의미:	'이구아나 이빨'이라는 뜻. 이 공룡의 이빨이 오늘날의 이구아나와 닮았기 때문.

우에르호사우루스(Wuerhosaurus)

우에르호사우루스는 다른 스테고사우루스가 사라진 후에도 살았던 마지막 스테고사우루스 중 하나이며, 꼬리에 있는 가시로 포식자들을 위협했던 초식 공룡이다.

우에르호사우루스는 마지막으로 존재했던 스테고사우루스 중 하나였다. 다른 스테고사우루스가 사라지고 천만 년 후에 나타났다. 과학자들은 이 사실에 놀랐는데, 이런 종류의 공룡들은 쥐라기 말기에 사라졌다고 생각했기 때문이다. 우에르호사우루스는 보통의 삼각형 판이 아닌 직사각형의 뼈판을 지녔다. 꼬리 맨 꼭대기에 있는 네 개의 뼈 같은 가시는 포식자에게 방어 수단이 되었다. 이런 가시로 공격자를 타격해서 벌어진 상처를 입힐 수 있었다. 등과 꼬리에 있는 뼈판은 몸통 옆면에 보호되지 않은 채 있었는데, 이 때문에 우에르호사우루스와 다른 스테고사우루스가 멸종하게 되었다. 다른 스테고사우루스처럼 우에르호사우루스도 낮게 있는 식물을 먹었다.

시기:	백악기
화석이 발견된 장소:	중국
식습관:	초식동물
발음:	우에르호사우루스(Wuerhosaurus)
길이:	5~8.1m
키:	2.2m까지
무게:	4톤
이름의 의미:	'우에르호 도마뱀'이라는 뜻. 이 화석이 발견된 장소 근처에 있는 중국의 한 마을 우에르호((Wuerho)를 기념하기 위해.

힐라이오사우루스(Hylaeosaurus)

힐라이오사우루스는 등에 구부러진 판과 양옆과 꼬리에 가시가 나 있던 초식 공룡 안킬로사우르이지만, 꼬리 끝은 곤봉 모양이 아니며 머리에 뿔도 없었다.

힐라이오사우루스는 최초로 이름이 붙은 세 종류의 공룡 중 하나이며, 일종의 갑옷으로 덮여 있었던 안킬로사우르(ankylosaur)이다. 이빨 없는 부리로 양치식물과 다른 낮게 깔린 식물을 뜯어 나뭇잎 모양의 어금니로 씹어 먹었다. 등에는 여러 줄의 구부러진 질긴 판으로 덮여 있었고 뼈로 되어 있는 한 줄의 가시가 양옆으로 이어져 있었다. 두 줄 이상의 가시가 꼬리를 따라 배열되어 있었다. 일부 다른 안킬로사우르와 달리, 힐라이오사우루스는 꼬리 끝이 곤봉 모양이 아니고 머리에 뿔도 없었다. 이 화석은 영국 자연사박물관에 전시되어 있는데, 발견된 당시처럼 여전히 돌에 박혀 있다.

시기:	백악기
화석이 발견된 장소:	영국 남부
식습관:	초식동물(많은 양의 낮게 깔린 식물을 먹음)
발음:	힐라이오사우루스(Hylaeosaurus)
길이:	4m
키:	1.8m
무게:	1톤
이름의 의미:	'숲 지대 도마뱀'이라는 뜻. 이 화석이 발견된 틸게이트 숲(Tilgate Forest)을 기념하기 위해.

펠리카니미무스(Pelicanimimus) 또는 펠레카니미무스(Pelecanimimus)

펠리카니미무스는 오늘날의 펠리컨이 가진 것과 비슷한 목주머니를 가졌고, 날카로운 작은 송곳 이빨과 작은 볏을 가진 육식 공룡이다.

펠리카니미무스는 다른 공룡보다 더 많은 이빨을 가졌다. 길고 얕은 주둥이에는 가장자리가 칼날 같은 날카로운 조그마한 송곳 이빨 220개가 있었다. 다른 특이한 특징은 오늘날의 펠리컨이 가진 것과 비슷한 목주머니이다. 목이 긴 펠리카니미무스는 호수를 헤치며 물고기를 잡아 목주머니에 저장했다가 새끼를 먹였다. 머리는 작고 눈 위에 작은 볏이 솟아 있었다. 긴 뒷다리로 서서 걸었다. 양손에 있는 세 개의 긴 갈고리 손톱으로 물고기뿐 아니라 작은 파충류와 포유동물을 잡고 먹었다. 일부 고생물학자들은 펠리카니미무스가 이상한 이빨을 가져서 잡식동물이었을 것이라고 추측한다.

시기:	백악기
화석이 발견된 장소:	스페인
식습관:	육식동물
발음:	펠리카니미무스(Pelecanimimus) 또는 펠레카니미무스(Pelecanimimus)
길이:	2m
키:	1m
무게:	25kg
이름의 의미:	'펠리컨 모방자'라는 뜻. 긴 얼굴과 턱 밑의 주머니 때문.

아마르가사우루스(Amargasaurus)

아마르가사우루스는 네발로 걸었고 작은 머리와 긴 목, 긴 꼬리, 큰 덩치를 한 용각류이며, 등지느러미로 덮여 있었던 초식 공룡이다.

아마르가사우루스는 중간 크기의 용각류 공룡이다. 네발로 걸었고 작은 머리와 긴 목, 긴 꼬리, 큰 덩치를 지닌 전형적인 용각류였다. 말뚝 모양의 이빨로 침엽수와 양치식물을 먹었고 위 안에 있는 위석을 사용해서 질긴 식물 물질을 분해했다. 아마르가사우루스는 등 아래로 두 줄의 가시가 있는데, 이 가시들이 피부로 덮여 있어 두 줄의 등지느러미를 형성했다. 이런 가시는 아마 길이 50cm까지 자랐을 것이며, 이 때문에 아마르가사우루스가 적에게 더 크게 보였을 것이다. 아주 기다란 가시는 목을 움직이는 데 결점이 되었는데, 어느 정도 부서지기도 해서 공격자와 싸울 때 심각하게 다칠 수도 있었다.

시기:	백악기
화석이 발견된 장소:	아르헨티나
식습관:	초식동물
발음:	아마르가사우루스(Amargasaurus)
길이:	9~12m
키:	4m
무게:	5~7톤
이름의 의미:	'아마르가 도마뱀'이라는 뜻. 이 화석이 발견된 아르헨티나의 라 아마르가(La Amarga) 호수를 기념하기 위해.

야베를란디아(Yaverlandia)

야베를란디아는 좌우에 반구형 모양의 머리뼈를 가진 초식공룡이다.

야베를란디아는 머리뼈 위가 두 개의 작은 반구형으로 되어 있는 머리가 두꺼운 공룡이다. 반구형의 머리로 자기의 힘이 세다는 것을 증명하거나 짝을 얻기 위해 다른 수컷과 머리로 밀어내는 싸움을 했다. 야베를란디아는 뒷다리로 서서 걸었고 양치식물과 소철, 다른 낮게 깔린 식물을 먹었다. 야베를란디아의 머리뼈 부분만 발견되었기 때문에, 고생물학자들은 아직도 이 공룡이 파키케팔로사우루스(Pachycephalosaurus)처럼 머리뼈가 두꺼운 공룡에 속하는지 파악하지 못했다. 만일 머리뼈가 두껍다고 파악되면 야베를란디아는 북아메리카와 중국 이외의 장소에서 발견된 머리뼈가 두꺼운 최초의 공룡일 것이다. 고생물학자들은 확실한 결론에 이르기 전에 더 많은 야베를란디아 화석이 발견되기를 기다리고 있다.

시기:	백악기
화석이 발견된 장소:	영국
식습관:	초식동물
발음:	야베를란디아(Yaverlandia)
길이:	90cm
키:	30cm
무게:	알 수 없음
이름의 의미:	'야베를랜드 포병 진지에서 나온'이라는 뜻. 이 머리뼈가 발견된 와이트 섬(Isle of Wight) 지역을 기념하기 위해.

아프로베나토르(Afrovenator)

아프로베나토르는 몸집이 가볍고 긴 갈고리 발톱과 날카로운 손톱, 가느다란 뼈를 지닌 흉포한 수각류 육식 공룡이다.

아프로베나토르는 알로사우루스(Allosaurus)와 친척 관계이며 몸집이 가벼운 수각류 공룡이다. 서서 걷고 양발에 긴 갈고리 발톱과 함께 세 개의 큰 발가락을 가졌다. 걸을 때 몸통 앞쪽 부분의 균형을 잡기 위해 꼬리를 땅 위로 뻣뻣하게 유지했다. 그 커다란 크기에도 불구하고 가느다란 뼈를 지니고 민첩하게 움직여서 어마어마한 포식자가 되었다. 아프로베나토르는 세 개의 손가락에 무시무시한 손톱이 달려 있었다. 큰 턱에는 길이 5cm인 칼날 같은 이빨이 있었다. 아프로베나토르는 사냥감을 뒤쫓아 날카로운 손톱으로 찢고 힘 있는 턱으로 피투성이인 살을 아작아작 씹어 먹었다.

시기:	백악기
화석이 발견된 장소:	니제르
식습관:	육식동물
발음:	아프로베나토르(Afrovenator)
길이:	8~9m
키:	2.5m
무게:	500kg
이름의 의미:	'아프리카 사냥꾼'이라는 뜻.

스테노펠릭스(Stenopelix)

스테노펠릭스는 불완전한 유골로 발견되었고, 머리에서 부리까지 좁아지는 모습을 하고 있었으며 뭉툭한 이빨을 가진 조반류 초식 공룡이다.

스테노펠릭스는 불완전한 유골로 알려지게 된 조반류(조류의 골반 모양을 한 공룡)이다. 넓고 깊은 머리에서부터 앵무새 같은 부리까지 점차 좁아지는 모습을 하고 있었다. 턱에는 식물을 처리하는 뭉툭한 이빨을 가졌지만 씹기에는 부적당했다. 위석이 먹은 식물을 분해했다. 스테노펠릭스는 주로 뒷다리로 걸었지만 식량이 있는지 뒤지는 동안은 앞다리를 내려 네 다리로 있었다. 포식자가 접근했을 때 뒷다리로 도망쳤고 뼈 같은 힘줄로 꼬리를 뻣뻣하게 해서 균형을 잡았다. 이는 불완전한 골격을 보면 알 수 있고, 스테노펠릭스의 더 분명한 모습과 행동 방식은 더 많은 유골이 발견되면 알게 될 것이다.

시기:	백악기
화석이 발견된 장소:	독일
식습관:	초식동물
발음:	스테노펠릭스(Stenopelix)
길이:	1.5m
키:	76cm
무게:	알 수 없음
이름의 의미:	'좁은 골반'이라는 뜻.

벡클레스피낙스(Becklespinax)

벡클레스피낙스는 돛 모양의 가시 등지느러미가 있고, 이 등지느러미가 체온을 조절했던 수각류 공룡이다.

벡클레스피낙스는 백악기 시대에 용각류와 더 작은 공룡을 찾아다니며 숲과 평원을 활보했던 수각류 공룡이다. 등을 따라 돋아난 기다린 가시들은 피부로 덮여 돛 모양의 등지느러미를 형성했다. 이 등지느러미는 열을 흡수하거나 방출해서 몸을 따뜻하게 하거나 식혔다. 아마 이구아나돈(Iguanadon)과 힙실로포돈(Hypsilophodon) 같은 초식 공룡이 벡클레스피낙스(Becklespinax)에게 먹이가 되었을 것이다. 벡클레스피낙스는 손톱으로 희생물을 제압하고 후려친 다음 날카로운 이빨로 살 속을 파고들어 큰 고깃덩어리를 떼어냈다. 그러고는 통째로 게걸스럽게 먹었다. 살아 있는 먹잇감이 없다면 죽은 공룡의 사체를 먹으려고 찾아다녔다.

시기:	백악기
화석이 발견된 장소:	영국, 독일
식습관:	육식동물
발음:	벡클레스피낙스(Becklespinax)
길이:	5~8m
키:	3m
무게:	900kg
이름의 의미:	'베클레스의 척추'라는 뜻. 이 화석을 발견한 사무엘 베클레스(Samuel Beckles, 1814~1890)를 기리기 위해.

유타랍토르(Utahraptor)

유타랍토르는 날카로운 손톱과 길게 자라는 낫 모양의 발톱을 지녀 사납게 사냥했던 육식 공룡이다.

유타랍토르는 떼를 지어 사냥했던 사나운 포식자이다. 몸집이 가볍고 날렵하며 서서 걸었던 공룡이다. 큰 머리가 구부러진 유연한 목에 고정되어 있었다. 양손에 세 개의 날카로운 손톱을 가졌다. 각각의 발에 있는 네 개의 발가락 중 두 번째 발가락은 위험한 낫 모양의 발톱이 달려 있는데, 23~38cm에 이르며 먹잇감을 깊이 베서 심각한 손상을 입혔다. 유타랍토르는 자신에게 손상을 입히지 않도록 이 날카로운 발톱들을 올린 상태로 걷거나 달릴 수 있었다. 공격을 할 때는 이 발톱을 앞으로 구부려서 사냥감을 차며 맹렬히 공격했다. 뻣뻣한 꼬리로 균형을 잡고서는 한 발로 선 채 다른 발로 찼다. 그러고는 톱니 모양의 이빨로 사냥감을 죽였다.

시기:	백악기
화석이 발견된 장소:	미국
식습관:	육식동물
발음:	유타랍토르(Utahraptor)
길이:	5~8m
키:	3~4m
무게:	680~1000kg
이름의 의미:	'유타 도둑'이라는 뜻. 이 화석이 발견된 미국의 유타(Utah) 주를 기념하기 위해.

바리오닉스(Baryonyx)

바리오닉스는 다른 수각류와 달리 구부러진 목이 아니라 곧은 긴 목을 지녔으며, 기다랗고 좁은 턱에 뾰족한 이빨로 가득 찬 육식 공룡이다.

바리오닉스는 자주 물고기를 잡아먹었던 수각류 공룡이다. 보통의 수각류가 가진 구부러진 목 대신 곧은 긴 목을 지녔으며, 주둥이에 작은 융기가 솟아 있었다. 바리오닉스의 기다랗고 좁은 턱은 96개의 작은 뾰족한 이빨로 꽉 찼는데, 다른 수각류의 이빨보다 거의 두 배 더 많았다. 각각의 손에 30.5cm까지 자라는 큰 손톱이 달렸다. 해변에 서서 헤엄치며 지나가는 물고기를 낚아채거나 얕은 물을 헤쳐서 손톱으로 물고기를 찍을 수 있었다. 물고기만을 먹이로 먹지는 않았다. 바리오닉스 화석을 발견했을 때 그 소화기관에 새끼 이구아나돈(Iguanadon)의 유골이 있었다.

시기:	백악기
화석이 발견된 장소:	영국
식습관:	육식동물
발음:	바리오닉스(Baryonyx)
길이:	9.5~12m
키:	3~5m
무게:	1.7~3.6톤
이름의 의미:	'무거운 손톱'이라는 뜻. 각각의 손에 자란 30.5cm 길이의 거대한 손톱 때문.

힙실로포돈(Hypsilophodon)

힙실로포돈은 홈이 파인 물결 모양의 이빨, 볼주머니, 뼈 같은 부리를 지닌 조각류 공룡이다.

힙실로포돈은 중간 크기의 조각류(부리를 가진 공룡)이다. 가느다란 뒷다리로 빨리 달렸는데, 이때 균형을 위해 꼬리를 뒤로 내밀었다. 이빨 없는 뼈 같은 부리로 양치식물과 속새, 소철을 뜯어낸 다음 홈이 파인 물결 모양의 이빨로 씹어 먹었다. 힙실로포돈은 강하게 물었고, 경첩 같은 턱이 위아래 이빨을 서로 맞물려 문질러서 더 날카롭게 할 수 있었다. 볼주머니가 있어 먹이를 먹었을 때 입 밖으로 흘러나오지 않게 했다. 힙실로포돈은 알을 낳고 새끼를 돌봤는데, 알 화석이 둥지에 말끔하게 놓인 것이 발견되었다. 와이트 섬에서 20개의 힙실로포돈 화석들이 발견되었는데, 이 공룡이 무리 지어 살았다는 뜻이다.

시기:	백악기
화석이 발견된 장소:	영국, 스페인, 미국
식습관:	초식동물
발음:	힙실로포돈(Hypsilophodon)
길이:	2.3m
키:	60cm
무게:	68kg
이름의 의미:	'돌기가 높게 있는 이빨'이라는 뜻. 저절로 날카롭게 갈리는 어금니를 가졌기 때문.

트로페오그나투스(Tropeognathus)

트로페오그나투스는 위턱과 아래턱에 둥그런 모양의 융기가 있었고, 특이한 부리로 물고기를 잡아먹었던 익룡이다.

트로페오그나투스는 공룡이 아니라 익룡이며, 수면 위를 지나면서 특이한 부리로 물고기를 낚아챘다. 머리뼈는 67cm 길이이고, 머리 뒤쪽에 작은 볏을 달고 있었다. 트로페오그나투스는 위턱과 아래턱에 독특한 융기가 있는데, 그 둥그런 모양은 배의 용골(배 밑바닥의 중앙을 받치는 길고 큰 재목)과 비슷했다. 이런 턱의 융기는 트로페오그나투스를 안정시켰고 부리를 물속에 담가 공중에서 새를 잡을 때 물속을 가르는 데 도움이 되었다. 부리는 물고기를 찍어 먹는 데 적합한 날카로운 이빨이 배열되어 있었다. 거대한 날개는 펄럭이기보다는 활공하고 솟아오르는 데 더 알맞았지만, 짧은 시간 동안 펄럭여서 공중에 떠 있을 수는 있었다.

시기:	백악기
화석이 발견된 장소:	브라질
먹이:	물고기, 오징어
발음:	트로페오그나투스(Tropeognathus)
길이:	6.2m의 날개폭
키:	1.5m
무게:	14kg
이름의 의미:	'용골 턱'이라는 뜻. 턱의 융기가 배의 용골 모양과 비슷하기 때문.

민미(Minmi)

민미는 갑옷과 등딱지, 가시판을 두른 안킬로사우르 초식 공룡이다.

민미는 호주에서 가장 완전한 공룡 화석으로 발견되었고, 거기에서 발견된 유일한 안킬로사우르(갑옷으로 덮여 있는 공룡)이다. 튼튼한 네 다리로 느릿느릿 돌아다녔고, 몇 가지 종류의 갑옷으로 보호되었다. 어깨 능선에 기다란 갑을 지녔고 뒷다리에 뼈 같은 보호막이 돋아 있었다. 낮게 덮여 있는 날카로운 딱지들이 엉덩이를 보호했고 꼬리를 따라 가시판이 두 줄로 이어져 있었다. 배에도 갑옷이 덮여 있었지만, 포식자가 물어뜯지 못한 것은 아니었다. 척추뼈에 막대 같은 뼈들이 더해져 척추를 강하게 했고, 민미가 달릴 때 충격을 흡수했다. 민미는 나뭇잎이나 과일, 줄기, 연한 식물을 부리로 뜯어 나뭇잎 모양의 어금니로 갈아 먹었다.

시기:	백악기
화석이 발견된 장소:	호주
식습관:	초식동물
발음:	민미(Minmi)
길이:	2~3m
키:	1.4m
무게:	1701kg
이름의 의미:	이 화석이 발견된 호주의 퀸즐랜드에 있는 민미(Minmi) 교차로의 이름을 따서.

프시타코사우루스(psittacosaurus)

프시타코사우루스는 앵무새 같은 부리와 짧은 주둥이를 지녔고, 뺨에 가시가 돋아 있었으며, 수명이 길었던 초식 공룡이다.

프시타코사우루스는 앵무새 부리를 닮은 가진 특이해 보이는 공룡이다. 긴 뒷다리와 짧은 팔을 지녀서 대부분의 시간을 두 다리로 서서 걸었을 것이다. 이빨 없는 부리와 함께 거대한 짧은 주둥이를 지녔고 뺨에 작은 가시가 솟아나 있었다. 뭉툭한 어금니로 식물을 으깨 먹었지만, 위석이나 작은 돌을 삼켜서 소화기관에 있는 음식물을 분해시켰다. 기다란 발가락과 날카로운 발톱은 뿌리를 캐는 데 안성맞춤이었다. 고생물학자들은 프시타코사우루스가 죽은 짐승 고기와 작은 동물도 먹었을 것이라고 추측한다. 프시타코사우루스는 약 4000만 년 동안 오래도록 존재했고, 수명이 가장 긴 공룡 종류 중 한 종이다.

시기:	백악기
화석이 발견된 장소:	몽골, 중국, 태국
먹이:	열매, 식물
발음:	프시타코사우루스(psittacosaurus)
길이:	2m
키:	60cm
무게:	25kg
이름의 의미:	'앵무새 도마뱀'이라는 뜻. 이 공룡의 부리가 구부러진 앵무새 부리를 닮았기 때문.

아틀라스콥코사우루스(Atlascopcosaurus)

아틀라스콥코사우루스는 체구가 가볍고, 균형을 잡아주는 긴 꼬리를 가져 빨리 달릴 수 있었던 초식 공룡이다.

아틀라스콥코사우루스는 힙실로포돈(Hypsilophodon)과 같은 작은 조반류(조류의 골반 모양을 한 공룡)이다. 가벼운 몸집에 강한 다리 근육과 발에 좁은 네 개의 발가락을 가졌다. 가벼워서 빠른 속도로 달리는 것이 알로사우루스(Allosaurus)와 메갈로사우루스(Megalosaurus) 같은 커다란 포식자를 방어하는 최고의 수단이었다. 아틀라스콥코사우루스의 긴 꼬리는 척추뼈에 붙어 있는 힘줄로 단단하게 유지되었다. 긴 꼬리는 달리면서 갑자기 몸을 돌릴 때 균형을 잡고 움직이는 데 도움을 주었다. 아틀라스콥코사우루스는 낮게 깔린 식물을 뜯어먹는 데 충분히 날카로운 작고 좁은 부리를 가졌다. 짧은 팔에 식물을 잡을 수 있는 짤막한 손가락을 지녔다. 항상 경계를 했으며, 먹고 있는 동안 예리한 눈으로 위험물이 없는지 주변을 살폈다.

시기:	백악기
화석이 발견된 장소:	호주
식습관:	초식동물
발음:	아틀라스콥코사우루스(Atlascopcosaurus)
길이:	2~3m
키:	1m
무게:	125kg
이름의 의미:	'아틀라스 코프코 도마뱀'이라는 뜻. 이 화석을 발굴하는 데 사용했던 기구를 만든 제조회사 아틀라스코푭코사(Atlas Copco Corporation)를 기념하기 위해.

실비사우루스(Silvisaurus)

실비사우루스는 커다란 몸통에 납작한 벌집 모양의 갑옷판을 둘렀고, 꼬리 양쪽과 몸통 양옆에 가시가 돋아났던 초식 공룡이다.

실비사우루스는 원시적인 노도사우루(nodosaur, 단단한 등딱지로 덮여 있고 서양 배 모양의 머리를 지닌 공룡)이다. 노도사우루스는 안킬로사우르과(갑옷을 두른 공룡)에 속하지만 꼬리는 곤봉 모양이 아니었고 서양 배 모양의 머리를 지녔다. 실비사우루스는 비교적 긴 목을 지녔고 위턱 앞쪽에 8~9개의 작은 뾰족한 이빨이 있었는데, 보통은 노도사우루스가 갖지 못한 것이었다. 실비사우루스는 보통의 뼈 같은 부리를 가졌는데, 이 부리로 낮게 깔린 식물을 뜯어먹었다. 그런 다음에 어금니로 양치식물, 속새, 작은 석송을 갈았다. 몸통은 납작한 벌집 모양의 갑옷판으로 덮여 있었다. 꼬리 양쪽에 가시가 한 줄로 돌출되어 있었고, 커다란 몸통 양옆에도 몇 개의 가시가 돌출되어 있었다.

시기:	백악기
화석이 발견된 장소:	미국
식습관:	초식동물
발음:	실비사우루스(Silvisaurus)
길이:	2.5~4m
키:	1.5m
무게:	알 수 없음
이름의 의미:	'숲 도마뱀'이라는 뜻. 숲이 우거진 지역에 살았기 때문.

테논토사우루스(Tenontosaurus)

테논토사우루스는 꼬리가 막대 같은 힘줄 조직으로 되어 있으며, 보통은 네 다리로 서 있었고 포식자들을 피할 때는 뒷다리로 서서 달아났던 초식 공룡이다.

테논토사우루스는 꼬리가 몸통보다 더 긴 초식 공룡이다. 꼬리가 막대 같은 힘줄 조직으로 되어 있어 뒷다리로 서서 위험을 피해 달아날 때 몸을 곧게 유지할 수 있었다. 손에는 다섯 개의 손가락이 있고, 발에는 네 개의 발가락이 있었다. 보통은 튼튼한 네 다리로 서서 풀을 뜯어먹었고 백악기에 번성했던 꽃피우는 새로운 식물을 납작한 윗니로 씹었다. 테논토사우루스와 함께 데이노니쿠스(Deinonychus)의 부분적인 화석이 발견되었는데, 아마도 그 온순한 초식 공룡이 배고픈 포식자인 데이노니쿠스 무리에게 찢겨졌을 것이다.

시기:	백악기
화석이 발견된 장소:	미국 서부
식습관:	초식동물(나뭇잎과 나뭇가지를 먹음)
발음:	테논토사우루스(Tenontosaurus)
길이:	6.5m
키:	2.2m
무게:	1814kg
이름의 의미:	'근육질 도마뱀'이라는 뜻. 튼튼한 근육질의 꼬리 때문.

사우로펠타(Sauropelta)

사우로펠타는 강한 포식자까지도 단념시킬 정도의 튼튼한 갑옷과 가시로 덮여 있는 노도사우루스 초식 공룡이다.

사우로펠타는 가장 큰 노도사우르 중 하나이며, 가장 강한 포식자조차도 단념시킬 만큼 많은 갑옷으로 덮여 있었다. 작은 등딱지와 교차되어 있는 몇 줄의 원뿔형 가시로 보호되어 있었다. 단단한 가시가 목부터 옆쪽을 따라 돋아나 있어 갑이 없는 아랫면만 남기고 측면 공격으로 몸을 보호했다. 사우로펠타는 공격받을 때 몸을 땅에 낮게 웅크려서 상처 입기 쉬운 배를 보호했다. 육중한 다리 때문에 무게가 상당했고 짧고 넓은 손가락과 발가락을 지녔다. 좁은 머리뼈는 강한 턱과 이빨 없는 부리를 지녔다. 사우로펠타는 커다란 소화기관을 채우기 위해 계속해서 먹었는데, 나뭇잎 모양의 어금니로 낮게 깔린 식물을 갉아먹었다.

시기:	백악기
화석이 발견된 장소:	미국 서부
식습관:	초식동물
발음:	사우로펠타(Sauropelta)
길이:	7m
키:	1.8m
무게:	3톤
이름의 의미:	'도마뱀 방패'라는 뜻. 몸통 위에 덮여 있는 뿔 모양의 판 때문.

프로박트로사우루스(Probactrosaurus)

프로박트로사우루스는 꼬리가 엇갈려 있는 힘줄 조직 때문에 뻣뻣했고 대부분의 시간을 먹는 데 사용했던 덩치가 큰 초식 공룡이다.

프로박트로사우루스는 이구아나돈의 가까운 친척이다. 꼬리는 엇갈려 있는 힘줄 조직 때문에 뻣뻣해져 땅에 쉽게 닿지 않았다. 네 다리로 식물을 찾아다니는 데 대부분의 시간을 썼지만 도망쳐야 할 때 뒷다리만을 사용했다. 또한 나뭇잎을 먹을 때도 뒷다리로 서서 손으로 나뭇가지를 잡고 이파리를 벗겼다. 프로박트로사우루스는 부리로 연한 식물을 뜯어 삼키기 전에 넓은 어금니로 더 잘게 으깼다. 커다란 공룡은 살아남기 위해 엄청난 양의 식물을 먹어야 했기 때문에 대부분의 시간을 먹는 데 사용했다.

시기:	백악기
화석이 발견된 장소:	중국, 몽골
식습관:	초식동물
발음:	프로박트로사우루스(Probactrosaurus)
길이:	5~6m
키:	3.7m
무게:	900kg
이름의 의미:	'박트로사우루스 이전'이라는 뜻. 박트로사우루스의 조상으로 여겨졌기 때문.

오우라노사우루스(Ouranosaurus)

오우라노사우루스는 목 뒤에서 꼬리까지 기다란 등지느러미와 가시가 돋아 있고, 주둥이에 두 개의 돌기가 돌출되어 있었던 초식 공룡이다.

오우라노사우루스는 돛 모양의 등지느러미를 지닌 것으로 알려진 유일한 조반류 공룡이다. 등지느러미는 목 뒤에서 꼬리 끝까지 이어져 있고 기다란 가시들이 피부로 덮여 있었다. 이 등지느러미는 따뜻할 때는 열을 방사시키고, 추울 때는 햇볕의 열을 흡수해서 체온을 조절했다. 오우라노사우루스의 긴 머리뼈는 주둥이 위로 두 개의 돌기가 툭 튀어나와 있었다. 오우라노사우루스는 네 다리로 서서 풀을 뜯어먹을 때 이빨 없는 넓은 부리로 낮게 깔린 식물을 야금야금 뜯어먹었다. 더 높이 있는 식물에 이를 때는 튼튼한 뒷다리로 서서 다섯 개의 손가락으로 나뭇가지를 잡았다. 엄지에는 가시가 나 있었는데 이 엄지로 포식자를 후려쳤다.

시기:	백악기
화석이 발견된 장소:	니제르
먹이:	나뭇잎, 과일, 종자식물, 그 밖의 식물
발음:	오우라노사우루스(Ouranosaurus)
길이:	7m
키:	5m
무게:	4톤
이름의 의미:	'용감한 도마뱀'이라는 뜻.

아크로칸토사우루스(Acrocanthosaurus)

아크로칸토사우루스는 등지느러미로 체온을 조절했고, 톱니 모양의 이빨과 낫 모양의 손톱으로 사냥했던 수각류 육식 공룡이다.

아크로칸토사우루스는 태양전지판 역할을 하는 등지느러미로 체온을 조절했던 수각류 공룡이다. 이 등지느러미는 얇은 피부로 덮여 있고 등뼈를 따라 가시가 자라 있었다. 짧은 곳은 43cm, 긴 곳은 1.2m에 달한다. 아크로칸토사우루스의 머리뼈는 길이 1.4m이고 68개의 날카로운 톱니 모양의 이빨을 가졌다. 이빨은 뼈를 부수는 것보다는 용각류의 뼈에서 살을 떼어내는 데 더 적합했다. 아크로칸토사우루스는 희생물의 뼈 때문에 이빨이 부러지면 그 자리에 새로운 이빨이 났다. 세 개의 손가락에는 큰 낫 모양의 손톱이 있어서 먹잇감을 포획하고 잡았고, 팔은 더 작은 공룡들을 부술 정도의 근육질로 되어 있었다.

시기:	백악기
화석이 발견된 장소:	미국 남서부
식습관:	육식동물
발음:	아크로칸토사우루스(Acrocanthosaurus)
길이:	13m
키:	5.5m
무게:	1814~2722kg
이름의 의미:	'척추가 높이 솟은 도마뱀'이라는 뜻. 척추를 따라 돌기가 솟아 있기 때문.

길란타이사우루스(Chilantaisaurus)

길란타이사우루스는 예리한 시력을 가졌고, 낫 모양의 손톱과 갈고리 발톱을 지녀 사납게 사냥했던 수각류 육식 공룡이다.

길란타이사우루스는 큰 팔에 낫 모양의 손톱이 달린 큰 수각류 공룡이다. 새 같은 발에 갈고리 발톱을 가진 강한 다리로 서서 걸었다. 다른 공룡을 먹는 식습관을 엄격하게 지켰다. 길란타이사우루스는 빨리 달리지 못해서 매복했다가 희생물이 될 만한 동물이 있는지 예리한 시력으로 살폈다가 사냥감이 보이면 얼른 달려들었다. 경계를 게을리 한 용각류가 눈에 들어오면 부리나케 달려들어 구부러진 손톱으로 먹잇감의 살을 깊이 베었다. 칼 같은 이빨로 가득 찬 강한 턱으로 한 번 물면 희생물은 속수무책으로 당했다. 길란타이사우루스는 먹잇감에서 커다란 고깃덩어리를 떼어내어 씹지 않고 게걸스럽게 먹었다. 살아 있는 먹이가 없으면 죽은 공룡의 사체를 찾아다녔다.

시기:	백악기
화석이 발견된 장소:	몽골, 중국, 러시아
식습관:	육식동물
발음:	길란타이사우루스(Chilantaisaurus)
길이:	6.1m
키:	2.7m
무게:	3630kg
이름의 의미:	'길란타이 도마뱀'이라는 뜻. 화석이 발견된 몽골의 지역 길란타이(Chilantai)를 기념하기 위해.

무타부라사우루스(Muttaburrasaurus)

무타부라사우루스는 주둥이 위쪽이 불룩 튀어나왔으며, 넓은 발에 말굽 같은 발톱을 가진 독특하게 생긴 초식 공룡이다.

무타부라사우루스는 주둥이 위쪽이 불룩 튀어나온 독특한 공룡이다. 이 튀어나온 부분은 코의 빈 공간인데, 이 부분으로 크게 울부짖어 떼를 지어 있는 다른 일원들을 부를 수 있었다. 무타부라사우루스는 습지에 살면서 말굽 같은 발톱이 달린 넓은 발로 걸어 다녔다. 이 발 때문에 부드러운 땅으로 가라앉을 일은 없었다. 머리뼈의 깊숙한 뒷부분에는 강한 턱 근육이 붙어 있었다. 무타부라사우루스는 위아래 이빨이 가위처럼 함께 닫혀서 소철의 잎처럼 길게 갈라진 질긴 식물을 먹을 수 있었다. 무타부라사우루스가 발견되었을 때 그 화석 잔존물은 소 떼들이 밟아서 여러 해 동안 흩어져 있었고, 그 지역의 일부 주민들에게 부탁해서 기념품으로 집에 가져갔던 화석 조각들을 반환해달라고 해야 했다.

시기:	백악기
화석이 발견된 장소:	호주
먹이:	소철, 침엽수, 양치식물
발음:	무타부라사우루스(Muttaburrasaurus)
길이:	7m
키:	2.4m
무게:	1~4톤
이름의 의미:	'무타부라 도마뱀'이라는 뜻. 그 화석이 발견된 장소와 가까이 있는 호주의 퀸즐랜드 무타부라(Muttaburra) 구역을 기념하기 위해.

카르노타우루스(Carnotaurus)

카르노타우루스는 두 개의 짧은 뿔과 뭉툭한 주둥이를 지녔고, 아래턱과 이빨이 가늘고 약해서 어린 용각류를 사냥해 먹었던 육식 공룡이다.

카르노타우루스는 눈 위에 두 개의 짧은 뿔을 달고 있던 특이하게 생긴 수각류이다. 살 위로 여러 줄의 비늘이 툭 튀어나와 덮여 있었고, 주둥이가 짧고 뭉툭했다. 육식 공룡이지만 사냥을 하기에 좋은 조건을 갖추지는 못했던 것으로 보인다. 카르노타우루스는 손이 팔꿈치에서 막 자라는 것처럼 보일 정도로 아주 작은 팔을 가졌다. 깊숙한 머리뼈에는 길고 약간 부서지기 쉬운 이빨이 있었고, 아래턱은 사냥감과 싸울 때 다치기 쉬울 정도로 가늘고 좀 약했다. 강한 턱이나 살을 찢는 이빨, 치명상을 입힐 수 있는 손톱이 없었기 때문에 어린 용각류를 목표로 공격했다. 아마도 주둥이로 희생물을 들이받고 그 힘줄과 근육을 바늘 같은 이빨로 긁어서 끊었을 것이다. 일단 먹잇감이 피를 흘리면 카르노타우루스는 마음껏 먹을 수 있었다.

시기:	백악기
화석이 발견된 장소:	아르헨티나
식습관:	육식동물
발음:	카르노타우루스(Carnotaurus)
길이:	7.5m
키:	3m
무게:	1톤
이름의 의미:	'고기를 먹는 황소'라는 뜻. 황소의 뿔을 닮은 우툴두툴한 눈썹 때문.

제피로사우루스(Zephyrosaurus)

제피로사우루스는 대부분의 시간을 두 다리로 서 있었던 작고 민첩한 조반류이지만, 육식 공룡의 잦은 주식이 되었던 초식 공룡이다.

제피로사우루스는 작고 민첩한 조반류 공룡이다. 대부분의 시간을 뒷다리로 서서 걷고 쉴 때나 물을 마실 때는 앞다리를 내려 네 다리로 서 있었다. 발가락은 네 개, 손가락은 다섯 개이다. 제피로사우루스는 식물을 씹기에 적합한 작고 울퉁불퉁한 이빨을 가졌는데, 무리 지어서 탁 트인 평원에 있는 낮게 깔린 식물 전부를 훑어냈다. 기다란 다리 때문에 발이 빨랐고, 체구가 더 크고 더 느린 짐승을 피해 지그재그로 달리며 포식자를 따돌렸다. 불행히도 제피로사우루스는 더 커다란 육식 공룡의 잦은 주식이 되었다. 한 아마추어 화석 탐험가가 미국 동부에서 제피로사우루스의 발자국 화석을 발견했는데, 이 화석이 원래 생각했던 것보다 더 멀리 분포했다는 증거이다.

시기:	백악기
화석이 발견된 장소:	미국 서부
식습관:	초식동물
발음:	제피로사우루스(Zephyrosaurus)
길이:	1.8m
키:	1m
무게:	알 수 없음
이름의 의미:	'서풍 도마뱀'이라는 뜻. 이 화석이 미국 서부에서 발견되어 그리스 신화에 등장하는 서풍의 신(바람의 신) 제피로스(zephyr)의 이름을 따서.

풀구로테리움(Fulgurotherium)

풀구로테리움은 달리기에 능하고 예리한 시력과 청력으로 육식동물의 위협을 잘 감지했던 초식 공룡이다.

풀구로테리움은 백악기 시대에 호주의 수풀 지대와 범람원에서 살았던 작은 초식 공룡이다. 이빨 없는 부리로 소나무, 양치식물과 종려나무에서 이파리를 뜯어내어 끌 모양의 이빨로 으깨 먹었다. 풀구로테리움은 달리기에 적합한 기다란 근육질의 다리로 서서 걸어 다녔다. 달리는 동안은 꼬리를 뻣뻣하게 내밀어 균형을 잡았다. 예리한 시력과 뛰어난 청력으로 가까이 다가오는 육식동물 모양의 위험물을 잘 감지했다. 풀구로테리움이 존재하는 동안 호주는 여전히 남극권 안에 있었다. 풀구로테리움은 차가운 겨울을 피해 계절별로 이동하면서 무리 지어 생활했다.

시기:	백악기
화석이 발견된 장소:	호주
식습관:	초식동물
발음:	풀구로테리움(Fulgurotherium)
길이:	2m
키:	1m
무게:	10~40kg
이름의 의미:	'번개 짐승'이라는 뜻. 이 화석이 발견된 호주 뉴사우스웨일스 주의 라이트닝 리지(Lightning Ridge, 'lightning'은 번개를 뜻함)를 기념하기 위해.

데이노니쿠스(Deinonychus)

데이노니쿠스는 무시무시한 이빨과 낫 모양의 발톱을 가졌으며 흉포하게 사냥했던 육식 공룡이다.

데이노니쿠스는 오므릴 수 있는 낫 모양의 발톱이 화석으로 발견된 최초의 공룡이다. 이 작지만 무시무시한 공룡은 60개가 넘는 사납고 날카로운 이빨이 한 입 가득했다. 날카로운 손톱이 달린 세 개의 손가락으로 먹잇감의 살을 내리쳐 베었다. 네 개의 발가락에는 무서운 발톱이 달렸다. 두 번째 발가락에는 13cm에 이르는 칼날 같은 발톱이 있어 달리거나 걸을 때 이 발톱 때문에 다치지 않도록 지면에 닿지 않게 유지했다. 데이노니쿠스는 꼬리로 균형을 잡고서 한 발로 선 채 다른 쪽 발의 흉포한 발톱으로 희생물을 쳤고 내장을 떼어냈다. 데이노니쿠스는 떼를 지어 테논토사우루스(Tenontosaurus)와 사우로펠타(Sauropelta) 같은 다른 공룡을 사냥했다.

시기:	백악기
화석이 발견된 장소:	미국 서부
식습관:	육식동물
발음:	데이노니쿠스(Deinonychus)
길이:	10m
키:	1.2m
무게:	50~75kg
이름의 의미:	'무서운 발톱'이라는 뜻. 낫 모양의 커다란 발톱 때문.

타페자라(Tapejara)

타페자라는 머리 위에 달고 있는 볏으로 암컷을 유혹했던 바다의 익룡이다.

타페자라는 공룡이 아니라 일종의 날아다녔던 파충류인 바다의 익룡이다. 머리에 눈에 띄는 볏이 달려 있는데, 콧구멍 위로 솟아나 있는 부리와 양쪽 눈 뒤의 두 갈래 사이에서 피부가 늘어나 생긴 것이다. 좀 더 큰 수컷은 이 볏이 1m에 이를 수 있었다. 타페자라의 볏은 아마도 오늘날의 공작이 화려한 꼬리 깃털을 사용하는 것처럼 암컷을 유혹하는 데 사용했을 것이다. 일부 고생물학자들은 타페자라가 이빨 없는 부리로 물고기를 잡거나 썩은 고기를 먹었을 것이라고 생각하지만, 다른 고생물학자들은 그 부리는 물고기를 잡는 용도로 만들어진 모양이 아니며 아마도 과일과 딸기류 열매를 먹었을 것이라고 주장한다.

시기:	백악기
화석이 발견된 장소:	브라질
먹이:	열매
발음:	타페자라(Tapejara)
길이:	1.5m
키:	3.2m
무게:	25kg까지
이름의 의미:	'오래된 존재'라는 뜻. 이 화석이 발견된 지역의 원래 거주민인 투피 인디언족 신화에 등장하는 인물의 이름을 따서.

카르카로돈토사우루스(Carcharodontosaurus)

카르카로돈토사우루스는 튼튼한 뒷다리로 서서 걸었고, 톱니 모양의 이빨과 거대한 머리와 꼬리, 기다란 목뼈를 가진 육식 공룡이다.

카르카로돈토사우루스는 지구상에 있던 가장 큰 육식동물 중 하나이다. 1920년에 처음 화석이 발견되었지만 제2차 세계대전이 발발하면서 파손되었다. 1995년에 더 많은 화석이 발견되어 더 자세한 내용이 알려지게 되었다. 카르카로돈토사우루스는 튼튼한 뒷다리로 서서 걸었다. 거대한 꼬리, 큰 덩치, 세 개의 갈고리 손톱과 짧을 팔을 지녔다. 척추뼈에 이어진 늘어난 목뼈가 1.7m 길이에 달하며 근육으로 거대한 머리를 받치고 있었다. 톱니 모양의 칼날 같은 이빨을 가진 커다란 턱은 15cm 길이였다. 용각류와 오우라노사우루스(Ouranosaurus) 같은 다른 초식동물에게 몰래 접근해서 입을 벌리고는 죽일 준비가 되어 있는 손톱으로 전속력으로 공격했다.

시기:	백악기
화석이 발견된 장소:	모로코
식습관:	육식동물
발음:	카르카로돈토사우루스(Carcharodontosaurus)
길이:	8~14m
키:	5~7m
무게:	7톤
이름의 의미:	'상어 이빨 도마뱀'이라는 뜻. 거대한 톱니 모양의 이빨 때문.

레아엘리나사우라(Leaellynasaura)

레아엘리나사우라는 백악기의 호주에 살았던 조반류 공룡이며, 시력이 좋아서 겨울 동안에도 식량을 찾을 수 있었다.

레아엘리나사우라는 호주에 살았던 조반류 공룡이다. 백악기 시대에는 호주와 남극 대륙이 붙어 있었고 남극권 안에 위치했었다. 남극권은 매년 약 4개월의 암흑이 있었다. 레아엘리나사우라는 좋은 시력을 가져 어두운 겨울 동안 식량을 찾을 수 있었다. 겨울 내내 식량을 찾아야 했다는 사실 때문에, 일부 학자는 레아엘리나사우라가 온혈동물이었을 것이라고 추측했다. 레아엘리나사우라는 강한 뒷다리를 가져서 위험한 포식자를 피해 달아날 수 있었다. 손을 움켜쥐고 양치식물과 이끼를 벗겨서 먹었다. 지면에 있는 둥지에 알을 낳고 알을 품는 기간 동안 포식자를 경계하며 알을 지켜냈다.

시기:	백악기
화석이 발견된 장소:	호주
식습관:	초식동물
발음:	레아엘리나사우라(Leaellynasaura)
길이:	2~3m
키:	1.3m
무게:	알 수 없음
이름의 의미:	'레아엘린 도마뱀'이라는 뜻. 이 공룡을 발견한 토마스 A. 리치와 패트리카 비커의 딸 레아엘린을 기리기 위해.

하르피미무스(Harpymimus)

하르피미무스는 눈과 눈 사이가 멀어 시야가 넓지만 거리 감각은 형편없었으며, 날렵하고 빠른 타조공룡류이다.

하르피미무스는 예리한 감각을 지닌 빠르고 날렵한 공룡이다. 정강이가 길고 체구가 가벼워 빨리 달렸으며, 공중에 날아다니는 곤충을 따라다니면서 턱으로 잡아채거나 움켜쥘 수 있는 손으로 도마뱀을 잡았다. 하르피미무스는 아마도 아래턱에 있는 10개의 뭉툭한 말뚝 모양의 이빨로 양치식물을 조금씩 뜯어 먹었을 것이다. 눈은 머리 양옆으로 맞추어져 시야가 넓었지만, 거리 감각은 형편없었다. 포식자를 포착하면 자신을 보호할 태세를 갖추지 못했기 때문에 도망쳤다. 하르피미무스는 최초의 타조공룡류(앞다리가 짧고 뒷다리가 긴 공룡) 중 하나이다. 이런 종류의 후기 공룡은 이빨이 전혀 없는데, 수각류(두 발로 걷는 육식 공룡)나 새와 비슷한 공룡의 연결 고리였을 것으로 추측된다.

시기:	백악기
화석이 발견된 장소:	몽골
식습관:	잡식동물
발음:	하르피미무스(Harpymimus)
길이:	2~3.5m
키:	1.8m
무게:	125kg
이름의 의미:	'하르피 모방자'라는 뜻. 그리스 신화에 등장하는 여자의 머리와 새의 몸통을 한 괴물 하르피이아(또는 하피, Harpy)의 이름을 따서.

아르젠티노사우루스(Argentinosaurus)

아르젠티노사우루스는 날개 모양의 커다란 척추뼈를 지녔으며, 목의 커다란 힘줄 때문에 머리를 어깨보다 높게 올리지 못한 가장 큰 용각류 공룡이다.

아르젠티노사우루스는 남아프리카를 돌아다녔던 가장 큰 공룡이다. 이 거대한 용각류는 날개 모양의 척추뼈를 지녔다. 척추뼈 중 하나의 단면은 지름이 1.7m에 이른다. 척추뼈에 있는 날개는 거대한 몸통을 움직일 수 있는 거대한 근육이 붙어 있었다. 갈비뼈에서 목까지 늘어진 커다란 뼈 같은 힘줄이 목을 받치고 있었는데, 이는 머리를 어깨 높이보다 더 높게 올리지는 못했다는 것을 의미한다. 머리를 똑바로 세우면 압력을 높여 머리만큼 높게 혈액을 펌프질해야 하기 때문에 혈관이 터졌을 것이다. 아르젠티노사우루스의 불완전한 골격 화석을 발굴하는 데는 7년이 걸렸다. 아르젠티노사우루스는 엄청난 양의 침엽수를 섭취했다.

시기:	백악기
화석이 발견된 장소:	아르헨티나
식습관:	초식동물
발음:	아르젠티노사우루스(Argentinosaurus)
길이:	40~42m
키:	21.4m
무게:	80톤
이름의 의미:	'아르헨티나 도마뱀'이라는 뜻. 이 화석이 발견된 나라(아르헨티나는 영어로 'Argentina'임)를 기념하기 위해.

탈라루루스(Talarurus)

탈라루루스는 육중한 몸에 갑옷을 두르고 곤봉 모양의 꼬리와 넓은 발을 가진 안킬로사우르이다.

탈라루루스는 안킬로사우르(갑옷을 두른 공룡)이다. 여러 줄의 두꺼운 등딱지와 속이 빈 가시가 등과 엉덩이를 덮었다. 탈라루루스를 먹으려는 육식 공룡은 단단한 갑옷 때문에 편하게 먹지 못했을 것이다. 탈라루루스는 꼬리에 곤봉 모양의 뼈를 지녀서 자신을 더 보호할 수 있었는데, 이 곤봉 모양의 뼈로 공격자를 강하게 때려 심한 부상을 입혔다. 네 개의 거대한 다리로 육중한 몸을 날랐다. 넓은 발에는 작은 발굽 같은 발톱이 있었다. 낮게 깔린 떨기나무와 꽃피우는 식물을 먹어 육중한 몸을 유지했다. 탈라루루스는 이빨 없는 부리로 이 식물을 뜯고 작은 어금니로 갈아먹었다. 그 크기에도 불구하고 빠른 걸음으로 달렸지만, 최고의 방어 수단은 갑옷과 곤봉 모양의 꼬리였다.

시기:	백악기
화석이 발견된 장소:	몽골
식습관:	초식동물
발음:	탈라루루스(Talarurus)
길이:	5.7m
키:	1.8m
무게:	0.7~1톤
이름의 의미:	'바구니 꼬리'라는 뜻(버드나무 가지로 만든 바구니에 착안함). 버드나무의 잔가지 모양을 한 꼬리뼈 때문.

스피노사우루스(Spinosaurus)

스피노사우루스는 부채 모양처럼 펴지는 커다란 등지느러미와 칼 같은 곧은 이빨을 가진 수각류 공룡이다.

스피노사우루스는 돛 모양의 커다란 등지느러미를 지닌 수각류 공룡이다. 등지느러미는 척추뼈에서 1.8m 높이로 기다랗게 자라난 가시로 이루어졌는데, 그 위로 피부가 넓게 덮여 있었다. 척추를 구부려 활 모양을 띠고 있을 때 등지느러미는 부채가 펼쳐지는 것처럼 늘어난다. 이 피부 등지느러미는 체온을 조절하거나 짝을 유혹할 때처럼 과시용으로 사용했다. 이 등지느러미는 또한 적에게 더 커 보이게 해서 자기 영역을 지킬 때 유용했다. 스피노사우루스는 길고 가느다란 턱에 보통의 수각류가 가졌던 구부러진 이빨과는 달리, 칼 같은 곧은 이빨이 가득 찼다. 이빨이 구부러져 있는 육식 공룡은 먹잇감의 살을 더 잘 붙잡고 더 잘 찢을 수 있었다. 그러나 스피노사우루스의 이빨은 물고기를 잡고 먹는 데 적합한 모양처럼 보였다.

시기:	백악기
화석이 발견된 장소:	이집트, 모로코, 니제르
먹이:	물고기, 다른 공룡
발음:	스피노사우루스(Spinosaurus)
길이:	10~12m
키:	5m
무게:	4~8톤
이름의 의미:	'가시 도마뱀'이라는 뜻. 등 위로 솟아 있는 크고 평평한 가시 때문.

박트로사우루스(Bactrosaurus)

박트로사우루스는 오리 주둥이와 부리, 등지느러미를 지닌 초식 공룡이며 이빨이 닳으면 새로 났다.

박트로사우루스는 오리 주둥이를 닮은 람베오사우루스(Lambeosaurus)의 조상이었다. 오리 주둥이를 가진 초기 공룡이었기 때문에 머리에 볏은 없다. 부리가 있는 입으로 식물을 자르고 뜯었다. 수백 개의 이빨은 질긴 침엽수 이파리와 가지, 씨앗을 으깨는 데 사용했다. 이 이빨이 닳으면 계속해서 새로운 이빨이 났다. 박트로사우루스의 뒷다리는 앞다리보다 길었고, 풀을 뜯어먹을 때는 네 다리로 섰고, 위험을 피할 때는 뒷다리로 서서 걸었다. 척추뼈에 난 가시는 등 아래까지 솟아난 지느러미가 되었다. 이 지느러미는 영역을 두고 다투고 있는 다른 수컷이나 포식자에게 박트로사우루스를 더 커 보이게 했다.

시기:	백악기
화석이 발견된 장소:	몽골, 러시아
식습관:	초식동물
발음:	박트로사우루스(Bactrosaurus)
길이:	6m
키:	2m
무게:	1500kg
이름의 의미:	'곤봉 도마뱀'이라는 뜻. 등에 난 곤봉 같은 커다란 가시 때문.

알렉트로사우루스(Alectrosaurus)

알렉트로사우루스는 티라노사우루스 렉스의 친척이며, 이 공룡보다 머리가 작고 꼬리와 몸통은 더 길고 팔은 더 길었던 사나운 육식 공룡이다.

알렉트로사우루스는 티라노사우르과(코엘루로사우루스 수각류 공룡의 계통군으로 갈고리 손톱이 달린 손가락 두 개와 강한 턱, 날카로운 이빨을 가진 무서운 육식 공룡)에 속한 가장 오래된 공룡 중 하나로 알려져 있는데, 티라노사우루스 렉스의 친척이다.

이 유명한 후손 티라노사우루스 렉스(Tyrannosaurus rex)보다 약 2000만 년 먼저 살았다. 알렉트로사우루스는 더 나중에 나타난 티라노사우르스보다 크기가 1/2만큼 더 작았고 머리와 체구가 더 작았다. 꼬리와 몸통은 더 길었고 팔이 더 컸다. 이 화석을 발견했을 때 처음에는 아주 큰 팔을 배치했는데, 이 유골에 다른 공룡의 뼈가 섞여 있었기 때문이다. 알렉트로사우루스는 사나워 보이는 날카로운 짧은 이빨로 먹잇감을 찌르고 깊은 상처를 냈다. 큰 손톱으로 희생물을 찢은 다음 단단히 붙잡은 채 죽어가는 동물의 고기를 먹었다.

시기:	백악기
화석이 발견된 장소:	몽골
식습관:	육식동물
발음:	알렉트로사우루스(Alectrosaurus)
길이:	8~9m
키:	알 수 없음
무게:	1.5톤
이름의 의미:	'미혼의 도마뱀'이라는 뜻. 그 종류의 다른 공룡과는 다른 것처럼 생각되었기 때문.

노도사우루스(Nodosaurus)

노도사우루스는 짧은 다리와 강한 엉덩이뼈, 육중한 몸을 가졌으며 몸에 갑옷을 둘렀지만 꼬리는 곤봉 모양의 뼈가 없는 초식 공룡이다.

노도사우루스는 피부를 덮고 있는 우툴두툴한 등딱지로 갑옷을 두른 공룡이다. 완벽하지 않은 화석만이 발견되어서 노도사우루스가 옆쪽으로 가시가 나 있었는지는 알 수 없다. 네발로 걸어 다녔고, 짧고 튼튼한 다리와 강한 엉덩이뼈가 육중한 몸을 받치고 있었다. 꼬리에는 방어할 수 있는 곤봉 모양의 뼈는 없으며, 몸이 너무 무겁고 동작이 느려서 위험을 피하지는 못했다. 그래서 자신을 보호하기 위해 힘겹게 숨어 있어야 했다. 노도사우루스는 공격을 받으면 보호되지 않는 배를 땅에 바짝 밀착시켰다. 몸통의 갑옷은 아주 날카로운 이빨을 가진 육식동물에게조차 상대하기 힘겨운 표면으로 보였다. 뿔 같은 부리와 나뭇잎 모양의 이빨로 낮게 깔린 연한 식물을 뜯어먹었다.

시기:	백악기
화석이 발견된 장소:	미국
먹이:	양치식물, 소철, 그 밖의 낮게 깔린 식물
발음:	노도사우루스(Nodosaurus)
길이:	5.5m
키:	3m
무게:	3톤
이름의 의미:	'우툴두툴한 도마뱀'이라는 뜻. 우툴두툴한 갑옷 때문.

에를리코사우루스(Erlikosaurus)

에를리코사우루스는 수각류로 분류되지만 크고 날카로운 세 개의 손톱, 네 개의 발가락과 작은 머리를 가져 초식성인지 육식성인지 분류하기 어렵다.

에를리코사우루스는 크고 날카로운 손톱을 가진 아시아 공룡인 테리지노사우루스(therizinosaur)이며, 일부 전문가들은 깃털로 덮였을 것이라고 믿는다. 에를리코사우루스의 해부 구조는 혼란스럽다. 이빨 없는 가느다란 부리와 나뭇잎 모양의 어금니는 초식동물이 가진 특성이다. 네 개의 발가락과 작은 머리는 용각류 초식 공룡에게 흔한 특징이다. 그러나 에를리코사우루스는 먹잇감을 붙잡고 때리는 데 적합한 아주 커다란 손톱이 세 개의 손가락에 달려 있었다. 이 손톱은 포유동물이나 커다란 곤충을 찾아 땅을 파헤치거나 물고기를 잡는 데 사용되었을 수도 있다. 에를리코사우루스는 육식 공룡 형태인 수각류로 분류되고 있지만 이 공룡의 특징 중 많은 부분이 육식동물과는 모순된다.

시기:	백악기
화석이 발견된 장소:	몽골
식습관:	잡식동물
발음:	에를리코사우루스(Erlikosaurus)
길이:	5~6m
키:	2.7m
무게:	160kg
이름의 의미:	'에릴리크의 도마뱀'이라는 뜻. 사망한 라마교 왕 에릴리크(Erlik)를 기리기 위해.

아랄로사우루스(Aralosaurus)

아랄로사우루스는 오리 같은 주둥이를 가졌으며, 이 주둥이의 늘어져 있는 피부를 풍선처럼 부풀려 우렁찬 소리를 낼 수 있었던 초식 공룡이다.

아랄로사우루스는 눈앞이 낮게 튀어나온, 오리 주둥이를 닮은 초기 공룡으로, 하드로사우루스(Hadrosaurus)와 비슷하다. 주둥이의 피부가 늘어져 있어 풍선처럼 부풀어 오를 수 있었다. 숨을 내쉴 때 풍선처럼 부풀어 오른 피부에서 공기가 빠져나오면서 저주파의 우렁찬 소리가 커졌다. 아랄로사우루스는 이 소리로 포식자에게 멀리 가라고 경고하거나 암컷을 유혹했다. 이빨 없는 넓은 부리로 나뭇가지와 나뭇잎, 꽃피우는 식물을 잘라 먹었다. 턱에는 식물을 으깨고 갈 수 있는 수백 개의 이빨이 있었다. 오리 주둥이를 닮은 공룡은 다른 형태의 공룡보다 이빨이 더 많았다. 마이아사우라(Maiasaura)의 친척이기도 한 아랄로사우루스는 무리 지어 다니면서 자신을 보호했고 땅에 공동의 둥지를 만들어 새끼를 돌봤다.

시기:	백악기
화석이 발견된 장소:	카자흐스탄
식습관:	초식동물
발음:	아랄로사우루스(Aralosaurus)
길이:	6~9m
키:	알 수 없음
무게:	5톤
이름의 의미:	'아랄 도마뱀'이라는 뜻. 이 화석이 아랄 해(Aral Sea) 근처에서 발견되었기 때문.

작사르토사우루스(Jaxartosaurus)

작사르토사우루스는 부리와 납작한 어금니를 가진 조반류 초식 공룡이며, 머리에 있는 볏에서 나팔 같은 소리를 낼 수 있었다.

작사르토사우루스는 조반류, 즉 조류의 골반 모양을 한 공룡이며 하드로사우루스 (Hadrosaurus)와 비슷한 공룡이다. 초식 공룡인 작사르토사우루스는 이빨이 없는 부리로 낮게 깔린 식물을 잘라 납작한 어금니로 씹어 먹었다. 이빨 화석은 계속해서 식물을 씹어 넓게 닳은 모양을 보여준다. 네 다리로 서서 풀을 뜯었지만, 위험을 감지하자마자 뒷다리로 서서 꼬리를 뻣뻣하게 뒤로 내밀어 균형을 잡으면서 도망쳤다. 머리뼈는 코리토사우루스(Corythosaurus)와 같지만, 더 작은 투구 같은 볏을 가지고 있었다. 볏에는 목구멍과 콧구멍으로 이어진 공기 통로가 있어 나팔 같은 소리를 낼 수 있었다. 작사르토사우루스는 이 소리로 암컷을 부르거나 포식자를 겁주어 쫓아냈다.

시기:	백악기
화석이 발견된 장소:	카자흐스탄, 러시아, 중국
먹이:	낮게 깔린 식물
발음:	작사르토사우루스(Jaxartosaurus)
길이:	8~9m
키:	5m
무게:	알 수 없음
이름의 의미:	'작사르테스 도마뱀'이라는 뜻. 이 화석이 발견된 카자흐스탄의 작사르테스강(Jaxartes River)을 기념하기 위해.

사우로르니토이데스(Saurornithoides)

사우로르니토이데스는 작은 체구에 비해 큰 뇌를 가졌으며, 시력과 청력이 발달한 육식 공룡이다.

사우로르니토이데스는 지금까지 알려진 공룡 중 뇌가 가장 큰 작은 수각류 공룡이다. 이는 체중에 비해 뇌의 무게가 많이 나간다는 뜻이다. 사우로르니토이데스는 길고 좁은 머리뼈를 지녔으며, 두 눈은 머리 양옆에 있지 않고 앞에 있었다. 이 때문에 물체를 더 잘 포착할 수 있어서 먹잇감이나 포식자 같은 형체가 보이면 초점을 잘 맞추고 그 거리를 정확하게 판단할 수 있었다. 희미한 빛에도 잘 볼 수 있어서 해가 진 뒤에도 작은 파충류와 포유동물을 사냥했다. 또 예리한 청력을 가져 근처에서 사냥감이 바스락거리거나 적이 다가오는 소리를 아주 잘 인식했다. 사우로르니토이데스의 두 번째 발가락에 달린 큰 낫 모양의 발톱은 사냥감을 때려 치명상을 입힐 수 있는 무기였다.

시기:	백악기
화석이 발견된 장소:	몽골
식습관:	육식동물
발음:	사우로르니토이데스(Saurornithoides)
길이:	2~3.5m
키:	70cm
무게:	13~27kg
이름의 의미:	'새 모양의 도마뱀'이라는 뜻. 이 공룡의 머리뼈가 이빨이 있는 새와 닮았기 때문.

가루디미무스(Garudimimus)

가루디미무스는 타조처럼 긴 다리와 작은 머리, 긴 목을 지닌 타조공룡류이지만, 큰 눈과 짧은 발가락, 눈앞의 작은 볏을 가졌다.

가루디미무스는 원시 타조공룡류 또는 타조처럼 보였던 공룡이다. 똑바로 선 자세로 있었고, 긴 다리와 작은 머리, 긴 목을 지녔으며 오늘날의 타조와 아주 흡사했다. 타조공룡류는 가장 빠른 공룡으로 여겨지는데, 고생물학자들은 이 공룡의 발자국으로 시간당 35km만큼 빨리 달렸다고 계산할 수 있었다. 그러나 초기 타조공룡인 가루디미무스는 다른 특징이 있었다. 큰 눈, 짧은 발가락, 뒤쪽이 뾰족한 뿔처럼 보이는 눈앞의 작은 볏은 타조공룡류의 일반적인 특징이 아니다. 이빨 없는 둥근 부리와 날카로운 어금니가 함께 있다는 것은 가루디미무스가 식물과 동물을 먹는 잡식동물(omnivore)일 수 있다는 의미다.

시기:	백악기
화석이 발견된 장소:	몽골
먹이:	식물, 곤충, 작은 포유동물
발음:	가루디미무스(Garudimimus)
길이:	3.5~4m
키:	2.1m
무게:	85kg
이름의 의미:	'가루다 모방자'라는 뜻. 인도의 신화에 등장하는 기괴한 새 가루다(Garuda)의 이름을 따서.

벨로키랍토르(Velociraptor)

벨로키랍토르는 몸이 가볍고 영리하며, 예리한 시각과 청각, 후각으로 먹잇감을 탐지하고 낫 모양의 발톱으로 사냥했던 무서운 육식 공룡이다.

벨로키랍토르는 가장 무서운 공룡 중 하나이다. 몸이 가볍고 빠르고 비교적 영리하며, 단검 같은 이빨을 가졌다. 어른 벨로키랍토르는 오랫동안 갓 부화한 새끼를 돌보거나 보호하지 않기 때문에, 이 종들 중 가장 교활하고 공격적인 개체만이 어른으로 자랐다. 예리한 시각과 청각, 후각으로 먹잇감을 탐지한 다음, 폭발적인 속력으로 사냥감을 뒤쫓아 세 개의 손가락에 달린 손톱으로 목을 베고 찔렀다. 벨로키랍토르의 가장 위험한 특징은 각 발에 오므릴 수 있는 9cm의 기다란 발톱을 가졌다는 점이다. 이 낫 모양의 발톱은 달리거나 걷는 동안 손상을 피하기 위해 땅에 닿지 않게 올려놓고 있었다. 싸움 중일 때는 그 발톱으로 먹잇감을 찌르고 내장을 꺼냈다.

시기:	백악기
화석이 발견된 장소:	몽골, 러시아, 중국
식습관:	육식동물(프로토케라톱스[Protoceratops]와 다른 많은 초식 공룡을 먹음)
발음:	벨로키랍토르(Velociraptor)
길이:	1.5~2m
키:	1m
무게:	25kg
이름의 의미:	'재빠른 강도'라는 뜻. 그 속력을 참고해서.

니폰노사우루스(Nipponosaurus)

니폰노사우루스는 이빨 없는 부리와 오리 주둥이를 가졌고, 반원 모양의 볏으로 우렁찬 소리를 내며 무리 생활을 했던 초식 공룡이다.

니폰노사우루스는 일본 땅에서 발견된 최초의 공룡이다. 그러나 발견된 유일한 화석은 미성숙한 공룡이다. 니폰노사우루스는 이빨이 없는 부리와 수백 개의 작은 이빨, 오리 주둥이를 가진 공룡이며, 질긴 식물을 으깨 먹었다. 짧고 넓은 머리에는 코와 목구멍으로 공기가 지나갈 수 있도록 이어진 반원 모양의 낮은 볏이 있었다. 니폰노사우루스는 이 속이 빈 볏으로 자기 공룡 무리에게 우렁찬 소리를 냈다. 이 소리는 위험한 다른 공룡에게 경고하거나 적에게 겁주어 쫓아내는 역할을 했고, 암컷을 유혹할 때 이용하기도 했다. 니폰노사우루스는 알을 부화한 후 새끼를 돌봤는데, 이 화석의 증거는 이 공룡이 둥지 군락을 만들고 무리 지어 다녔다는 것을 보여준다.

시기:	백악기
화석이 발견된 장소:	일본
식습관:	초식동물
발음:	니폰노사우루스(Nipponosaurus)
길이:	7.6m
키:	4.3m
무게:	알 수 없음
이름의 의미:	'일본 도마뱀'이라는 뜻. 당시에 일본 소유의 섬에서 이 화석이 발견되었기 때문.

오비랍토르(oviraptor)

오비랍토르는 주로 다른 공룡의 알을 훔쳐 먹고 살았으며 볏으로 소리를 내어 포식자를 따돌렸던 잡식 공룡이다.

오비랍토르는 다른 공룡의 알을 훔쳐 먹는다고 평판이 난 공룡이다. 최초의 오비랍토르 화석은 한 알둥지 위에서 발견되었다. 고생물학자들은 오비랍토르가 둥지를 급습해서 손으로 알을 낚아채 움켜잡고 가져가서 먹었을 것으로 추정했다. 오랍토르 화석에서 발견된 알을 오비랍토르 알과 비교한 결과, 오비랍토르가 자신의 둥지를 보호하다 죽었을 것으로 보인다. 오비랍토르는 기다란 뼈막으로 덮인 볏으로 나팔을 불어 가까이 다가오는 포식자에게 경고했다. 포식자의 공격을 받으면, 강한 다리로 세게 차고 날카로운 손톱으로 할퀴었으며, 으깨는 데 적합한 구부러진 턱으로 물었다. 잡식성인 오비랍토르는 도마뱀, 곤충, 식물, 일부 알을 먹었다.

시기:	백악기
화석이 발견된 장소:	몽골
식습관:	잡식동물
발음:	오비랍토르(oviraptor)
길이:	1.5~2.5m
키:	70cm
무게:	25~35kg
이름의 의미:	'알 도둑'이라는 뜻. 주로 다른 공룡의 알을 먹고 살았던 것으로 여겨지기 때문.

프로토케라톱스(Protoceratops)

프로토케라톱스는 뿔 모양의 돌기와 머리 위의 주름장식, 앵무새 같은 부리를 가진 초식 공룡이다.

프로토케라톱스는 주둥이에 뿔 대신 작은 혹과 함께 뿔 모양의 돌기가 솟아나 있는 초기 공룡이다. 가장 두드러진 특징은 뼈로 되어 있는 주름장식인데, 수컷의 머리에서는 아주 크게 자랐다. 이 주름장식은 구애와 짝짓기를 위해 과시용으로 사용했다. 프로토케라톱스의 앵무새 같은 부리는 소철과 다른 식물을 먹는 데 적합했다. 가장 유명한 화석 발견 중의 하나는 싸우다가 죽은 프로토케라톱스와 벨로키랍토르(Velociraptor)의 화석이다. 그 험악한 싸움에서 프로토케라톱스가 강한 부리로 벨로키랍토르의 팔을 부셨고, 벨로키랍토르는 앞발과 뒷발로 프로토케라톱스의 머리와 배를 할퀴고 찢었다. 두 공룡은 아마도 8000만 년 전 싸우는 중에 모래 언덕이 무너지면서 질식해 죽었을 것이다.

시기:	백악기
화석이 발견된 장소:	몽골
식습관:	초식동물
발음:	프로토케라톱스(Protoceratops)
길이:	1.8~2.5m
키:	1m
무게:	400kg
이름의 의미:	'최초의 뿔 달린 얼굴'이라는 뜻. 다른 뿔 달린 공룡의 조상이었기 때문.

틸로사우루스(Tylosaurus)

틸로사우루스는 길고 가느다란 몸통, 기다란 머리뼈, 날카로운 원뿔형 이빨과 망치 같은 주둥이를 가졌던 바다의 육식 파충류이다.

틸로사우루스는 공룡이 아니라 바다 도마뱀이다. 그 당시에 지배적인 바다 포식자였으며 길고 가느다란 몸통을 지녔다. 몸통의 위쪽 표면은 어둡고 아랫면은 더 밝은색인데, 이런 특징 때문에 물속에서 쉽게 위장할 수 있었다. 헤엄치는 동안 좌우로 꼬리를 흔들면서 지느러미 모양의 팔다리로 어두컴컴한 백악기 바다를 헤쳐 나갔다. 틸로사우루스의 머리뼈는 1.75m나 되며 먹잇감을 쉽게 잘라내는 날카로운 원뿔형 이빨로 가득했다. 틸로사우루스는 아래턱을 짝 벌려 조개, 연체동물, 거북이, 물고기를 통째로 삼켰고 망치 같은 주둥이로 먹잇감을 기절시키기도 했다. 깊숙한 곳에서부터 은밀하게 솟아올라 경계하지 않은 익룡을 습격했고 마음에 드는 먹잇감이 있으면 집어삼켰다.

시기:	백악기
화석이 발견된 장소:	미국, 뉴질랜드
먹이:	조개류, 물고기, 연체동물, 거북이
발음:	틸로사우루스(Tylosaurus)
길이:	10~12.3m
키:	알 수 없음
무게:	알 수 없음
이름의 의미:	'부어오른 도마뱀'이라는 뜻.

쿠아에시토사우루스(Quaesitosaurus)

쿠아에시토사우루스는 기다란 목과 채찍 같은 꼬리를 지닌 용각류 공룡이며, 이빨 없는 부리를 가졌고 머리를 어깨보다 높게 올리지 못했다.

쿠아에시토사우루스는 긴 목과 점점 좁아지는 채찍 같은 꼬리를 가진 용각류 공룡이다. 이빨 없는 부리로 식물을 잘라서 통째로 삼키면 세균, 위산과 위석이 혼합되어 음식물을 분해했다. 쿠아에시토사우루스의 무리는 엄청난 양의 은행나무와 양치류 종자식물, 침엽수, 속새, 석송, 소철을 섭취했다. 쿠아에시토사우루스는 나무 꼭대기에 있는 이파리들을 벗기는 그림으로 묘사되지만, 머리를 어깨 높이보다 더 높게 올리지 못해 목을 땅과 평행하게 유지했다. 늪지의 부드러운 식물을 조금씩 뜯어먹을 때는 땅이 너무 질척거려서 체중을 지탱하지 못하기 때문에 단단한 땅에 서서 긴 목을 늪지로 내밀어 먹을 수 있었다.

시기:	백악기
화석이 발견된 장소:	몽골
식습관:	초식동물
발음:	쿠아에시토사우루스(Quaesitosaurus)
길이:	23m까지 이를 가능성이 있음
키:	7.6m
무게:	알 수 없음
이름의 의미:	'특이한 도마뱀'이라는 뜻. 특이한 머리뼈 때문.

완나노사우루스(Wannanosaurus)

완나노사우루스는 맨 위쪽이 납작한 두꺼운 머리뼈를 가졌으며 체구가 큰 용각류에 의지해서 포식자를 피했던 아주 작은 초식 공룡이다.

완나노사우루스는 머리뼈 맨 위쪽이 납작한 작은 머리를 가진 공룡이다. 두꺼운 머리뼈가 작은 뇌를 보호했다. 완나노사우루스는 박치기 싸움에 머리뼈를 사용하지는 않았다. 아마 그 두꺼운 머리뼈로 영역 다툼을 하거나 짝을 차지하려고 경쟁할 때 경쟁자를 밀어냈을 가능성이 더 크다. 완나노사우루스의 작고 날카로운 이빨은 과일, 종자식물, 부드러운 식물을 먹는 데 적합했다. 그 작은 크기 때문에 계속해서 벨로키랍토르 같은 포식자에게 먹이가 될 위험에 처했다. 유일한 실제 방어 수단은 도망가거나 덤불숲에 숨는 것이었다. 완나노사우루스는 또한 더 큰 용각류들의 근처에서 식물을 먹으려 했다. 더 큰 공룡이 겁을 줄 만큼의 크기로 공격자를 궁지에 몰 수 있었기 때문이다.

시기:	백악기
화석이 발견된 장소:	중국
식습관:	초식동물
발음:	완나노사우루스(Wannanosaurus)
길이:	60cm
키:	알 수 없음
무게:	1.5kg
이름의 의미:	'원난 도마뱀'이라는 뜻. 이 화석이 발견된 중국의 원난성(완난성)을 기념하기 위해.

고요케팔레(Goyocephale)

고요케팔레는 작고 빠르며, 두꺼운 머리뼈와 부리를 가졌고, 무리 생활을 했던 초식 공룡이다.

작고 빠른 고요케팔레는 두꺼운 머리뼈를 지닌 가장 오래 존재했던 공룡 중 하나이다. 머리뼈 꼭대기가 납작하고 뒤쪽으로 뼈판이 튀어나와서 혹 같은 융기가 머리 뒤쪽을 둘러싸고 있는 것처럼 보였다. 머리의 표면은 거칠고 울퉁불퉁했다. 고요케팔레는 무리 지어 함께 살면서 낮게 깔린 식물을 찾아 부리로 잘라 먹었다. 번식기에는 두꺼운 머리뼈로 수컷 경쟁자를 밀어내는 싸움을 했다. 예전에는 박치기 싸움을 한다고 믿어졌지만, 그렇지 않고 서로의 몸통을 밀어내었을 것이다. 가느다란 다리와 엉덩이뼈 때문에 아주 빠르게 달릴 수 있었는데, 이때 균형을 잡기 위해 꼬리를 뻣뻣하게 길게 늘어뜨렸다. 포식자의 위협을 받을 때, 고요케팔레의 최고 방어 수단은 도망치는 것이었다.

시기:	백악기
화석이 발견된 장소:	몽골
식습관:	초식동물
발음:	고요케팔레(Goyocephale)
길이:	2~3m
키:	알 수 없음
무게:	7kg
이름의 의미:	'장식한 머리'라는 뜻. 머리에 있는 가시와 혹 때문.

아비미무스(Avimimus)

아비미무스는 가느다란 팔과 다리, 이빨 없는 부리, 구부러진 손톱, 깃털을 가진 잡식 공룡이다.

아비미무스는 길고 가느다란 다리와 이빨 없는 부리를 가진 새 같은 수각류 공룡이다. 가는 팔에 구부러진 날카로운 손톱을 가졌다. 이 손톱으로 식물을 붙잡거나 몸부림치는 먹이를 잡아서 울퉁불퉁한 부리로 덥석 물어 먹었다. 아비미무스의 먹이는 곤충, 알, 작은 동물과 식물 같은 다양한 종류였다. 긴 다리와 새 같은 발 때문에 도망가는 먹잇감에게 빠르게 쫓아갈 수 있었다. 일부 고생물학자들은 아비미무스가 깃털이 있다고 주장했다. 화석 주위에 있는 바위에 깃털 자국이 나 있었고, 팔을 따라 있는 깃털 가닥에 작은 융기들이 있었을 것이다. 깃털로 덮여 있더라도 아비미무스의 팔이 너무 짧아 날개의 기능을 하지 못했고, 그래서 깃털은 단순히 몸을 따뜻하게 했을 것이다.

시기:	백악기
화석이 발견된 장소:	몽골
식습관:	잡식동물
발음:	아비미무스(Avimimus)
길이:	1.5m
키:	70cm
무게:	14kg
이름의 의미:	'새 모방자'라는 뜻. 새를 닮은 모습 때문.

프테라노돈(Pteranodon)

프테라노돈은 거대한 날개를 가진 익룡이며, 이빨 없는 부리와 방향타 역할을 하는 기다란 볏을 가지고 있었다.

프테라노돈은 공룡이 아니라 익룡이며, 지구에서 날아다녔던 가장 큰 생물체 중 하나이다. 가죽 같은 막으로 덮여 있는 거대한 날개를 가졌다. 속도를 내기 위해 펄럭였고, 그런 다음 바다 위에서 기류를 타고 치솟아 이빨 없는 가느다란 부리로 수면에 있는 물고기를 잡아 통째로 삼켰다. 프테라노돈은 둥지를 찾아 육지에 가긴 했지만, 대부분의 시간을 물 위에서 보냈고 틸로사우루스(Tylosaurus)를 피하기 위해 조심했다. 발은 뭔가를 잡는 데 적합하지 않았기 때문에 나무에 앉지 못했다. 프테라노돈은 머리 뒤쪽에 길게 솟아 있는 볏이 있는데, 날아다니는 동안 이 볏이 방향타와 안정 장치의 역할을 했을 것이다. 프테라노돈은 꼬리가 없기 때문에 이 볏이 유용한 기능을 했다.

시기:	백악기
화석이 발견된 장소:	미국 서부, 영국
먹이:	물고기, 게, 곤충, 연체동물
발음:	프테라노돈(Pteranodon)
길이:	7~10m
키:	1.8m
무게:	15~25kg
이름의 의미:	'날개 있고 이빨 없는'이라는 뜻. 그 두드러진 두 가지 특징을 따서.

티라노사우루스 렉스(Tyrannosaurus rex)

티라노사우루스 렉스는 먹이사슬 중 꼭대기에 있는 사납고 포악한 육식 공룡이며, 짧은 팔과 두 개의 손가락이 두드러진다.

티라노사우루스 렉스는 먹잇감에서 1m 길이의 고깃덩어리를 떼어내 먹을 수 있었고, 백악기 시대의 먹이사슬 중 맨 꼭대기에 있었다. 입을 짝 벌려 공격을 해서 커다란 동물의 뼈를 으스러뜨리거나 사나운 턱 안에 작은 동물을 가두어 죽을 때까지 흔들었다. 안킬로사우루스(Ankylosaurus), 트리케라톱스(Triceratops), 에드몬토사우루스(Edmontosaurus), 아나토티탄(Anatotitan)이 티라노사우루스 렉스의 주된 먹잇감이었다. 티라노사우루스 렉스는 어떤 날고기도 구하지 못하면 죽이지 않았을 더 작은 육식 공룡을 위협했다. 두 개의 손가락을 가진 꼴사나운 짧은 팔은 자기 입까지 뻗지 못했다. 티라노사우루스 렉스는 아마도 시간당 32km 이상으로 달리지는 못했을 것이다. 달리는 동안 넘어진다면 짧은 팔이 넘어지는 것을 막지 못했기 때문인데, 그렇다면 이 공룡이 다치거나 심지어 죽을 수도 있었다는 뜻이다.

시기:	백악기
화석이 발견된 장소:	미국, 캐나다
식습관:	육식동물
발음:	티라노사우루스 렉스(Tyrannosaurus rex)
길이:	12.4m
키:	4.6~6m
무게:	5~7톤
이름의 의미:	'폭군(tyrant) 도마뱀 왕'이라는 뜻.

에이니오사우루스(Einiosaurus)

에이니오사우루스는 큰 덩치에 특이한 뿔과 코뿔, 주름장식을 지녀서 실제보다 크고 무섭게 보였던 초식 공룡이다.

에이니오사우루스는 가장 특이한 뿔이 달린 공룡 중 하나이다. 눈 위에 두꺼운 울퉁불퉁한 융기와 앞쪽으로 구부러진 코뿔이 있었다. 뼈로 되어 있는 주름장식과 꼭대기에 있는 커다란 가시가 어떤 포식자든 단념시킬 만한 모습이었다. 이 때문에 에이니오사우루스는 실제보다 더 크고, 더 사납고, 더 날카롭게 보였다. 덩그렇게 있는 가시는 방어 목적으로는 쓸모가 없었지만, 이 공룡의 떼는 대부분의 공격자에게 겁을 주었다. 뭉툭한 발굽과 함께 네 개의 발가락을 지닌 발이 무게가 나가는 큰 덩치를 받치고 있었다. 에이니오사우루스는 갈고리 모양의 부리로 침엽수와 소철, 꽃피우는 식물, 은행나무를 잘랐다. 그 뿔과 질긴 가죽에도 불구하고, 에이니오사우루스는 티라노사우루스 렉스를 경계해야 했다.

시기:	백악기
화석이 발견된 장소:	미국 서부
식습관:	초식동물
발음:	에이니오사우루스(Einiosaurus)
길이:	5~6m
키:	2m
무게:	1.8~2톤
이름의 의미:	'들소 도마뱀'이라는 뜻. 에이니오사우루스가 들소처럼 떼를 지어 살았기 때문.

티타노사우루스(Titanosaurus)

티타노사우루스는 기다란 목과 단단한 등딱지, 채찍 같은 꼬리를 가진 덩치가 큰 용각류 공룡이다.

티타노사우루스는 지구상에 마지막으로 존재했던 거대한 용각류이며, 여러 줄의 등딱지를 둘렀다. 거대한 양의 양치식물과 나뭇잎을 먹었는데, 통째로 삼켰고 소화시키는 데 위 속 세균과 위석의 도움을 받았다. 이 거대한 용각류는 소화 과정에서 많은 양의 메탄이 발산되었고, 엄청난 양의 가스가 찼다. 점점 좁아지는 채찍 같은 꼬리가 긴 목의 균형을 잡아주었다. 이 꼬리는 전속력으로 움직일 때 그 안의 뼈가 손상되기 때문에 좋은 방어 수단이 되지는 못했을 것이다. 티타노사우루스는 튼튼한 기둥 같은 다리를 지녀서 공격자를 짓밟아 죽이는 것이 더 쉬웠다.

시기:	백악기
화석이 발견된 장소:	인도, 헝가리, 아르헨티나
식습관:	초식동물
발음:	티타노사우루스(Titanosaurus)
길이:	12~18m
키:	3~5m
무게:	9~14톤
이름의 의미:	'거대한 도마뱀'이라는 뜻. 이 말이 인도에서 발견된 거대한 크기의 척추뼈를 암시하기 때문.

스트루티오사우루스(Struthiosaurus)

스트루티오사우루스는 갑옷을 두르고 가시와 뼈판으로 보호되었던 작은 크기의 초식 공룡이다.

스트루티오사우루스는 갑옷을 두른 공룡 중 가장 작은 것으로 알려졌으며, 노도사우루스(Nodosaurus)와 힐라에오사우루스(Hylaeosaurus)의 절반 크기도 안된다. 작은 공룡에 맞게 갑옷이 인상적으로 배열되어 있었다. 한 쌍의 가시가 어깨에서 솟아나 있었다. 몇 쌍의 판들이 엉덩이와 꼬리를 보호했다. 몸통의 양옆과 꼬리는 작은 가시와 혹으로 덮여 있었다. 목에는 커다란 가시 하나와 판들이 있었다. 이상하게도 스트루티오사우루스의 머리는 전혀 갑옷으로 덮여 있지 않았다. 몸통의 양옆이 잘 보호되어서, 포식자는 스트루티오사우루스를 뒤집거나 약한 머리를 물어서 죽여야 했다. 스트루티오사우루스는 땅딸막한 무거운 몸집을 거대한 네 다리에 싣고 숲을 천천 헤치며 이동했으며, 낮게 깔린 식물을 먹고 살았다.

시기:	백악기
화석이 발견된 장소:	프랑스, 호주, 루마니아
식습관:	초식동물
발음:	스트루티오사우루스(Struthiosaurus)
길이:	1.8m
키:	50cm
무게:	알 수 없음
이름의 의미:	'타조 도마뱀'이라는 뜻. 이 공룡의 머리뼈 뒷부분이 새의 머리뼈를 닮았고, 원래 수각류로 생각되었기 때문.

피나코사우루스(Pinacosaurus)

피나코사우루스는 갑옷을 두른 가벼운 체구에 앵무새 같은 부리와 곤봉 모양의 도끼 같은 뼈를 가진 초식 공룡이다.

피나코사우루스는 갑옷을 두른 체구가 가벼운 공룡이며, 앵무새 같은 둥근 부리로 낮게 깔린 식물을 뜯어먹었다. 머리뼈 꼭대기는 작은 뼈판층으로 보호되었다. 어린 시절에 이 뼈판들은 분리되어 있지만 자라면서 하나의 갑옷판으로 결합되었다. 뼈에 붙은 힘줄이 꼬리의 끝을 강하게 했다. 꼬리 끝에는 양날의 도끼를 닮은 날카로운 납작한 뼈가 있었다. 꼬리 맨 아랫부분의 근육은 도끼 같은 곤봉 모양의 꼬리를 흔들어서 공격자를 세게 때려 뼈에 큰 충격을 가할 수 있었다. 최근에 어린 피나코사우루스 무리의 화석 20개가 발견되었는데, 피나코사우루스가 연령층대로 나뉘어 무리를 지어 지냈다는 이론을 뒷받침한다.

시기:	백악기
화석이 발견된 장소:	몽골
식습관:	초식동물
발음:	피나코사우루스(Pinacosaurus)
길이:	5.5m
키:	1m
무게:	알 수 없음
이름의 의미:	'널빤지 도마뱀'이라는 뜻. 머리에 덮여 잇는 납작한 작은 갑옷판들을 참고해서.

길모레오사우루스(Gilmoreosaurus)

길모레오사우루스는 오리 주둥이와 부리가 있었고, 새 이빨이 계속 났으며 때로 암 종양이 생겼던 초식 공룡이다.

길모레오사우루스는 오리 주둥이를 닮은 최초의 아시아 공룡 중 하나이다. 주로 네 다리로 걸었지만, 위험이 생기면 근육질 뒷다리로 서서 달렸다. 부리로 식물을 뜯고 몇 열로 있는 어금니로 질긴 식물을 으깨 먹었다. 계속해서 새 이빨이 자라나 오래되고 닳은 이빨을 대신했다. 길모레오사우루스의 척추뼈를 찍은 엑스레이 사진은 이 공룡들이 때때로 꼬리에 암 종양이 생겼다는 것을 보여주는데, 거의 수백만 년 동안 암이 존재했다는 증거이다. 1923년에 처음 발견된 길모레오사우루스는 만추로사우루스(Mandschurosaurus)로 잘못 파악되었다. 1979년이 되어서야 학자들은 이 실수를 깨달았고 다시 길모레오사우루스라는 이름을 지었다.

시기:	백악기
화석이 발견된 장소:	몽골
식습관:	초식동물
발음:	길모레오사우루스(Gilmoreosaurus)
길이:	8m
키:	3.2m
무게:	1400kg
이름의 의미:	'길모어의 도마뱀'이라는 뜻. 원래 잘못 파악했던 미국의 찰스 길모어(Charles Gilmore, 1874~1945)의 이름을 기리기 위해.

엘미사우루스(Elmisaurus)

엘미사우루스는 세 개의 갈고리 손톱과 발톱, 뒤로 꺾인 엄지발락을 지녔으며 몸이 가벼워 빠르게 달렸던 수각류 공룡이다.

엘미사우루스는 몸이 가벼운 중간 크기의 수각류이다. 비교적 긴 팔은 다른 코엘루로사우루스(작고 가느다란 뒷다리로 걷고 보통의 수각류에 비해 앞다리가 긴 편인 육식공룡)보다 더 가느다란 손을 가졌다. 엘미사우루스는 세 개의 갈고리 손톱이 있는 손으로 곤충과 작은 동물을 잡았다. 기다란 새 같은 발에는 긴 세 개의 발가락과 뒤로 꺾인 짧은 엄지발가락이 있었다. 기다란 발과 정강이 때문에 빠르게 달려 더 큰 포식자들을 피해 달아나거나 서둘러 먹잇감을 쫓아갈 수 있었다. 엘미사우루스의 뼈는 너무 가늘어서 잘 보호되지 않았다. 손과 발, 다리의 뼈가 지금까지 발견된 엘미사우루스의 유일한 부위이다. 고생물학자들은 다른 공룡의 화석과 비슷한 점을 토대로 그 모습을 추측해야 했다.

시기:	백악기
화석이 발견된 장소:	몽골, 캐나다
식습관:	육식동물
발음:	엘미사우루스(Elmisaurus)
길이:	2m
키:	1m
무게:	32kg
이름의 의미:	'발 도마뱀'이라는 뜻. 그 발이 완전하지 않은 화석에서 발견된 몇 개의 부위 중 하나였기 때문.

프로사우롤로푸스(Prosaurolophus)

프로사우롤로푸스는 넓고 납작한 오리 주둥이와 혹 같은 볏을 가졌고, 이 볏으로 큰 소리를 내며 구애하거나 포식자를 따돌렸던 초식 공룡이다.

프로사우롤로푸스는 오리 같은 주둥이에 볏을 지닌 공룡이며, 사우롤로푸스(Saurolophus)의 조상이었을지도 모른다. 넓고 납작한 주둥이와 눈 위쪽에 혹 같은 작은 볏이 연속적으로 솟아 있었다. 이 볏은 뒤로 뾰족 나온 뿔이 되었다. 작은 볏이 울려 퍼지는 빈 공간 역할을 해서, 프로사우롤로푸스는 깊고 큰 소리로 짝을 유혹하거나 다가오는 포식자에게 겁을 줄 수 있었다. 네 다리로 걸으면서 긴 꼬리를 땅에 닿지 않게 했지만, 먹으려는 나무 꼭대기에 있는 나뭇잎에 이를 때는 균형을 잡기 위해 두 뒷다리로 서고 꼬리를 땅에 올려놓았다. 프로사우롤로푸스는 또한 소철, 꽃피우는 식물, 덤불, 열매와 은행나무를 먹었다.

시기:	백악기
화석이 발견된 장소:	캐나다
식습관:	초식동물
발음:	프로사우롤로푸스(Prosaurolophus)
길이:	8m
키:	4m
무게:	1.8톤
이름의 의미:	'사우롤로푸스 이전'이라는 뜻. 고생물학자들이 프로사우롤로푸스를 사우롤로푸스의 조상이라고 믿었기 때문.

스트루티오미무스(Struthiomimus)

스트루티오미무스는 긴 다리와 뻣뻣한 꼬리, 작은 머리, 기다란 목을 가졌으며, 빠르게 달렸던 잡식 공룡이다.

스트루티오미무스는 체구가 작아 빠르게 달렸던 수각류 공룡이다. 긴 발과 발가락뼈, 넓적다리보다 더 긴 정강이를 가졌는데, 이 모든 특징이 빨리 달릴 수 있게 했다. 뻣뻣한 꼬리는 먹잇감을 따라가거나 포식자를 피할 때 빠르게 몸을 돌리는 동안 균형을 잡아주었다. 스트루티오미무스의 긴 목과 긴 다리, 작은 머리, 큰 눈은 오늘날의 타조와 닮았다. 기다란 부리에 이빨이 전혀 없어서 속도와 갈고리 손톱에 상당히 의존했다. 스트루티오미무스는 움켜쥘 수 있는 손가락에 날카로운 손톱이 달려 있어서 쉽게 비어 있는 통나무를 뜯어 곤충을 찾거나, 식물을 파헤치거나, 도마뱀을 낚아채거나, 열매를 땄다. 식물, 씨앗, 곤충, 열매, 도마뱀, 그 밖에 공룡의 알 등 다양한 먹이를 먹었다.

시기:	백악기
화석이 발견된 장소:	캐나다 서부, 미국 동북부
식습관:	잡식동물
발음:	스트루티오미무스(Struthiomimus)
길이:	3~4m
키:	2m
무게:	150kg
이름의 의미:	'타조 모방자'라는 뜻. 타조를 닮은 모양을 참고해서.

미크로케라톱스(Microceratops)

미크로케라톱스는 작은 주름장식과 뿔 같은 부리, 기다란 다리와 발을 가진 아주 작은 초식 공룡이다.

미크로케라톱스는 뿔이 달린 가장 작은 공룡으로 알려졌다. 프로토케라톱스(Protoceratops)의 친척이며, 작은 주름장식과 뿔 같은 부리를 가졌다. 네 다리로 식물을 찾아 다녔지만 가느다란 두 다리로 서서 달렸다. 길고 좁은 발과 넓적다리의 두 배 길이인 정강이 때문에 빨리 달렸고 공격자를 피해 덤불 속에 쉽게 숨을 수 있었다. 자신을 보호하기 위해 미크로케라톱스는 호말로케팔레(Homalocephale) 또는 길모레오사우루스(Gilmoreosaurus) 같은 더 커다란 공룡 가까이에 머물러서 포식자에게 겁을 줄 수 있는 더 큰 공룡을 의지했다. 미크로케라톱스는 작고 못 보고 넘어가기 쉬워서 더 큰 공룡에게 밟히지 않도록 조심해야 했다. '가느다란 뿔이 달린 얼굴'을 의미하는 그라킬리케라톱스(Graciliceratops)라고도 불렀다.

시기:	백악기
화석이 발견된 장소:	몽골
식습관:	초식동물
발음:	미크로케라톱스(Microceratops)
길이:	80cm
키:	60cm
무게:	4~7kg
이름의 의미:	'조그마한 뿔이 달린 얼굴'이라는 뜻.

바가케라톱스(Bagaceratops)

바가케라톱스는 땅딸막한 몸, 머리 뒤의 작은 주름장식과 코뿔을 지녔으며, 무리 생활을 했던 초식 공룡이다.

바가케라톱스는 머리 뒤쪽에 단단한 뼈로 된 얇은 주름장식이 있고, 주둥이에 작은 혹 같은 코뿔이 있는 뿔 달린 작은 공룡이다. 앞발에 발가락 다섯 개, 뒷발에 네 개의 발가락을 가진 짧고 튼튼한 다리로 땅딸막한 통통한 몸통을 날랐다. 날카로운 부리로 관목을 뿌리째 뽑으면서 낮게 깔린 식물을 먹었다. 바가케라톱스의 어금니는 거친 식물을 먹는 데 적합했지만 잘 갈지는 못했다. 이빨로 식물을 잘랐지만 통째로 삼켜 위에서 음식물을 더 잘게 분해시켰다. 바가케라톱스는 무리 지어 살았던 사회성이 강한 공룡이다. 모래 둔덕에 둥지를 만들어 새끼를 돌봤다.

시기:	백악기
화석이 발견된 장소:	몽골
식습관:	초식동물
발음:	바가케라톱스(Bagaceratops)
길이:	1m
키:	50cm
무게:	22kg
이름의 의미:	'작은 뿔 달린 얼굴'이라는 뜻. 다른 비슷한 공룡보다 더 작다고 여겨졌기 때문.

산퉁고사우루스(Shantungosaurus)

산퉁고사우루스는 오리 주둥이와 납작한 머리, 뿔을 지녔으며, 커다란 체구에도 두 다리로 걷고 뛰어 다닐 수 있었던 초식 공룡이다.

산퉁고사우루스는 오리 주둥이를 닮은 가장 큰 공룡 중 하나이다. 북아메리카의 에드몬토사우루스(Edmontosaurus)와 비슷했지만 더 크고 볏이 없다. 크고 납작한 머리는 강한 턱에 수백 개의 촘촘한 이빨로 가득했는데, 이 이빨로 질긴 식물을 완전히 갈았다. 부리는 뿔이 있고, 먹고 있던 침엽수 이파리를 깎는 데 안성맞춤이었다. 거대한 산퉁고사우루스는 약 8000만 년 전에 중국의 해안 평지와 범람원을 따라 있는 숲 속에서 무리를 지어 식량을 찾았다. 그 커다란 크기에도 불구하고, 커다란 근육질의 뒷다리로 걷거나 뛰어다닐 수 있었다. 산퉁고사우루스는 크고 질긴 피부를 가졌을지도 모르지만 최고의 방어 전략은 위험을 피해 달리는 것이었다.

시기:	백악기
화석이 발견된 장소:	중국
식습관:	초식동물
발음:	산퉁고사우루스(Shantungosaurus)
길이:	12~15m
키:	6m
무게:	7톤
이름의 의미:	'산둥 도마뱀'이라는 뜻. 이 화석이 발견된 중국의 산둥 성(Shantung province)을 기념하기 위해.

아르카에오르니토미무스(Archaeornithomimus)

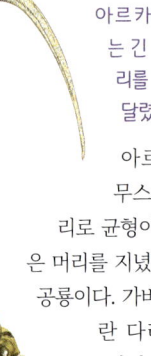

아르카에오르니토미무스는 긴 꼬리, 긴 목, 작은 머리를 가졌으며 아주 빨리 달렸던 수각류 공룡이다.

아르카에오르니토미무스는 긴 꼬리, 이 꼬리로 균형이 잡히는 긴 목, 작은 머리를 지녔던 새 같은 수각류 공룡이다. 가벼운 골격과 가느다란 다리 때문에 빠르고 날렵했다. 화석이 된 발자국이 아르카에오르니토미무스가 빨리 달렸다는 증거이다. 공룡의 속도는 발자국과 발자국이 난 진로의 크기가 얼마인지 거리를 재서 파악하는데, 공룡의 무게와 길이를 고려한 것이다. 고생물학자들은 이 자료를 토대로 공룡이 얼마나 빨리 움직였는지 추정할 수 있다. 아르카에오르니토미무스는 시간당 70km 속도에 달했을 것이다. 오르니토미무스(Ornithomimus)와 달리, 세 개의 손가락에 곧은 손톱이 달렸고 발에는 구부러진 발톱이 달렸다. 아르카에오르니토미무스는 이 손톱과 발톱으로 작은 포유동물과 도마뱀, 곤충을 잡았다.

시기:	백악기
화석이 발견된 장소:	중국
식습관:	육식동물
발음:	아르카에오르니토미무스(Archaeornithomimus)
길이:	3.4m
키:	1.8m
무게:	90.7kg
이름의 의미:	'고대의 새 모방자'라는 뜻. 이 공룡이 오늘날의 타조를 닮았기 때문.

오블리소돈(Aublysodon)

오블리소돈은 톱니 모양은 아니지만 날카로운 이빨을 가진 공격적인 작은 원시 티라노사우르스였다.

오블리소돈은 조각 난 화석 잔유물만으로 파악된 작은 원시 티라노사우르스(수각류 공룡으로 갈고리 손톱이 달린 손가락 두 개와 강한 턱, 날카로운 이빨을 가진 무서운 육식공룡)이다. 앞니는 길고 날카롭지만 다른 티라노사우르스처럼 톱니 모양은 아니었다. 티라노사우르스 렉스의 1/3 길이에 불과하지만 여전히 공격적인 사냥꾼이었다. 오블리소돈은 입을 쫙 벌리고 꼬리로 균형을 유지하면서 사냥감을 추적했고, 커다랗게 한 입 물고는 다쳐서 피를 흘리는 동물이 죽기를 기다렸다. 실제로 발견된 오블리소돈의 화석은 모두 이빨이다. 이빨이 뼈보다 화석이 더 잘 되기 때문이다. 뼈는 오랜 시대에 걸쳐 비바람을 맞을 때 쪼개지고 파손되지만, 이빨의 사기질(에나멜질)은 퇴화되지 않고 더 잘 유지된다.

시기:	백악기
화석이 발견된 장소:	미국 서부, 중국
식습관:	육식동물
발음:	오블리소돈(Aublysodon)
길이:	4.5m
키:	1.7m
무게:	80kg
이름의 의미:	'뒤쪽을 향한 이빨'이라는 뜻. 그 특이한 이빨 때문.

알바레즈사우루스(Alvarezsaurus)

알바레즈사우루스는 가벼운 몸에 긴 꼬리와 긴 다리를 지녔기 때문에 수각류로 보이지만 날지 못했던 초기 조류이다.

알바레즈사우루스는 처음에 발견되었을 때 공룡의 골격을 지닌 것으로 여겨졌었다. 가벼운 골격과 엄청나게 기다란 꼬리, 긴 다리 때문에 수각류처럼 보였다. 그러나 고생물학자들은 이 화석을 다시 조사한 뒤에 날지 못하는 초기 조류로 다시 분류했다. 절반도 안되는 골격이 발견되었기 때문에 처음에 알바레즈사우루스를 잘못 분류한 것으로 보인다. 알바레즈사우루스는 길고 가는 다리를 가져서 사냥감의 뒤를 빨리 쫓을 수 있었고, 빠르게 몸을 돌릴 때 긴 꼬리로 균형을 잡고 방향을 조정할 수 있었다. 더 많은 유골이 발견되면, 아마도 알바레즈사우루스는 수각류와 새의 중요한 연결 고리로 밝혀질 것이다.

시기:	백악기
화석이 발견된 장소:	아르헨티나
식습관:	육식동물
발음:	알바레즈사우루스(Alvarezsaurus)
길이:	2m
키:	알 수 없음
무게:	20kg
이름의 의미:	'알바레즈 도마뱀'이라는 뜻. 아르헨티나의 역사가 그레고리 알바레스(Gregorio Alvarez, 1925~2016)를 기리기 위해.

콩코랍토르(Conchoraptor)

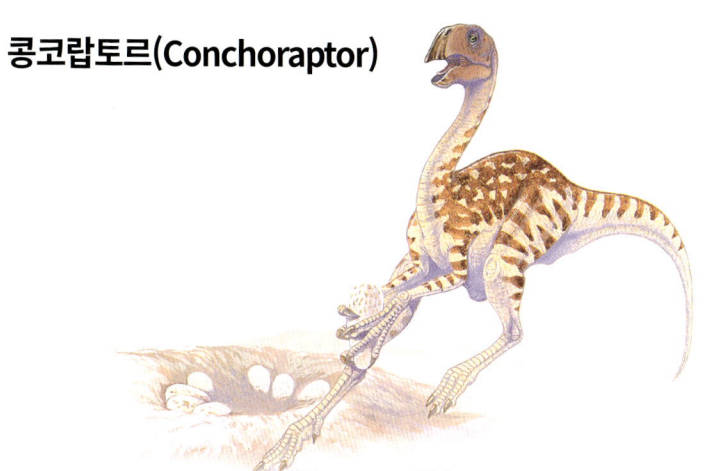

콩코랍토르는 큰 눈과 짧은 주둥이, 무거운 부리, 코 융기가 있었던 원시 수각류이며 식물과 바다 동물을 먹고 살았던 잡식 공룡이다.

콩코랍토르는 작은 원시 수각류이며 큰 눈과 짧은 주둥이, 무거운 부리를 지녔다. 이빨이 없지만 턱 근육은 강했다. 입천장에 연체동물 껍질과 알을 부술 수 있는 뼈 덩어리가 있었다. 콩코랍토르는 코 위에 길게 늘어난 융기가 있고 두꺼운 비늘로 덮여 있지만, 오비랍토르(Oviraptor)가 가진 툭 튀어나온 벗은 없었다. 얇은 뼈와 가벼운 머리뼈는 새와 비슷하다. 콩코랍토르의 구부러진 발톱은 먹잇감을 움켜쥐거나 연체동물을 찾는 동안 바위 위로 기어오르는 데 적합했다. 콩코랍토르는 도마뱀을 뒤쫓거나 물가에서 바다 동물을 찾지 않을 때는 식물을 먹으러 자주 돌아다녔을 것이다.

시기:	백악기
화석이 발견된 장소:	몽골
먹이:	알, 연체동물, 식물
발음:	콩코랍토르(Conchoraptor)
길이:	1.5m까지
키:	50cm
무게:	알 수 없음
이름의 의미:	'소라 도둑'이라는 뜻. 고생물학자들이 콩코랍토르가 껍질 있는 연체동물을 먹었을 것이라고 믿었기 때문에 소라(conch)의 이름을 따서.

안키케라톱스(Anchiceratops)

안키케라톱스는 특이한 목 주름장식과 거대한 머리를 지녔으며, 주름장식에 난 여섯 개의 혹과 두 개의 뿔 때문에 한층 더 무섭게 보였던 초식 공룡이다.

안키케라톱스는 가장 특이한 목 주름장식과 거대한 머리를 지닌 공룡이다. 직사각형의 주름장식은 꼭대기에 뒤쪽을 향해 뾰족하게 난 여섯 개의 혹(돌기)이 있었다. 주름장식의 맨 위쪽 중간은 앞쪽으로 뾰족한 두 개의 뼈가 장식되어 있었다. 안키케라톱스의 거대한 주름장식은 크고 무겁지 않았을 것이다. 주름장식의 뼈에 두 개의 구멍이 나서 무게가 감소했기 때문이다. 안키케라톱스는 양쪽 눈 위로 기다란 뿔이 있고 그보다 더 짧은 코뿔도 있었는데, 주름장식만큼 화려했다. 체중은 뭉툭한 발굽이 달린 네 개의 튼튼한 다리로 받치고 있었다. 이 무섭게 보이는 공룡은 강한 부리로 낮게 깔린 식물을 깎으면서 가장 공격적인 티라노사우루스 렉스를 제외한 모든 공룡에게 겁을 주었을 것이다.

시기:	백악기
화석이 발견된 장소:	캐나다
식습관:	초식동물
발음:	안키케라톱스(Anchiceratops)
길이:	4.5~6m
키:	2.6m
무게:	1800~2470kg
이름의 의미:	'비슷한 뿔 달린 얼굴'이라는 뜻. 이 공룡이 카스모사우루스(Chasmosaurus)를 닮았기 때문.

사이카니아(Saichania)

사이카니아는 곤봉 모양의 꼬리뼈를 지닌 갑옷을 두른 안킬로사우르이며, 갈라진 코 안의 구조로 큰 소리를 냈던 초식 공룡이다.

사이카니아는 등과 머리, 목, 밑면에 무거운 뼈 같은 갑을 두른 안킬로사우르이다. 갑옷은 가시와 혹, 뼈 등딱지가 섞여 있었다. 짧고 넓은 머리뼈에는 머리 꼭대기에서 바닥까지 튀어나온 피라미드 모양의 뿔 몇 쌍이 있었다. 코 안은 특이하게 오른쪽과 왼쪽으로 나뉘었다. 이 때문에 사이카니아는 후각이 훨씬 발달했고 소리가 더 크게 나서 짝을 유혹하거나 적에게 겁을 줄 수 있었다. 근육으로 둘러싸인 곤봉 모양의 꼬리뼈를 흔들면 뼈를 부술 정도의 엄청난 타격을 입혔다. 몸통의 갑옷과 곤봉 모양의 꼬리뼈는 타르보사우루스(Tarbosaurus) 같은 포식자를 따돌리는 주요 방어 수단이 되었다.

시기:	백악기
화석이 발견된 장소:	몽골
식습관:	초식동물
발음:	사이카니아(Saichania)
길이:	7m
키:	2m
무게:	1800kg
이름의 의미:	'아름다운'이라는 뜻. 화석이 아름답게 보존되어 있었기 때문.

라브도돈(Rhabdodon)

라브도돈은 뿔 같은 부리와 뭉툭한 이빨을 가졌고, 후각이 발달한 조반류 공룡이다.

라브도돈은 작고 튼튼한 조반류 공룡이며, 뿔 같은 부리와 식물을 으깨는 뭉툭한 이빨을 가졌다. 주로 서서 걸었지만 관목과 소철, 양치식물에서 이파리를 뜯어먹을 때는 몸을 내려 네 다리로 있었다. 라브도돈의 예리한 후각은 즙이 아주 많은 식물을 알아차리거나 위험한 육식동물의 접근을 경계하는 데 도움이 되었다. 다섯 손가락으로 낮게 깔린 식물을 붙잡아 입으로 가까이 당겼다. 긴 꼬리로 균형을 잡아 포식자를 피해 도망쳤다. 라브도돈은 무리 지어 다녔고 함께 뭉쳐 포식자들로부터 보호했다. 위험하다는 첫 신호로 멀리 도망쳤고 공격자의 손톱을 피해 이리저리 빠져나갔다.

시기:	백악기
화석이 발견된 장소:	유럽
식습관:	초식동물
발음:	라브도돈(Rhabdodon)
길이:	4m
키:	2m
무게:	450kg
이름의 의미:	'세로로 홈이 파인 이빨'이라는 뜻. 이빨 모양 때문.

하드로사우루스(Hadrosaurus)

하드로사우루스는 '최초'라는 말이 많이 붙은 공룡이며, 두 다리와 네 다리를 함께 사용했던 초식 공룡이다.

하드로사우루스는 '최초'라는 말이 많이 붙은 공룡이다. 최초로 발견된 오리 주둥이를 가진 공룡이었고, 1858년 발견되었을 때 거의 완전한 최초의 화석이었다. 1868년에는 공개적으로 전시된 최초의 공룡 골격이었다. 과학자와 관광객들은 공룡이 존재했다는 증거를 보기 위해 전시회로 모여들었다. 하드로사우루스는 침엽수 숲과 고대 해안가의 습지를 돌아다녔는데 서서 걸었지만, 풀을 뜯어먹는 동안에는 머리를 지탱하기 위해 앞다리를 땅에 올려놓았다. 이빨 없는 부리로 질긴 식물을 뜯어내고 몇 열로 된 어금니로 으깨 먹었다. 하드로사우루스의 뒷다리는 앞다리보다 길며, 이전에 흔히 믿었던 것처럼 모든 공룡이 네발로만 걸었던 것이 아님을 증명했다.

시기:	백악기
화석이 발견된 장소:	미국 동북부
식습관:	초식동물
발음:	하드로사우루스(Hadrosaurus)
길이:	7~10m
키:	4m
무게:	1900~2722kg
이름의 의미:	'덩치 큰 도마뱀'이라는 뜻. 강한 체구 때문.

친타오사우루스(Tsintaosaurus)

친타오사우루스는 유니콘처럼 생긴 볏과 오리 주둥이를 가졌으며, 볏 안의 빈 공간으로 소리를 내어 구애하거나 포식자를 따돌린 초식 공룡이다.

친타오사우루스는 독특한 볏과 오리 주둥이를 가진 공룡이다. 가늘고 속이 빈 머리의 볏은 유니콘의 뿔처럼 앞으로 튀어나왔는데, 이 볏 때문에 '중국 유니콘'이라는 별명이 붙었다. 일부 고생물학자들은 실제로 그 같은 볏이 있는 다른 화석 표본이 발견되었을 때까지 볏을 잘못 놓인 주둥이라고 주장했다. 볏 안의 빈 공간이 구애하는 소리를 크게 내는 울림 장치의 역할을 했다. 친타오사우루스는 뒷다리로 서서 걷거나 네 다리로 걸을 수 있었다. 이빨 없는 부리로 나뭇잎을 잘랐고 수백 개의 이빨이 배열된 강한 턱으로 식물을 으깨어 걸쭉하게 만들었다. 발톱이나 갑옷이 없는 친타오사우루스는 무서운 포식자에게 시끄러운 경고음을 내어 자신을 보호할 수 있었다. 이 방법이 겁을 주지 못하면 도망쳤다.

시기:	백악기
화석이 발견된 장소:	중국
식습관:	초식동물
발음:	친타오사우루스(Tsintaosaurus)
길이:	10m
키:	4m
무게:	2700kg
이름의 의미:	'칭다오 도마뱀'이라는 뜻. 이 화석이 발견된 곳과 가까운 중국의 도시 칭다오(Qingdao)를 기념하기 위해.

틸로케팔레(Tylocephale)

틸로케팔레는 두꺼운 반구형의 머리뼈와 월계관 모양의 융기가 있던 초식 공룡이다.

틸로케팔레는 머리뼈가 두꺼운 것으로 알려진 공룡 중 가장 큰 반구형의 머리를 하고 있던 공룡이다. 이 초식 공룡의 뇌는 머리뼈에 비해 작은데, 이 상당히 두꺼운 머리뼈의 용도는 뇌를 보호하는 것이 아니었다. 따라서 틸로케팔레가 박치기 싸움을 하는 데 그 반구형의 머리뼈를 사용했다는 이론은 가능성이 없다. 틸로케팔레의 머리뼈끼리 서로 부딪히면 그 둥근 표면의 강력한 충돌로 적의 목이 뒤틀렸을 것이다. 두꺼운 머리뼈를 사용했다면 지배권을 갖거나 짝을 차지하는 권리를 얻기 위해 경쟁자의 몸통 옆을 들이받았을 가능성이 크다. 그 머리뼈의 또 다른 독특한 특징은 월계관같이 머리 뒤쪽을 둘러싼 뼈로 된 융기 줄이다.

시기:	백악기
화석이 발견된 장소:	몽골
식습관:	초식동물
발음:	틸로케팔레(Tylocephale)
길이:	2.5m
키:	1.1m
무게:	알 수 없음
이름의 의미:	'부풀어 오른 머리'라는 뜻. 두꺼운 머리뼈 때문.

호말로케팔레(Homalocephale)

호말로케팔레는 꼭대기가 납작한 두꺼운 머리뼈와 잎 모양의 이빨을 가졌고, 머리에 작은 홈과 혹들이 줄지어 있었던 초식 공룡이다.

호말로케팔레는 머리 꼭대기가 납작하고 머리뼈가 두꺼운 공룡이다. 머리뼈 꼭대기의 두께는 12~15cm이다. 머리는 작은 홈과 뼈 같은 혹들이 연속적으로 덮여 있었다. 이론과는 달리 호말로케팔레의 머리뼈는 박치기에 적합하지 않았다. 단단하지도 않았고 구멍이 많고 부서지기 쉬워서 박치기 싸움에서 충돌을 견뎌낼 수 없었다. 호말로케팔레는 아마도 다른 수컷의 머리를 밀어내는 경쟁에 그 두껍고 납작한 머리뼈를 사용했을 것이다. 단단한 척주는 그런 종류의 밀어냄을 견뎌낼 정도로 강했고, 넓은 엉덩이와 강한 다리가 버티는 데 도움이 되었다. 호말로케팔레의 턱은 부드러운 식물과 과일을 자르는 데 적합한 작은 나뭇잎 모양의 이빨로 가득했다.

시기:	백악기
화석이 발견된 장소:	몽골
먹이:	연한 식물, 과일, 씨앗
발음:	호말로케팔레(Homalocephale)
길이:	3m
키:	1.5m
무게:	알 수 없음
이름의 의미:	'평평한 머리 도마뱀'이라는 뜻. 납작한 머리 때문.

코리토사우루스(Corythosaurus)

코리토사우루스는 볏과 오리 주둥이를 가졌으며, 이 볏으로 냄새를 더 잘 맡고 큰 소리를 냈던 초식 공룡이다.

코리토사우루스는 독특한 판 모양의 볏과 오리 주둥이를 가진 공룡이다. 속이 비어 있는 뼈 같은 볏에는 코 통로와 후각엽(olfactory lobe), 즉 냄새를 맡게 하는 뇌의 일부분이 있었다. 코리토사우루스는 이 볏으로 큰 소리를 내어 암컷을 유혹했고, 또한 후각 능력을 향상시켰다. 뒷다리로 달렸지만 네 다리로 서서 식물을 뜯어먹었다. 코리토사우루스의 이빨 없는 부리와 수백 개의 작은 어금니는 침엽수와 은행나무, 소철, 꽃피우는 식물, 소나무 등을 먹는 데 적합했다. 피부 표면은 조약돌 같은 것이 있지만 갑옷은 아니었다. 코리토사우루스는 자연적인 방어 수단이 없기 때문에 위험을 피하는 데 감각을 사용했고, 그래서 위협을 받을 때 의지만을 갖고 달아나야 했다.

시기:	백악기
화석이 발견된 장소:	캐나다, 미국 서부
먹이:	속새류와 다른 낮게 깔린 식물
발음:	코리토사우루스(Corythosaurus)
길이:	9m
키:	2m
무게:	5톤
이름의 의미:	'코린트의 도마뱀'이라는 뜻. 이 공룡의 머리에 있던 볏이 고대 코린트(Corinth) 병사가 쓴 투구와 닮았기 때문.

람베오사우루스(Lambeosaurus)

람베오사우루스는 오리 주둥이와 뿔 같은 부리, 볏을 지녔고 이 볏으로 위험을 알리며 무리 생활을 했던 초식 공룡이다.

람베오사우루스는 오리 주둥이를 닮은 공룡 중 가장 크다. 머리에는 손도끼 모양의 속이 빈 볏이 있었는데, 이 볏 뒤에 뒤쪽을 향해 튀어나온 뾰족한 돌기가 있었다. 볏은 과시용으로 사용했고 신호를 전달하는 장치로도 사용했는데, 소리를 크게 울리는 울림통의 역할을 했다. 포식자가 가까이 다가올 때는 볏으로 나머지 람베오사우루스 무리에게 위험을 알렸다. 많은 람베오사우루스 뼈가 발굴되었는데, 피부에 조약돌 같은 질감이 나 있는 화석이었다. 람베오사우루스는 네발로 먹이를 찾아다녔고, 뿔 같은 부리와 많은 어금니로 소나무와 꽃피우는 식물, 연한 이파리를 갈아먹었다. 포식자가 접근할 때는 뒷다리로 도망쳤다.

시기:	백악기
화석이 발견된 장소:	미국 서부, 멕시코, 캐나다
먹이:	솔잎, 나뭇가지, 꽃피우는 나무의 이파리
발음:	람베오사우루스(Lambeosaurus)
길이:	9~13m
키:	5m까지
무게:	5.6톤
이름의 의미:	'람베 도마뱀'이라는 뜻. 캐나다의 화석 탐험가 로렌스 람베(Lawrence Lambe, 1863-1919)를 기리기 위해.

마이아사우라(Maiasaura)

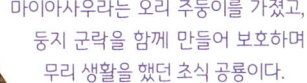

마이아사우라는 오리 주둥이를 가졌고, 둥지 군락을 함께 만들어 보호하며 무리 생활을 했던 초식 공룡이다.

마이아사우라는 네 다리 또는 뒷다리로 걸을 수 있었던 오리 주둥이를 닮은 공룡이다. 10,000개 정도의 마이아사우라 화석들이 함께 발견되었다는 사실은 이 공룡이 무리 지어 살았다는 강한 증거이다. 마이아사우라는 부화하는 땅에 함께 둥지 군락을 만들었다. 1만 평방미터의 육지에서 40개의 둥지가 발견되었다. 둥지는 땅을 파서 빈 공간을 만든 것인데, 폭이 1.8~2m이며 각 둥지에 25~30개의 알을 둘 수 있었다. 이 둥지들을 함께 모아두면 보호가 더 잘 되었다. 둥지는 포식자를 피하기 위해 식물을 덮어 위장하면서 부모가 돌봤다. 마이아사우라는 벨로키랍토르, 알베르토사우루스, 트로오돈, 티라노사우루스 렉스 같은 많은 육식 공룡을 피해야 했다.

시기:	백악기
화석이 발견된 장소:	미국 서부
먹이:	나뭇잎, 딸기류, 씨앗
발음:	마이아사우라(Maiasaura)
길이:	9m
키:	2~2.5m
무게:	3~4톤
이름의 의미:	'착한 어미 도마뱀'이라는 뜻. 둥지에 있는 알을 보호하는 습관 때문.

브라키로포사우루스(Brachylophosaurus)

브라키로포사우루스는 볏과 오리 주둥이, 솟아나 있는 등마루를 지녔으며, 형체가 분명한 미라로 발견된 초식 공룡이다.

브라키로포사우루스는 작은 부리와 특이한 머리 볏과 함께 오리 주둥이를 가진 공룡이다. 볏은 속이 비어 있지 않았지만 단단한 뼈막이 주둥이에서 납작한 머리 꼭대기까지 길게 늘어져 있었다. 2000년에 미라가 된 브라키로포사우루스가 발견되었는데 피부와 비늘, 근육, 부리가 분명하게 보였다. 위 안에는 양치식물과 침엽수, 목련, 40가지가 넘는 꽃가루를 포함한 내용물이 있었다. 이 브라키로포사우루스는 모래 언덕에 묻힌 채 말라서 미라가 되었다. 시간이 지나면서 그 연한 조직은 부패했고 무기질로 대체되었다. 브라키로포사우루스는 강한 어깨 근육과 두꺼운 목, 등을 따라 등마루가 솟아나 있었다.

시기:	백악기
화석이 발견된 장소:	캐나다, 미국 서부
식습관:	초식동물
발음:	브라키로포사우루스(Brachylophosaurus)
길이:	7m
키:	2.8m
무게:	1300~2700kg
이름의 의미:	'짧은 볏을 지닌 도마뱀'이라는 뜻. 머리에 짧고 단단한 볏이 있기 때문.

아바케라톱스(Avaceratops)

아바케라톱스는 주름장식과 뿔, 날카로운 부리를 지녔으며 뭉툭한 발굽이 달린 네발로 다니며 무리 생활을 했던 초식 공룡이다.

아바케라톱스는 목을 보호하는 뼈 같은 주름장식과 함께 작은 뿔이 달린 공룡이다. 통통하고 튼튼한 다리로 큰 덩치를 나르면서 네 다리로 걸었다. 네 개의 발가락에는 뭉툭한 발굽이 달려 있었다. 주둥이에 뿔이 있는데 머리에 있는 두 뿔을 제외하면 트리케라톱스(Triceratops)와 닮았다. 아바케라톱스는 무리 지어 살면서 강하고 날카로운 이빨 없는 부리로 낮게 깔린 관목과 식물을 뜯어먹었다. 부리로 질긴 식물을 뜯어낸 다음에 어금니로 더 잘게 잘랐다. 다리가 짧았지만 위험을 피할 때는 짧은 꼬리로 균형을 잡고 전속력으로 달릴 수 있었다. 아바케라톱스의 피부와 뼈 같은 주름장식, 코뿔은 알베르토사우루스와 티라노사우루스 렉스 같은 포식자들을 거의 단념시키지 못했다.

시기:	백악기
화석이 발견된 장소:	미국 서부
먹이:	낮게 자라는 식물
발음:	아바케라톱스(Avaceratops)
길이:	2~4m
키:	1.3m
무게:	1200kg
이름의 의미:	'아바의 뿔 달린 얼굴'이라는 뜻. 이 공룡의 골격을 발견한 아마추어 고생물학자 중 한 명인 아바 콜(Ava Cole)을 기리기 위해. (ceratops = '뿔 달린 얼굴'이라는 뜻.)

스티라코사우루스(Styracosaurus)

스티라코사우루스는 무리 생활을 했으며, 주름장식과 뿔을 지녔고 주름장식 둘레에 가시들이 나 있었던 초식 공룡이다.

스티라코사우루스는 놀랄 만한 주름장식을 가진 뿔 달린 공룡이다. 커다란 주름장식과 여섯 개의 가시, 주름장식에서 튀어나온 연속되어 있는 뿔 같은 작은 혹(돌기)이 있었다. 코뿔이 길이 61cm, 두께 15cm만큼 크게 자랐는데 포식자들을 찌르는 데 사용했다. 발견된 뼈층에는 100개가 넘는 스티라코사우루스 유골이 있었는데, 이는 스티라코사우루스가 무리 생활을 했다는 것을 의미한다. 아마 이 공룡 무리는 강을 건너다 익사했을 것이다. 스티라코사우루스는 네 개의 짧은 다리에 무거운 몸을 싣고 있었지만, 화석 경로는 이 공룡이 시간당 32km로 달릴 수 있다는 것을 보여준다. 턱은 엄청난 양의 양치식물과 소철을 잘게 잘라 먹는 데 적합했다.

시기:	백악기
화석이 발견된 장소:	캐나다 남서부, 미국 서부
먹이:	낮게 자라는 식물
발음:	스티라코사우루스(Styracosaurus)
길이:	5.5m
키:	2.5m
무게:	2~3톤
이름의 의미:	'가시가 난 도마뱀'이라는 뜻. 주름장식 둘레에 일렬로 난 기다란 가시 때문.

테리지노사우루스(Therizinosaurus)

테리지노사우루스는 칼날 같은 거대한 손톱, 나뭇잎 모양의 이빨과 커다란 소화기관을 가진 초식 공룡이다.

테리지노사우루스는 전문가들이 처음에 그 화석을 거대한 거북이의 것으로 생각했을 정도로 아주 특이한 공룡이다. 각각의 손에는 71cm에 이르는 거대한 칼날 같은 손톱이 세 개씩 있었고, 팔은 2.1~2.4m 길이였다. 테리지노사우루스는 때때로 거대한 손톱을 들어 올린 상태에서 뒷다리로 걸었다. 그렇게 커다란 손톱을 가졌기 때문에 네발로 걸을 때는 발가락 마디를 지면에 대고 걸어야 했다. 뒷다리로 서 있을 때는 꼬리로 중심을 잡고 손톱으로 가지를 머리 위에서 잡아당겨 자기 입 가까이로 가져갔다. 테리지노사우루스는 나뭇잎 모양의 이빨과 커다란 소화기관으로 식물을 먹고 처리했다. 포식자가 공격한다면, 그 어마어마한 손톱을 방어 무기로 사용했다.

시기:	백악기
화석이 발견된 장소:	몽골
식습관:	잡식동물
발음:	테리지노사우루스(Therizinosaurus)
길이:	12m
키:	4.6m
무게:	3톤
이름의 의미:	'큰 낫 도마뱀'이라는 뜻. 커다란 낫 모양의 손톱을 가졌기 때문.

에우오플로케팔루스(Euoplocephalus)

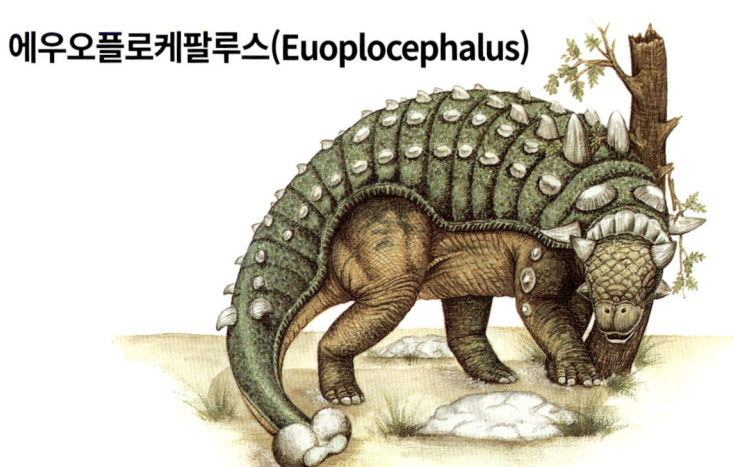

에우오플로케팔루스는 뼈판으로 되어 있는 갑옷 띠, 가시 같은 돌기, 뼈막 눈꺼풀, 어깨 위의 가시, 뭉툭한 발톱을 가진 초식 공룡이다.

에우오플로케팔루스는 북아메리카의 안킬로사우르 중 가장 크고 가장 흔한 공룡 중 하나이다. 통 모양을 한 몸통의 등에는 뾰족한 등딱지로 덮인 갑옷 띠가 둘러져 있었다. 곤봉 모양의 꼬리는 두꺼운 뼈로 되어 있어 무게가 20kg이나 나갔다. 가시 같은 돌기가 머리뼈 뒤에서 튀어나와 머리를 보호했다. 눈은 뼈막 눈꺼풀로 보호되었다. 기다란 가시가 어깨 위로 솟아 있었다. 에우오플로케팔루스의 널찍한 네 다리는 짧은 세 개의 발에 뭉툭한 발톱이 달려 있었다. 부리와 작은 어금니는 양치식물과 꽃피우는 식물을 잘라 으깨 먹는 데 적합했다. 공격을 받으면 에우오플로케팔루스는 곤봉 모양의 꼬리로 포식자를 쳐서 치명상을 입혔다.

시기:	백악기
화석이 발견된 장소:	캐나다
먹이:	낮게 깔린 식물
발음:	에우오플로케팔루스(Euoplocephalus)
길이:	6m
키:	2m
무게:	1.8~3톤
이름의 의미:	'멋진 갑옷을 두른 머리'라는 뜻. 머리뼈에 갑옷 같은 판을 둘렀기 때문.

알베르토사우루스(Albertosaurus)

알베르토사우루스는 톱날 같은 구부러진 이빨, 두 개의 손가락, 강한 뒷다리를 가진 티라노사우르스다.

알베르토사우루스는 톱날 같은 구부러진 이빨을 가진 흉포한 티라노사우르스다. 그런 이빨은 먹잇감의 살덩어리를 떼어내는 데 이상적이었다. 짧은 팔에 있는 손은 두 개의 손가락을 가졌고 입까지 뻗을 수 없었다. 알베르토사우루스는 무리를 지어 살면서 에드몬토사우루스, 코리토사우루스, 센트로사우루스를 사냥했다. 매복했다가 풀을 뜯어먹고 있는 동물들에게 달려들었는데, 아주 강한 뒷다리로 돌진하면서 머리를 앞으로 들이박고 입을 쫙 벌렸다. 무서운 이빨로 희생물의 피부를 뚫어 찢어 고깃덩이를 통째로 한 입에 삼켰다. 알베르토사우루스는 또한 예리한 후각으로 죽은 공룡을 찾아 먹었다. 가끔은 같은 시대에 살았던 더 큰 티라노사우르스 렉스에게 죽임을 당하지 않도록 달아났을 것이다.

시기:	백악기
화석이 발견된 장소:	캐나다, 미국 서부
식습관:	공격적인 육식동물(초식 공룡을 먹음)
발음:	알베르토사우루스(Albertosaurus)
길이:	9m
키:	3.4m(엉덩이에서)
무게:	3톤까지
이름의 의미:	'앨버타 출신의 도마뱀'이라는 뜻. 많은 알베르토사우루스 화석이 발견된 캐나다 앨버타(Alberta) 주의 이름을 따서.

파노플로사우루스(Panoplosaurus)

파노플로사우루스는 안킬로사우르 중 노도사우르과에 속하며 단단한 가죽과 가시, 이빨 없는 부리와 나뭇잎 모양의 어금니를 가진 초식 공룡이다.

파노플로사우루스는 곤봉 모양의 꼬리가 없는 일종의 안킬로사우르인 탱크 같은 노도사우르(단단한 등딱지로 덮여 있고 서양 배 모양의 머리를 지닌 공룡)이다. 머리와 목, 등, 꼬리 등의 피부에 뼈판이 덮여 있었다. 머리는 머리뼈에 융합된 뼈 갑옷으로 보호되었다. 파노플로사우루스는 또한 목과 옆구리, 꼬리, 어깨에 짧은 가시가 있었다. 단단한 가죽과 튀어나와 있는 많은 가시 때문에 대부분의 포식자에게 날카로운 먹잇감이 되었다. 파노플로사우루스는 초식 공룡의 이빨 없는 부리와 작은 나뭇잎 모양의 어금니를 가졌다. 그 무게 때문에 네 다리로 걸어 다니면서 낮게 깔린 식물만을 뜯어먹었다. 싸울 태세를 갖추지 못해서 도망치는 것이 최고의 방어 수단이었다.

시기:	백악기
화석이 발견된 장소:	캐나다, 미국 서부
식습관:	초식동물
발음:	파노플로사우루스(Panoplosaurus)
길이:	5.5~7m
키:	1.2m
무게:	3.5톤
이름의 의미:	'완전하게 갑옷으로 무장한 도마뱀'이라는 뜻. 뾰족뾰족한 갑옷을 참고해서.

다스플레토사우루스(Daspletosaurus)

다스플레토사우루스는 짧은 팔과 두 개의 손가락을 가진 티라노사우르과에 속한 육식 공룡이다.

다스플레토사우루스는 티라노사우르과에 속하며, 육지에 살았던 육식동물 중 가장 크다. 약한 팔에는 작은 두 개의 손가락을 지녔다. 팔이 티라노사우르과 중 가장 길었지만, 그래도 너무 짧아서 입까지 뻗을 수 없었다. 다스플레토사우루스는 알베르토사우루스와 같은 영토에서 유순한 초식 공룡을 찾아 사냥했다. 턱을 벌려 먹잇감에 달려들어 희생자의 살을 커다란 이빨로 쉽게 떼어냈다. 빨리 죽이기 위해 약한 목을 목표로 오리 주둥이를 가진 공룡을 먹었다. 다스플레토사우루스는 또한 희생물이 피 흘려 죽을 때까지 날카로운 이빨과 발톱으로 베고 옆구리를 공격해서 스티라코사우루스(Styracosaurus) 같은 뿔 달린 공룡을 잡아먹었다.

시기:	백악기
화석이 발견된 장소:	캐나다, 미국 서부
식습관:	육식동물
발음:	다스플레토사우루스(Daspletosaurus)
길이:	8~10m
키:	2.7m
무게:	2~3.5톤
이름의 의미:	'무서운 도마뱀'이라는 뜻.

카스모사우루스(Chasmosaurus)

카스모사우루스는 커다란 주름장식, 코뿔과 이마뿔, 여러 줄의 커다란 비늘을 가진 초식 공룡이다.

카스모사우루스는 커다란 주름장식을 지닌 뿔 달린 공룡이다. 뼈 등딱지가 목과 어깨를 보호하고 있던 주름장식을 받쳐주는 발판 역할을 했다. 주름장식에 커다란 구멍이 여러 개 나 있어서 그 무게가 줄어들었다. 주름장식은 방어하기에는 너무 약했지만, 포식자들에게 카스모사우루스를 더 크고 더 위협적으로 보이게 했다. 카스모사우루스는 이 주름장식으로 암컷을 유혹했을 것이다. 작은 코뿔과 두 개의 기다란 이마뿔을 지녔다. 화석이 된 피부 흔적에서 등에 지름이 5cm 되는 단추 같은 비늘이 여러 줄 발견되었다. 카스모사우루스는 이빨 없는 뿔 달린 부리로 양치식물과 소나무, 다른 식물을 깎아냈다. 뼈층에서 여러 개의 카스모사우루스 표본이 함께 발견되었는데, 이 공룡이 무리 생활을 했다는 증거이다.

시기:	백악기
화석이 발견된 장소:	캐나다, 미국
식습관:	초식동물
발음:	카스모사우루스(Chasmosaurus)
길이:	5~8m
키:	3~4m
무게:	3톤
이름의 의미:	'깊은 구멍 도마뱀'이라는 뜻. 주름장식에 있는 구멍을 참고해서.

트로오돈(Troodon)

트로오돈은 민첩하고 영리한 코엘루로사우루스이며, 커다란 눈이 앞쪽을 향해 있어 시력이 좋고 초점 거리를 잘 맞추었던 육식 공룡이다.

트로오돈은 민첩하고 영리한 코엘루로사우루스(작고 가느다란 뒷다리로 걷고 보통의 수각류에 비해 앞다리가 긴 편인 육식 공룡)이다. 유골 조각은 거의 완전한 표본이 발견되었을 때까지 다른 공룡들의 것이라고 여겨졌었다. 앞쪽을 향한 커다란 눈은 머리 양옆에 눈이 있는 공룡보다 더 시력이 더 좋았고 초점 거리를 더 잘 맞추었다는 것을 의미한다. 트로오돈은 두 다리로 서서 걸었고 달리는 동안에는 꼬리를 뒤로 뻣뻣하게 내밀어 균형을 잡았다. 전속력으로 달리면서 길고 가느다란 턱을 쫙 벌리고 베어 물 준비를 했다. 길고 날카로운 손톱으로 희생물의 피부와 근육을 그었다. 화석 둥지와 트로오돈 배아가 들어 있는 알은 이 코엘루로사우루스가 열려 있는 흙 둥지에 자기 몸으로 알을 따뜻하게 했다는 것을 의미한다.

시기:	백악기
화석이 발견된 장소:	미국 서부, 캐나다, 멕시코
식습관:	육식동물
발음:	트로오돈(Troodon)
길이:	2~3.5m
키:	1m
무게:	50kg
이름의 의미:	'상처를 입히는 이빨'이라는 뜻. 톱니 모양의 무서운 이빨 때문.

에드몬토니아(Edmontonia)

에드몬토니아는 여러 개의 가시, 뼈판으로 되어 있는 몇 줄의 납작한 깃, 뿔 같은 등딱지가 배열된 안킬로사우르 초식 공룡이다.

에드몬토니아는 곤봉 모양의 꼬리가 없는 일종의 안킬로사우르인 노도사우르이다. 양 어깨에 두 개의 가시 돋아나 있었다. 한쪽 가시는 옆구리 쪽에서 옆쪽으로 뾰족해 있고 다른 가시는 어깨에서 앞쪽으로 뾰족하게 있어 어깨를 보호했다. 납작한 뼈판으로 되어 있는 두 개의 목걸이 같은 깃이 목을 보호했고 세 번째 깃이 양 어깨 사이에 이어져 있었다. 에드몬토니아의 몸통 갑옷은 여러 줄의 뿔 같은 등딱지로 이루어져 있었다. 어깨에 난 가시는 수각류의 무릎 높이에 있었다. 에드몬토니아의 가시로 다리를 찌르면 가장 강하고 다부진 공격자라도 다칠 수 있을 정도로 충격이 컸다. 에드몬토니아는 살집이 늘어나는 볼을 가지고 있어 부리로 잘라냈던 양치식물과 소철, 침엽수를 먹은 입에서 떨어지지 않도록 보존할 수 있었다.

시기:	백악기
화석이 발견된 장소:	캐나다, 미국
식습관:	초식동물
발음:	에드몬토니아(Edmontonia)
길이:	6~7m
키:	1.6m
무게:	3.5톤
이름의 의미:	'에드몬톤에서 나온'이라는 뜻. 이 공룡이 발견된 캐나다 앨버타 주에 있는 에드몬톤층(Edmonton Formation)을 기념하기 위해.

파라사우롤로푸스(Parasaurolophus)

파라사우롤로푸스는 날카로운 발톱이나 갑옷이 없으며, 속이 빈 큰 볏으로 나팔 소리를 내며 무리 생활을 했던 초식 공룡이다.

파라사우롤로푸스는 오리 주둥이를 닮은 공룡 중 가장 큰 볏을 가졌다. 머리뼈 뒤에서부터 늘어져 있는 속이 빈 볏은 1.8m 길이로 자랐고 그 안에서 코 경로들이 얽혀 있었다. 과학자들은 3D 컴퓨터로 파라사우롤로푸스 머리뼈를 재구성해서 볏 안의 공기 경로를 살펴봤을 때 약 7500만 년 전에 들렸던 마지막 저음의 나팔 소리를 재현했다. 파라사우롤로푸스는 이 소리로 먼 거리에 있는 다른 무리와 통신했다. 네발로 서서 솔잎과 나뭇가지를 뜯어먹었다. 또한 뒷다리로 서서 머리 위에 있는 나뭇잎들을 먹거나 위험을 피해 도망갔다. 파라사우롤로푸스는 날카로운 발톱이나 갑옷이 없기 때문에 최고의 방어 수단은 도망치는 것이었다.

시기:	백악기
화석이 발견된 장소:	캐나다, 미국
먹이:	솔잎, 나뭇잎, 나뭇가지
발음:	파라사우롤로푸스(Parasaurolophus)
길이:	10m
키:	5m
무게:	3톤
이름의 의미:	'사우롤로푸스와 비슷한'이라는 뜻. 이 공룡이 볏을 가진 다른 공룡 사우롤로푸스와 닮았기 때문.

스테고케라스(Stegoceras)

스테고케라스는 두꺼운 반구형의 머리뼈와 머리뼈 뒤쪽으로 띠 모양의 뼈 융기를 가졌으며, 무리 생활을 했던 초식 공룡이다.

스테고케라스는 두께가 7.6cm 정도 되는 두꺼운 반구형 머리뼈를 지닌 공룡이다. 수컷의 두께는 암컷보다 더 두껍고, 수컷과 암컷 둘 다 나이가 들면서 머리뼈가 계속 두껍게 자라났다. 수컷은 다른 수컷과 식량이나 짝을 차지하는 권리를 놓고 경쟁할 때 머리로 상대 수컷의 몸통을 들이받았을 것이다. 그러나 머리끼리 박치기했을 가능성은 없다. 스테고케라스의 두꺼운 머리뼈는 구멍이 너무 많아서 강한 충격을 견뎌낼 수 없었기 때문이다. 머리뼈 뒤쪽은 띠 모양의 뼈 융기로 둘러져 있었다. 스테고케라스는 작은 무리를 지으며 낮게 깔린 식물을 무리별로 뜯어먹었을 것이다. 포식자가 접근하면 뿔뿔이 흩어져서 도망칠 수 있었다. 톱니 모양의 구부러진 이빨은 나뭇잎과 열매를 따 먹는 데 적합했다.

시기:	백악기
화석이 발견된 장소:	캐나다, 미국 서부
식습관:	초식동물
발음:	스테고케라스(Stegoceras)
길이:	2m
키:	1.2m
무게:	78kg
이름의 의미:	'지붕이 있는 뿔'이라는 뜻. 이 이름을 붙일 때 뿔 달린 공룡으로 잘못 생각했기 때문.

오르니토미무스(Ornithomimus)

오르니토미무스는 아주 긴 꼬리를 가진 민첩하고 영리한 코엘루로사우루스이며, 새를 많이 닮은 잡식 공룡이다.

오르니토미무스는 민첩하고 영리한 코엘루로사우루스이다. 눈에 띌 정도로 새와 많이 닮아서 새가 공룡의 후손이었는지에 대해 처음으로 논쟁을 불러일으켰던 장본인이다. 속이 빈 뼈 때문에 몸이 가벼웠고 긴 다리로 아주 빨리 달렸던 공룡 중 하나이다. 달릴 때 꼬리가 균형을 잡아주었는데, 전체 길이 중 절반을 넘게 차지했다. 오르니토미무스는 식물을 분해할 만한 가는 이빨이나 위석은 없었다. 움켜쥘 수 있는 튼튼한 손으로 먹잇감을 잡거나, 알을 낚아채거나, 떨어진 과일을 모아둔 다음, 이빨 없는 부리로 잘게 잘라 그 조각들을 삼켰다.

시기:	백악기
화석이 발견된 장소:	미국 서부, 몽골
식습관:	잡식동물
발음:	오르니토미무스(Ornithomimus)
길이:	3m
키:	2m
무게:	170kg
이름의 의미:	'새 모방자'라는 뜻. 오늘날의 타조와 닮았기 때문.

파키케팔로사우루스(Pachycephalosaurus)

파키케팔로사우루스는 코와 머리에 뼈 융기와 가시들이 돋아났으며, 날카로운 이빨과 가장 두꺼운 머리뼈를 가진 초식 공룡이다.

파키케팔로사우루스는 25cm 두께에 이르는 가장 두꺼운 반구형의 머리뼈를 지닌 공룡이다. 뼈 융기와 13cm에 달하는 가시들이 코 표면과 머리 뒤쪽 둘레에 배열되어 있었다. 반구형의 머리는 박치기 싸움에 사용하지 않았다. 왜냐하면 머리뼈가 충격을 견디지 못했다고 밝혀낸 연구도 있고, 파키케팔로사우루스 머리뼈에 박치기를 했다는 어떤 흉터의 증거도 발견되지 않았기 때문이다. 아마도 사회적 지배권을 얻기 위해 경쟁자의 몸통을 들이받았을 것이다. 파키케팔로사우루스는 작고 날카로운 이빨로 연한 식물과 씨앗, 열매를 먹었을 것이다. 새롭게 발견된 화석에는 고기를 먹는 데 사용했을 것 같은 앞니가 있었다.

시기:	백악기
화석이 발견된 장소:	미국 서부, 캐나다
식습관:	초식동물
발음:	파키케팔로사우루스(Pachycephalosaurus)
길이:	4.6~8m
키:	2~3.5m
무게:	430~900kg
이름의 의미:	'두꺼운 머리 도마뱀'이라는 뜻. 25cm 두께나 되는 머리뼈 때문.

아벨리사우루스(Abelisaurus)

아벨리사우루스는 커다란 머리뼈와 혹 같은 주둥이, 눈 위쪽의 두꺼운 뼈를 지녔으며, 티라노사우루스 렉스만큼 흉포한 육식 공룡이다.

아벨리사우루스는 한결같이 초식 공룡을 먹고 살았던 원시 수각류이다. 남아메리카에서 가장 사나운 포식자 중 하나였는데, 커다란 머리뼈에 혹 같은 주둥이가 있고 눈 위쪽에 두꺼운 뼈가 있었다. 이빨은 티라노사우루스 렉스보다 작았지만 그 정도로 무섭고 날카로웠다. 아벨리사우루스는 매복하기 전에 주의하지 않는 것 같은 사냥감을 따라다녔다. 괜찮은 초식동물이 눈에 들어올 때, 꼬리를 뒤로 뻣뻣하게 내밀어 균형을 잡은 채 튼튼한 뒷다리로 서서 전속력으로 쿵쾅거리며 뛰었다. 입을 쫙 벌려 물 준비를 하고는 이빨을 먹잇감에 박고 강한 목을 홱 움직여서 살덩이를 떼어냈다. 일단 피 흘리는 희생물이 발버둥치는 것을 멈추면, 아벨리사우루스는 여전히 따뜻한 몸을 먹었다.

시기:	백악기
화석이 발견된 장소:	아르헨티나
식습관:	육식동물
발음:	아벨리사우루스(Abelisaurus)
길이:	6.5~7.9m
키:	2m(엉덩이에서)
무게:	1.4톤
이름의 의미:	'아벨의 도마뱀'이라는 뜻. 아르헨티나의 자연 과학 박물관의 책임자인 로베르토 아벨(Roberto Abel)을 기리기 위해.

갈리미무스(Gallimimus)

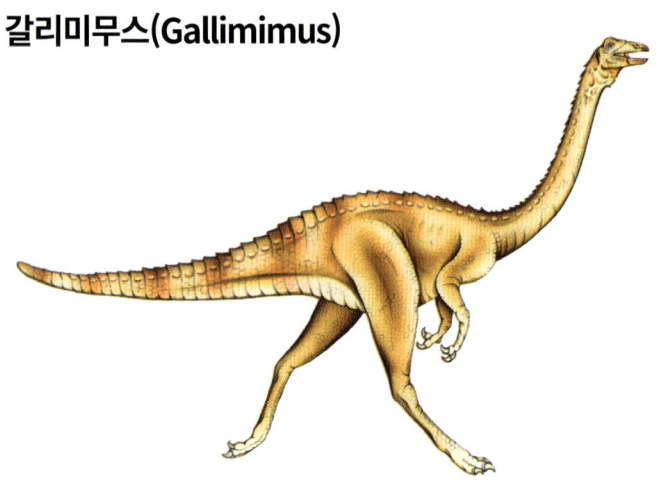

갈리미무스는 이빨 없는 긴 부리를 가졌고, 눈이 양옆에 있는 새를 닮은 잡식 공룡이다.

갈리미무스는 이빨 없는 긴 부리를 가진, 새 같은 공룡이다. 눈이 머리 양옆에 있어서 빠르게 인지하지 못하고 새처럼 앞에 있는 것을 보기 위해 머리를 옆으로 돌려야 했다. 눈이 앞을 향하지 않아서 생긴 이익은 옆으로 길게 퍼진 시야가 좋았다는 것이다. 갈리미무스의 가느다란 다리와 속이 빈 뼈 때문에 몸이 가벼웠고 빨리 달릴 수 있었다. 위험을 피해 도망칠 때 점점 좁아지는 꼬리가 긴 목의 균형을 잡아주었다. 갈리미무스는 알과 식물, 곤충, 도마뱀을 먹었는데 비교적 약한 세 개의 손톱이 달린 손으로 묻혀 있는 알을 파헤쳐 찾고 작은 동물을 잡았다. 부리로 몸이 연한 동물을 베어 물고 조각을 통째로 삼켜 먹었다.

시기:	백악기
화석이 발견된 장소:	몽골
식습관:	잡식동물
발음:	갈리미무스(Gallimimus)
길이:	4~6m
키:	1.9m(엉덩이에서)
무게:	440kg
이름의 의미:	'닭 모방자'라는 뜻. 이 공룡의 움직임이 오늘날의 수탉과 닮았기 때문.

드립토사우루스(Dryptosaurus)

드립토사우루스는 강한 턱과 짧은 팔, 엄청나게 구부러진 기다란 손톱을 가진 육식 공룡이다.

드립토사우루스는 북아메리카에서 발견된 최초의 육식 공룡이다. 고생물학자들은 이 공룡 화석이 발견되기 전까지는 팔과 다리가 완전하게 보존되어 있는 육식 공룡의 화석을 발견하지 못했었다. 이때까지 흔히들 육식 공룡이 용각류처럼 네 다리로 걸었다고 추정했었다. 드립토사우루스 화석은 수각류의 팔이 얼마나 짧은지 보여주었고, 다른 육식 공룡들이 서서 걸었다는 것을 증명했다. 드립토사우루스는 21cm만큼 기다란 눈에 띄게 구부러진 손톱을 지녔다. 팔은 짧지만 사냥감에게는 엄청난 무기가 되었다. 드립토사우루스는 강한 턱으로 어린 하드로사우루스(Hadrosaurus)의 목을 짓누르고는 손톱으로 몸통을 베었다.

시기:	백악기
화석이 발견된 장소:	미국 동북부
식습관:	육식동물
발음:	드립토사우루스(Dryptosaurus)
길이:	6m
키:	1.8m(엉덩이에서)
무게:	1.2톤
이름의 의미:	'상처를 입히는 도마뱀'이라는 뜻. 21cm 길이의 손톱 때문.

펜타케라톱스(Pentaceratops)

펜타케라톱스는 지구에서 살았던 동물 중 머리가 가장 크며, 크고 긴 주름장식과 여러 종류의 뿔을 지녔던 초식 공룡이다.

펜타케라톱스는 지구에서 살았던 동물 중 가장 큰 머리를 가진 뿔 달린 공룡이다. 펜타케라톱스의 머리뼈에는 주름장식이 있는데 3m 넘도록 길게 자랄 수 있었다. 주름장식은 등 아래 절반을 덮는 커다란 뼈판이었다. 주름장식은 그 둘레에 뼛조각들이 뾰족하게 튀어나와 가장자리를 덧대고 있었다. 주름장식의 뼈에 있는 구멍이 그 무게를 줄였다. 거대한 주름장식이 견고한 뼈로 되어 있다면 펜타케라톱스는 머리를 들지 못했을 것이다. 펜타케라톱스는 주름장식 아래로 두 개의 커다란 이마뿔과 코뿔, 두 개의 뿔 같은 볼뼈를 지녔다. 주름장식을 좌우로 흔들면 뿔 달린 머리가 포식자에게 충분히 겁을 줄 정도로 무서웠다.

시기:	백악기
화석이 발견된 장소:	미국 남서부
식습관:	초식동물
발음:	펜타케라톱스(Pentaceratops)
길이:	7.5m
키:	3.4m
무게:	6톤
이름의 의미:	'다섯 개의 뿔 달린 얼굴'이라는 뜻. 다섯 개의 뿔을 가졌기 때문.

아에올로사우루스(Aeolosaurus)

아에올로사우루스는 무거운 몸통과 기둥 같은 다리, 뼈판으로 덮인 등, 긴 목과 꼬리, 다섯 개의 손발가락을 가진 용각류이다.

아에올로사우루스는 등 피부에 뼈판이 덮여 있어 큰 육식 동물에게 위쪽이 물리지 않도록 보호했던 남아메리카의 용각류이다. 튼튼한 기둥 같은 네 다리로 크고 무거운 몸통을 받치고 있었다. 손과 발에는 각각 다섯 개의 손발가락이 있었다. 나무 꼭대기 근처에 있는 나뭇잎에 도달할 때는 뒷다리로 서서 긴 꼬리를 땅에 받치고 긴 목을 길게 뺐다. 아에올로사우루스는 작은 이빨로 나뭇잎과 다른 식물을 깎아내 통째로 삼켰다. 위 안에 있는 위산과 세균, 위석이 음식물을 분해했다. 커다란 어른 아에올로사우루스는 매일 엄청난 양의 식물을 먹어야 했다. 또 새로운 식량 공급원을 찾아 계절별로 이동하면서 소규모로 무리 지어 생활했다.

시기:	백악기
화석이 발견된 장소:	아르헨티나
식습관:	초식동물
발음:	아에올로사우루스(Aeolosaurus)
길이:	15m
키:	알 수 없음
무게:	10톤
이름의 의미:	'아이올로소 도마뱀'이라는 뜻. 화석이 발견된 지역이 바람이 아주 많이 부는 곳이기 때문에 그리스 로마 신화에 나오는 바람의 신 아이올로소(Aeolus)의 이름을 따고 이 신을 기리기 위해.

센트로사우루스(Centrosaurus)

센트로사우루스는 주름장식과 기다란 뿔을 가졌고, 무리 생활을 했던 초식 공룡이다.

센트로사우루스는 길이 1m가 넘는 머리뼈에 뿔이 달린 공룡이다. 뿔은 46cm 길이로 자랐다. 주름장식은 단단하지는 않았지만 표면에 두 개의 구멍이 나 있어 그 무게가 감소했고 강한 턱 근육이 붙어 있었다. 뼈층에서 200개가 넘는 센트로사우루스 화석 표본이 발견되었는데, 이는 이 공룡이 큰 무리를 지어 다녔다는 것을 의미한다. 아주 위협적으로 보이는 공룡들이 무리지어 있으면 수적으로 안전했는데, 포식자가 그 모습의 무리를 보고 단념했기 때문이다. 그 모습에도 불구하고, 센트로사우루스는 풀 뜯어먹는 초식자이지 싸움꾼은 아니었다. 이빨 없는 부리로 낮게 깔린 식물을 뜯고 어금니로 갈아먹었다. 위협을 받으면 머리를 숙여 주름장식을 휘둘렀다.

시기:	백악기
화석이 발견된 장소:	캐나다, 미국 서부
먹이:	낮게 깔린 식물
발음:	센트로사우루스(Centrosaurus)
길이:	6m
키:	3.5m
무게:	13톤
이름의 의미:	'뾰족한 도마뱀'이라는 뜻. 앞으로 뾰족한 기다란 주둥이의 뿔을 참고해서.

브라키케라톱스(Brachyceratops)

브라키케라톱스는 짧은 주름장식과 작은 뿔들이 달렸고, 큰 덩치와 짧은 꼬리를 가진 초식 공룡이다.

브라키케라톱스는 작은 뿔이 달린 공룡이다. 지금까지 발견된 유일한 화석은 어린 공룡이었다. 머리 뒤에 비교적 짧은 주름장식을 지녀 암컷을 유혹하고 공격자로부터 자기 목을 보호했다. 짧은 얼굴에 약간 구부러진 코뿔과 두 개의 더 작은 뿔이 도출되어 있었다. 브라키케라톱스는 다섯 개의 발가락을 지닌 발과 튼튼한 다리로 큰 덩치와 짧은 꼬리를 받치면서 네 다리로 걸어 다녔다. 이빨 없는 부리로 낮게 깔린 식물을 뜯어 작고 날카로운 어금니로 씹어 먹었다. 아직까지 어떤 어른 브라키케라톱스 화석도 발견되지 않았기 때문에, 일부 전문가들은 그 화석이 또 다른 형태의 뿔 달린 어린 공룡일 수도 있다고 추측하기도 한다.

시기:	백악기
화석이 발견된 장소:	미국, 캐나다
식습관:	초식동물
발음:	브라키케라톱스(Brachyceratops)
길이:	4m까지
키:	알 수 없음
무게:	알 수 없음
이름의 의미:	'짧은 뿔 달린 얼굴'이라는 뜻. 짧은 얼굴을 묘사해서.

안타르크토사우루스(Antarctosaurus)

안타르크토사우루스는 짧은 얼굴에 큰 눈과 넓은 코를 가졌으며, 이빨은 앞니만 있어서 식물을 씹지 못하고 삼켰던 용각류이다.

안타르크토사우루스는 남아메리카에서 가장 큰 용각류 중 하나이다. 넓적다리뼈는 2.3m 길이나 되었다. 짧고 경사진 얼굴에 커다란 눈과 넓은 코를 가졌다. 이빨은 입 앞에만 있었고 식물을 따는 데 적합하게 배열되어 있었지만 씹기에는 적합하지 않았다. 안타르크토사우루스는 이빨로 씹어 으깨는 일 없이 음식을 통째로 삼켰다. 음식물이 위 속으로 들어가면 세균과 위산, 위석이 섬유질의 녹색 나뭇잎을 발효시키고 분쇄했다. 많은 용각류가 물속에 잠기는 것처럼 묘사되고 있지만, 안타르크토사우루스와 다른 용각류는 수영하는 데 적합한 신체 구조가 아니었다. 기둥 같은 튼튼한 다리는 물속이 아니라 마른 땅에서 몸통을 받치고 있는 데 알맞았다.

시기:	백악기
화석이 발견된 장소:	아르헨티나, 우루과이, 칠레, 인도
식습관:	초식동물
발음:	안타르크토사우루스(Antarctosaurus)
길이:	18~30m까지
키:	최소한 6m
무게:	57톤
이름의 의미:	'북쪽 도마뱀의 반대'라는 뜻. 남아메리카에서 발견되었기 때문.

난쉬웅고사우루스(Nanshiungosaurus)

난쉬웅고사우루스는 테리지노사우루스의 특징처럼 날카로운 큰 손톱과 잎 모양의 이빨을 가졌고, 용각류의 특징처럼 긴 목과 네 개의 발가락과 작은 머리를 가진 공룡이다.

난쉬웅고사우루스는 혼란스러운 해부 구조와 함께 날카로운 커다란 손톱을 가진 아시아 공룡이자 테리지노사우루스(therizinosour, 칼날 같은 거대한 손톱과 잎 모양의 이빨, 커다란 소화기관을 가진 초식 공룡)이다. 작은 잎 모양의 어금니와 함께 이빨 없는 가느다란 부리는 초식 공룡의 특성이다. 그 밖에도 네 개의 발가락과 작은 머리는 초식 용각류의 특성이다. 난쉬웅고사우루스는 또한 사냥감을 죽일 정도의 날카로운 손톱이 달린 강한 팔과 손을 가졌다. 이 손톱으로 도마뱀과 작은 포유동물을 잡거나 오늘날의 나무늘보처럼 튀어나와 있는 나뭇가지를 더 가깝게 잡아 당겼을 것이다. 일부 고생물학자들은 난쉬웅고사우루스가 먹을 때 볼에 잠깐 식물을 저장했을 것이라고 믿는 반면, 다른 고생물학자들은 물고기를 잡았을 것이라고 추측한다. 난쉬웅고사우루스의 정확한 식습관은 수수께끼로 남아 있다.

시기:	백악기
화석이 발견된 장소:	중국
식습관:	잡식동물일 가능성이 있음
발음:	난쉬웅고사우루스(Nanshiungosaurus)
길이:	4m
키:	알 수 없음
무게:	600kg
이름의 의미:	'난쉬웅 도마뱀'이라는 뜻. 이 화석이 발견된 중국의 난샹(Nanshiung)을 기념하기 위해.

아다사우루스(Adasaurus)

아다사우루스는 수각류와 용반류의 특징이 있으며, 무서운 낫 모양의 발톱을 가진 영리하고 민첩한 육식 공룡이다.

아다사우루스는 새와 아주 가까운 수각류 일종인 코엘루로사우루스(보통의 수각류에 비해 앞다리가 긴 편인 육식 공룡)이다. 수각류와 관계된 조반류(새의 골반 모양을 한 공룡)의 볼기뼈가 아니라 용반류(도마뱀의 골반 모양을 한 공룡)의 볼기뼈를 가졌다. 아다사우루스는 예리한 감각으로 더 작은 동물을 사냥하는 영리하고 민첩한 포식자였다. 각 발에는 오므릴 수 있는 낫 모양의 발톱이 달렸으며, 벨로키랍토르(Velociraptor)만큼은 크지 않지만 위험했다. 빠르게 몸을 돌릴 때 균형을 잡아주는 긴 꼬리의 도움으로 빨리 다녔다. 아다사우루스는 걷거나 사냥감을 쫓아가는 동안에는 자기 발톱 때문에 다치지 않도록 발톱을 땅에서 떨어지도록 유지했다. 그러나 도마뱀이나 작은 포유동물을 잡을 때는 광분하면서 발톱을 확확 날려 희생물의 살에 깊은 상처를 냈다.

시기:	백악기
화석이 발견된 장소:	몽골
식습관:	육식동물
발음:	아다사우루스(Adasaurus)
길이:	2m
키:	70cm
무게:	15kg
이름의 의미:	'아다 도마뱀'이라는 뜻. 몽골의 신화에 나오는 악마 아다(Ada)의 이름을 따서.

안세리미무스(Anserimimus)

안세리미무스는 다리가 긴 타조와 닮았으며, 이빨이 거의 없고 기다란 꼬리와 짧은 팔을 가진 육식 공룡이다.

안세리미무스는 타조공룡 또는 새를 닮은 공룡이다. 체구는 긴 다리를 가진 날지 못하는 타조와 비슷하다. 목의 균형을 잡아줄 길고 뻣뻣한 꼬리를 가졌다. 아주 기다란 정강이와 발 때문에 빨리 달릴 수 있었다. 안세리미무스의 손은 손가락들이 아주 가깝게 있고 조금은 발굽 같은 손톱 때문에 이상해 보였다. 안세리미무스는 튼튼하고 짧은 팔로 곤충이나 공룡 알을 찾아 파헤쳤다. 이빨이 거의 없어 부리로 알을 깨거나 작은 동물을 먹을 수 있는 크기로 물어뜯었다. 커다란 눈으로 위험을 감지했고, 싸울 능력을 갖추지 못해서 공격을 받으면 도망쳤다.

시기:	백악기
화석이 발견된 장소:	몽골
식습관:	육식동물
발음:	안세리미무스(Anserimimus)
길이:	1m
키:	알 수 없음
무게:	62kg
이름의 의미:	'거위 모방자'라는 뜻. 새와 닮은 모습 때문.

알리오라무스(Alioramus)

알리오라무스는 다른 티라노사우르스처럼 긴 주둥이에 혹 같은 뼈 융기가 있었으며, 크기는 절반 정도이고 덜 날카롭지만 더 많은 이빨을 가진 육식 공룡이다.

알리오라무스는 티라노사우루스 렉스 크기의 반 정도 되는 원시 티라노사우르스이다. 다른 티라노사우르스처럼 기다란 주둥이에 혹 같은 뼈 돌기들이 돋아 있었다. 돌기는 한눈에 봐도 수컷과 암컷을 구별할 수 있는 특성을 보여주었을 것이다. 알리오라무스는 턱 모양이 다른데, 다른 티라노사우르스보다 조금 더 약하게 물었다. 그래도 여전히 사나운 사냥꾼이었다. 다른 티라노사우르스보다 이빨은 더 많았지만 그만큼 날카롭지는 않았다. 가벼운 체구의 티라노사우르스이기 때문에 먹잇감을 뒤쫓아 발톱으로 지친 희생물을 잡고 반복적으로 물어뜯었다. 알리오라무스가 살을 깊이 베고 찢어서 희생물은 출혈로 죽었다.

시기:	백악기
화석이 발견된 장소:	몽골
식습관:	육식동물
발음:	알리오라무스(Alioramus)
길이:	5~6m
키:	2m
무게:	1800kg
이름의 의미:	'다른 가지'라는 뜻. 티라노사우르과에 속한 다른 공룡보다 더 원시에 있는 특징이 남아 있었기 때문.

노아사우루스(Noasaurus)

노아사우루스는 오므릴 수 있는 발톱과 함께 날카로운 손톱과 이빨을 가졌으며, 긴 다리로 빨리 달려 사냥을 했던 육식 공룡이다.

노아사우루스는 각 발의 두 번째 발가락에 오므릴 수 있는 발톱을 가졌던 남아메리카의 수각류이다. 드로마에오사우루스(Dromaeosaurus)와는 다르게 힘줄을 조정할 수 있기 때문에 더 넓은 범위로 움직일 수 있었다. 북아메리카의 맹금류와 비슷했지만 그 중 두 가지는 그런 맹금류와는 밀접하게 관계되지 않았다. 노아사우루스는 두 개의 무시무시한 발톱이 땅에 닿지 않게 유지한 채 긴 다리로 쉽게 빠르게 달렸다. 사냥감에게 놀랄 만한 공격을 퍼부었는데, 떼를 지어 어린 용각류를 공격하며 사냥했다. 사냥감이 도망가더라도, 노아사우루스는 빠르게 뒤쫓아 발톱을 늘려 치명적인 타격을 입혔다. 발톱뿐 아니라 날카로운 손톱과 이빨로 손상을 입혔다.

시기:	백악기
화석이 발견된 장소:	아르헨티나
식습관:	육식동물
발음:	노아사우루스(Noasaurus)
길이:	1.8~2.4m
키:	9m
무게:	15kg
이름의 의미:	'서북부 아르헨티나의 도마뱀'이라는 뜻. 이 화석이 발견된 곳을 기념하기 위해. 노아(NOA)는 스페인어 '서북부 아르헨티나'(noroeste Argentina)의 머리글자이다.

에드몬토사우루스(Edmontosaurus)

에드몬토사우루스는 볏이 없는 오리 주둥이와 뿔 같은 부리, 많은 이빨을 가졌으며, 볼의 피부 덮개를 부풀려 우렁찬 소리를 냈던 초식 공룡이다.

에드몬토사우루스는 볏이 없는 오리 주둥이를 가진 공룡이다. 골격과 함께 화석이 된 피부 흔적을 보면, 그 피부가 비늘들이 겹쳐 있지 않고 '결절'로 불리는 작은 혹으로 덮여 있었다는 것을 알 수 있다. 화석이 된 위 내용물에는 섭취한 솔잎, 나무껍질, 솔방울이 있었다. 화석이 된 피부 흔적에는 얼굴에 느슨한 피부 덮개가 있었는데, 아마도 에드몬토사우루스는 이 덮개를 풍선처럼 부풀려 우렁찬 소리를 낼 수 있었을 것이다. 두 다리로 걸어 다녔고 네 다리로 있을 때는 풀을 뜯어먹었다. 뿔 같은 이빨 없는 부리와 60열로 배열된 어금니를 가졌는데, 이빨은 다 합치면 1000개 정도 되었다. 에드몬토사우루스에게 가장 큰 위협은 티라노사우루스 렉스였다.

시기:	백악기
화석이 발견된 장소:	캐나다, 미국 서부와 동북부
먹이:	침엽수, 씨앗, 나뭇가지, 그 밖의 식물
발음:	에드몬토사우루스(Edmontosaurus)
길이:	13m
키:	5m
무게:	3.5톤
이름의 의미:	'에드먼턴 도마뱀'이라는 뜻. 이 화석이 발견된 캐나다의 에드먼턴(Edmonton) 암석층을 기념하기 위해.

세케르노사우루스(Secernosaurus)

세케르노사우루스는 오리 주둥이, 이빨 없는 부리, 날카로운 이빨을 가진 작은 크기의 초식 공룡이다.

세케르노사우루스는 남아메리카에서 발견된 오리 주둥이를 가진 최초의 공룡이다. 이 화석은 1932년에 처음 수집되었지만 1979년이 되어서야 누군가가 이것을 연구하고 중요한 발견물로 인식했다. 고생물학자들은 그 유골이 파편 조각이었기 때문에 세케르노사우루스가 볏을 가졌는지, 갖지 않았는지는 확신하지 않았다. 골반의 크기를 봐서 세케르노사우루스는 작은 공룡이다. 다른 오리 주둥이를 닮은 공룡과는 달리 서서 걸었지만 식물을 뜯어먹을 때는 네 다리로 있었다. 이빨 없는 부리와 몇 줄로 배열된 이빨들은 식물을 씹어 먹을 때 서로 맞물리면서 갈려져 날카롭게 되었다. 세케르노사우루스는 무리 지어 생활하면서 자신을 보호했고 양치식물과 침엽수, 꽃피우는 식물을 찾아다녔다.

시기:	백악기
화석이 발견된 장소:	아르헨티나
식습관:	초식동물
발음:	세케르노사우루스(Secernosaurus)
길이:	3m
키:	1.5m
무게:	알 수 없음
이름의 의미:	'별도의 도마뱀'이라는 뜻. 이 공룡이 북아메리카에서 발견된 다른 오리 주둥이를 닮은 공룡들과 비교했을 때 다르기 때문.

힙셀로사우루스(Hypselosaurus)

힙셀로사우루스는 긴 꼬리와 긴 목을 지닌 용각류이며, 분화구처럼 생긴 둥지에서 발견된 거대한 알은 표면이 울퉁불퉁하고 길고 부피가 크다.

힙셀로사우루스는 아주 긴 꼬리와 긴 목을 지닌 용각류 공룡이다. 힙셀로사우루스의 것으로 여겨졌던 알이 처음으로 발견된 공룡 알이다. 이 알들은 작은 분화구처럼 생긴 둥지에 있었다. 알은 표면이 울퉁불퉁하고 2리터 부피에 30cm만큼 길었다. 고생물학자들은 이 알들을 발견했을 때 일렬로 배열되어 있었기 때문에 그렇게 커다란 공룡은 걸으면서 알을 낳았을 것이라는 이론을 제시하고 있다. 힙셀로사우루스가 발이 있는 위치로 알을 밀어내 알을 조심스럽게 배열했을 가능성도 있다. 거대한 알을 낳지 않을 때는 작은 약한 이빨로 엄청난 양의 식물을 뜯어 먹었다.

시기:	백악기
화석이 발견된 장소:	프랑스, 스페인
식습관:	초식동물
발음:	힙셀로사우루스(Hypselosaurus)
길이:	12m
키:	4.3m
무게:	9톤
이름의 의미:	'높은 도마뱀'이라는 뜻. 키가 크고 팔다리가 길기 때문.

인게니아(Ingenia)

인게니아는 몸이 가볍고 긴 다리와 짧은 세 개의 손가락을 지닌 코엘루로사우루스이다.

인게니아는 오비랍토르(Oviraptor)와 비슷한 코엘루로사우루스(작고 가느다란 뒷다리로 걷고 다른 수각류에 비해 앞다리가 긴 편인 육식 공룡)이다. 가벼운 몸집과 길고 튼튼한 다리를 가진 포식자인 인게니아는 민첩하고 빨랐다. 튼튼한 손은 다른 코엘루로사우루스보다 작은 손톱과 더 짧은 손가락을 지녔다. 이빨 없는 강한 부리로 알이나 작은 도마뱀과 포유동물의 뼈를 부셨을 것이다. 일부 전문가들은 인게니아가 나뭇잎을 먹을 때 세 개의 손가락을 가진 손으로 가지를 움켜잡을 것이라는 이론을 세웠다. 불행히도 인게니아의 정확한 식습관은 더 많은 화석이 발견되어 더 많은 정보를 얻을 때까지는 분명하게 알 수 없을 것이다. 인게니아는 한 번에 24개의 알을 낳고 알이 부화될 때까지 부모가 함께 둥지를 보호했다. 별다른 방어 수단이 없어서 위협을 받을 때마다 위험을 피해 달아나는 것이 최고의 전략이었다.

시기:	백악기
화석이 발견된 장소:	몽골
식습관:	잡식성일 가능성이 있음
발음:	인게니아(Ingenia)
길이:	1.5~2m
키:	1m
무게:	40kg
이름의 의미:	이 화석이 발견된 몽골에 있는 지역의 이름을 따서.

히파크로사우루스(Hypacrosaurus)

히파크로사우루스는 오리 주둥이에 울림통 역할을 하는 볏이 있고, 척추에 짧은 지느러미 가시가 돋아나 있던 초식 공룡이다.

히파크로사우루스는 커다란 오리 주둥이에 속이 빈 작은 볏을 가진 공룡이다. 볏은 울려 퍼뜨리는 빈 통의 역할을 해서 나팔 소리를 낼 수 있었다. 척추뼈를 따라 있는 한 줄의 짧은 가시들이 척추에 돋은 작은 지느러미가 되었다. 히파크로사우루스는 빽빽하게 찬 40열의 어금니로 섭취한 섬유 식물을 으깨 먹었다. 네 다리로 걸어 다니면서 솔잎과 열매, 가지, 꽃피우는 식물을 찾아다녔고, 속도가 필요한 위험한 순간에 뒷다리로 서서 도망쳤다. 많은 둥지가 한 곳에서 지켜지도록 둥지 구역을 만들었다. 히파크로사우루스의 것으로 여겨지는 한 둥지가 발견되었는데, 메론만 한 크기의 알 여덟 개의 화석이 여러 줄로 늘어서 있었다.

시기:	백악기
화석이 발견된 장소:	캐나다, 미국 서부
식습관:	초식동물
발음:	히파크로사우루스(Hypacrosaurus)
길이:	9m
키:	4m
무게:	1.3톤
이름의 의미:	'거의 맨 꼭대기에 있는 도마뱀'이라는 뜻. 이 공룡이 거의 티라노사우루스 렉스만큼 컸기 때문.

파키리노사우루스(Pachyrhinosaurus)

파키리노사우루스는 코뿔과 코의 뼈 뭉치, 뿔 달린 주름장식이 있었으며, 무리 생활을 했던 초식 공룡이다.

파키리노사우루스는 코에 커다란 뼈 뭉치가 붙어 있고 짧은 주름장식이 있었던 뿔 달린 공룡이다. 목의 주름장식 가장자리에서 몇 개의 뿔이 자랐고 주름장식의 중간에 작은 가시 하나가 튀어나와 있었다. 일부 고생물학자들은 커다란 뼈 뭉치를 사라진 코뿔의 받침대로 생각했다. 파키리노사우루스는 짧은 부리로 양치식물과 종려나무, 그 밖의 낮게 깔린 식물을 잘랐다. 파키리노사우루스의 뼈층이 발견되었을 때 이 공룡이 무리 생활을 했다는 사실이 밝혀졌다. 7000만 년 전에 파키리노사우루스의 엄청난 무리가 강을 건너가려고 했거나 갑작스런 홍수에 갇혀 함께 익사했던 것이다. 이 무리는 틀림없이 포식자들을 주눅들게 했을 것이다.

시기:	백악기
화석이 발견된 장소:	캐나다
식습관:	초식동물
발음:	파키리노사우루스(Pachyrhinosaurus)
길이:	5.5~7m
키:	2m
무게:	1.8톤
이름의 의미:	'두꺼운 코를 가진 도마뱀'이라는 뜻. 코에 뼈 덩어리가 있어서.

사우롤로푸스(Saurolophus)

사우롤로푸스는 오리 주둥이와 울림통 역할을 하는 볏이 있었던 초식 공룡이다.

사우롤로푸스는 커다란 오리 주둥이와 뒤쪽으로 뾰족한 13cm 길이의 볏을 가진 공룡이다. 화석이 된 피부 흔적은 주둥이 위의 느슨한 피부가 풍선처럼 부풀 수 있다는 것을 보여준다. 사우롤로푸스가 숨을 내쉬어 풍선을 오그라들게 할 때, 공기가 볏으로 들어가고 콧구멍에서 나오면서 무리에게 위험을 경고하거나 짝을 유혹하는 우렁찬 소리를 냈을 것이다. 사우롤로푸스는 주로 두 다리로 서서 걸었지만 풀을 뜯어먹을 때는 앞다리를 내려 네발로 있었다. 턱 앞에는 이빨이 없어서 수백 개의 어금니로 가지와 씨앗, 침엽수 잎을 씹어 걸쭉하게 만들었다.

시기:	백악기
화석이 발견된 장소:	캐나다 남서부, 몽골
먹이:	침엽수 잎, 나뭇잎, 나뭇가지, 씨앗, 열매
발음:	사우롤로푸스(Saurolophus)
길이:	9~12m
키:	3~4m
무게:	2.6톤
이름의 의미:	'볏이 있는 도마뱀'이라는 뜻. 머리 꼭대기에 있는 작은 볏을 참고해서.

몬타노케라톱스(Montanoceratops)

몬타노케라톱스는 주름장식과 코뿔이 있었고 무리 생활을 했던 초식 공룡이다.

몬타노케라톱스는 작은 주름장식과 코뿔을 지닌 중간 크기의 뿔 달린 공룡이다. 이 뿔을 제외하면 프로토케라톱스(Protoceratops)를 닮았다. 수컷은 암컷보다 더 큰 주름장식을 지녔는데, 이는 구애의 용도로 사용했다는 것을 의미한다. 몬타노케라톱스의 주름장식과 뿔은 또한 과시용으로 사용했는데, 이 주름장식으로 같은 종끼리 서로를 인식했다. 몬타노케라톱스는 무리 생활을 하는 동물이었다. 그 증거가 뼈층과 둥지 보금자리에서 발견되었다. 각각의 둥지에는 최소한 12개의 알이 소용돌이 모양으로 조심스럽게 들어 있었다. 몬타노케라톱스는 강한 턱을 가졌고, 앵무새 같은 부리와 날카로운 이빨로 양치식물과 다른 낮게 깔린 식물을 깎아먹었다.

시기:	백악기
화석이 발견된 장소:	미국 서부
식습관:	초식동물
발음:	몬타노케라톱스(Montanoceratops)
길이:	1.8~3m
키:	80cm
무게:	450kg
이름의 의미:	'몬타나의 뿔 달린 얼굴'이라는 뜻. 이 화석이 발견된 미국의 몬태나(Montana) 주를 기념하기 위해.

트리케라톱스(Triceratops)

트리케라톱스는 주름장식과 세 개의 뿔이 달린 초식 공룡이며, 가장 늦게 멸종했다.

트리케라톱스는 단단한 뼈로 된 짧은 주름장식과 함께 세 개의 뿔이 달린 공룡이다. 북아메리카에서 가장 크고, 가장 무거우며, 뿔 달린 가장 흔한 공룡이다. 3m만큼 길게 자란 머리에 짧은 코뿔이 달려 있었다. 트리케라톱스의 코뿔은 이 종마다 달랐고 다른 두 개의 뿔도 모양이 달랐다. 눈 위에 있는 긴 뿔은 90cm 길이 정도로 자랐다. 거대한 머리 안에는 인간의 주먹만 한 크기의 뇌가 있었다. 트리케라톱스는 두꺼운 다리로 천천히 이동하면서 부리로 낮게 깔린 식물을 뜯어먹었다. 뿔로 방어를 했는데, 이 공룡의 화석 중 많은 부분에서 경쟁자나 포식자와 싸워 다친 흔적이 보였다. 트리케라톱스는 가장 최후로 멸종한 공룡 중 하나이다.

시기:	백악기
화석이 발견된 장소:	미국 서부, 캐나다 남서부
먹이:	소철과 다른 낮게 깔린 식물
발음:	트리케라톱스(Triceratops)
길이:	9m
키:	3m
무게:	7톤
이름의 의미:	이 공룡의 라틴어 전체 이름 트리케라톱스 호리두스(Triceratops horridus)는 '세 개의 무서운 뿔이 달린 얼굴'이라는 뜻.

네우쿠엔사우루스(Neuquensaurus)

네우쿠엔사우루스는 거대한 몸통과 튼튼한 다리, 작은 머리를 지녔으며 뼈 등딱지로 덮여 있던 용각류이다.

네우쿠엔사우루스는 등에 타원형의 뼈 등딱지로 덮여 있던 남아메리카의 용각류이다. 갑옷은 커다란 육식동물로부터 네우쿠엔사우루스를 보호했다. 모든 용각류처럼 네우쿠엔사우루스는 작은 머리와 작은 앞니를 가졌다. 기둥 같은 튼튼한 네 다리로 섰다. 거대한 몸통에는 통 같은 소화기관이 있는데, 이 안에서 섭취한 모든 식물이 발효되고 위산과 세균, 위석이 갈아 으깼다. 네우쿠엔사우루스는 적은 무리로 살면서 매일 필요한 영양을 충족시키기 위해 상당한 시간을 들여 숲의 이파리를 먹어버렸다. 무리는 식량 공급원이 변할 때마다 계절별로 이동했다. 네우쿠엔사우루스의 완전한 크기와 딱지로 덮인 가죽은 포식자를 단념시켰다.

시기:	백악기
화석이 발견된 장소:	아르헨티나
식습관:	초식동물
발음:	네우쿠엔사우루스(Neuquensaurus)
길이:	10~15m
키:	알 수 없음
무게:	알 수 없음
이름의 의미:	'네우쿠엔 도마뱀'이라는 뜻. 이 화석이 발견된 아르헨티나의 네우켄(Neuquen) 주를 기념하기 위해.

크리토사우루스(Kritosaurus)

크리토사우루스는 오리 주둥이와 작은 혹이 있었으며, 납작한 머리뼈와 눈 아래의 뼈 융기, 튼튼한 다리, 뻣뻣한 꼬리를 가졌던 용각류이다.

크리토사우루스는 볏 없는 오리 주둥이를 가진 공룡이다. 머리뼈가 납작하고, 주둥이에 작은 혹이 있으며, 양쪽의 눈 아래에 뼈 융기가 있었다. 턱에는 질긴 식물을 갈아 씹는 데 적합한 수백 개의 작은 이빨들이 줄 지어 배열되어 있었다. 크리토사우루스는 보통 때에 네 다리로 걸었지만 처음 위험을 알아차리면 강하고 튼튼한 뒷다리로 서서 도망쳤다. 뻣뻣하고 좁은 꼬리는 힘줄이 받치고 있었고 달릴 때 균형을 잡아주었다. 무리 지어 다녔고 갓 부화한 새끼를 보호하기 위해 공동의 둥지 구역을 지었다. 크리토사우루스는 열매와 나뭇잎을 가져와 둥지에 있는 부화한 새끼들에게 먹이면서 살금살금 돌아다니는 수각류를 경계했다.

시기:	백악기
화석이 발견된 장소:	캐나다, 멕시코, 미국 남서부, 아르헨티나
식습관:	초식동물
발음:	크리토사우루스(Kritosaurus)
길이:	9m
키:	7m
무게:	2.7톤
이름의 의미:	'분리된 도마뱀'이라는 뜻. 머리뼈 화석에 광대뼈들이 배열되어 있었기 때문.

크시팍티누스(Xiphactinus)

크시팍티누스는 기다란 몸통과 튼튼한 꼬리, 짧은 주둥이, 날카로운 이빨을 가졌으며 위장술이 능하고 커다란 물고기를 삼켰던 육식 어류이다.

크시팍티누스는 100개가 넘는 척추뼈를 지닌 거대한 포식 어류이다. 몸통이 길고 튼튼한 꼬리와 날카로운 이빨을 가져서 능수능란하게 헤엄치며 무섭게 사냥을 했다. 등은 남색이고 배는 은색이라 수면 위와 수면 아래에서 쉽게 위장을 했다. 크시팍티누스는 시간당 약 60km의 최고 속도로 수영하며, 긴 꼬리로 먹잇감을 때려 기절시키고 다 큰 사람의 길이만 한 물고기를 통째로 삼킬 수 있었다. 짧은 주둥이 때문에 '불도그 물고기'라는 별명이 붙었고, 턱에는 먹이에 구멍을 낼 수 있는 불규칙한 크기의 날카로운 원뿔형 송곳니들이 있었다. 유명한 '물고기 속의 물고기' 화석은 크시팍티누스 소화기관 안에 고대의 다른 물고기인 1.8m 길이의 길리쿠스(Gillicus)가 있었다는 사실을 묘사한 것이다.

시기:	백악기
화석이 발견된 장소:	미국
먹이:	더 작은 물고기, 바다 동물
발음:	크시팍티누스(Xiphactinus)
길이:	4.3~5.1m
키:	알 수 없음
무게:	최소한 227kg
이름의 의미:	'칼 지느러미'라는 뜻.

만추로사우루스(Mandschurosaurus)

만추로사우루스는 오리 주둥이, 볏이 없는 납작한 머리, 이빨 없는 부리를 가진 중국의 초식 공룡이다.

만추로사우루스는 오리 주둥이를 닮았으며, 아시아에서 최초로 이름이 붙은 중국 공룡이다. 볏이 없는 납작한 머리를 가졌다. 네 발로 서서 식물을 뜯어먹을 때 이빨 없는 부리로 식물을 잘랐다. 위험에 처했을 때는 뒷다리로 서서 도망쳤다. 이 오리 주둥이를 닮은 공룡이 물속에서 살았다는 오해가 한참 동안 계속되었다. 발에 물갈퀴가 있는 화석의 증거에 더해서 좁은 꼬리가 있었다는 사실 때문에, 일부 과학자들은 만추로사우루스가 꽤나 수영을 잘했을 것이라고 생각했다. 물갈퀴로 여겨졌던 것은 충격을 줄이는 발판으로 밝혀졌고, 방향타 역할을 했을 것으로 추측된 꼬리는 꼬리를 뻣뻣하게 했던 힘줄 조직이었다.

시기:	백악기
화석이 발견된 장소:	중국, 라오스, 몽골
식습관:	초식동물
발음:	만추로사우루스(Mandschurosaurus)
길이:	8m
키:	4.9m
무게:	알 수 없음
이름의 의미:	'만주의 도마뱀'이라는 뜻. 이 화석이 발견된 중국의 만주(Manchuria)를 기념하기 위해.

프레노케팔레(Prenocephale)

프레노케팔레는 오톨도톨하지만 단단하지 않은 반구형의 머리뼈를 지녔던 초식 공룡이다.

프레노케팔레는 머리뼈 꼭대기가 반구형으로 돌출되어 있고 머리뼈가 두꺼운 공룡이다. 모든 머리뼈가 두꺼운 공룡은 뼈판층이 머리뼈 뒤쪽을 둘러싸고 있었지만, 프레노케팔레의 머리뼈는 거의 튀어나오지 않은 둥근 모양에 혹 같은 것이 솟아나 있어 질감이 오톨도톨했다. 프레노케팔레는 아마도 경쟁자와의 다툼에서 머리를 박치기용으로 사용하지 않았을 것이다. 수컷은 짝이나 식량, 영역을 두고 다투는 동안 반구형의 머리뼈로 서로 밀쳐냈겠지만, 머리뼈는 부수는 충격을 흡수할 정도로 단단하지 않았다. 그러나 목에는 압력을 막아주는 인대가 있었다는 증거가 있다. 프레노케팔레는 열매와 씨앗, 낮게 깔린 식물을 잘라 먹었다.

시기:	백악기
화석이 발견된 장소:	몽골
식습관:	초식동물
발음:	프레노케팔레(Prenocephale)
길이:	2.4m
키:	1.2m
무게:	135kg
이름의 의미:	'경사진 머리'라는 뜻.

살타사우루스(Saltasaurus)

살타사우루스는 긴 목에 힘줄 조직이 붙어 있었고, 작은 머리와 통통한 다리, 각각 다섯 개의 발가락을 가졌던 초식 공룡이다.

살타사우루스는 남아메리카에서 살았던 용각류 공룡이다. 힘줄 조직으로 강해진 긴 목에 작은 머리가 있었는데, 이 머리는 어깨 높이까지만 올릴 수 있었다. 그러나 살타사우루스는 꼬리를 땅에 대고 몸을 가눈 채 뒷다리로 서서 자기 키보다 높은 곳에 있는 식물에 도달했다. 콧구멍이 머리에 높게 위치해 있어서 먹는 동안 식물을 흡입하는 일 없이 숨을 쉴 수 있었다. 발가락이 다섯 개가 붙어 있는 발과 함께 기둥 같은 튼튼한 다리로 걸어 다녔다. 화석이 된 살타사우루스의 피부 흔적은 용각류도 갑옷을 두를 수 있었다는 것을 증명했다. 피부는 질긴 조약돌 같은 덩어리와 지름이 12cm 정도로 큰 뼈판으로 덮여 있어서 포식자의 이빨과 손톱을 무용지물로 만들었다.

시기:	백악기
화석이 발견된 장소:	아르헨티나
먹이:	식물, 나뭇잎
발음:	살타사우루스(Saltasaurus)
길이:	12m
키:	4m
무게:	7톤
이름의 의미:	'살타 도마뱀'이라는 뜻. 이 공룡의 유골이 발견된 아르헨티나의 살타(Salta) 주를 기념하기 위해.

키로스테노테스(Chirostenotes)

키로스테노테스는 체구가 가볍고, 길고 좁은 주둥이에 이빨 없는 턱, 세 개의 가느다란 손톱을 가졌던 잡식 공룡이다.

키로스테노테스는 새를 닮은 수각류이다. 키로스테노테스 종 가운데에서 일부는 둥근 머리 볏을 가졌고 다른 종은 볏을 전혀 갖고 있지 않았다. 가벼운 체구의 이 공룡은 목이 길고 꼬리가 짧고 뻣뻣했다. 기다랗고 좁은 주둥이는 이빨이 없는 턱이 받치고 있었다. 정확한 먹이는 알 수 없지만, 고생물학자들은 키로스테노테스가 좁은 손을 어떻게 사용했는지 추측했다. 세 개의 가느다란 손톱이 달린 손으로 식물이나 작은 파충류, 포유동물을 잡았거나, 시냇가에서 물고기를 건지거나, 나무껍질에서 곤충을 찾아 파헤치거나, 알을 낚아채거나, 과일을 땄을 것이다. 키로스테노테스는 새 같은 발가락과 튼튼한 뒷다리를 가졌다. 먹잇감을 찾아 사냥하는 동안 청각과 시각에 집중해서 포식자가 접근하고 있는지 알아차릴 수 있었다.

시기:	백악기
화석이 발견된 장소:	캐나다, 몽골
식습관:	잡식동물
발음:	키로스테노테스(Chirostenotes)
길이:	2m
키:	70cm
무게:	30kg
이름의 의미:	'좁은 손'이라는 뜻. 길고 가느다란 손 때문.

알라모사우루스(Alamosaurus)

알라모사우루스는 북아메리카에서 마지막으로 살았던 거대한 용각류 공룡이며, 말뚝 모양의 이빨과 튼튼한 다리를 가졌다.

알라모사우루스는 백악기 말에 북아메리카를 돌아다녔던 최후의 거대한 용각류이다. 다른 북아메리카 용각류들은 알라모사우루스가 출현하기 전 3500~4000만 년에 멸종했기 때문에 알라모사우루스는 남아메리카에서 파나마 지협(Isthmus of Panama)으로 이동했을 것이다. 튼튼한 기둥 같은 다리로 46m의 높이가 되는 나무가 울창한 숲을 가로질러 쿵쾅거리며 걸었다. 알라모사우루스는 말뚝 모양의 이빨로 식물을 잘라내어 통째로 삼켰다. 식물을 분해하는 일은 위석과 위산, 세균이 있는 거대한 통 같은 위에 맡겨졌다. 고대의 악어는 알라모사우루스에게 위협이 되었는데, 이 악어가 날카로운 이빨로 심하게 상처를 내면 도망갈 수 없었기 때문이다.

시기:	백악기
화석이 발견된 장소:	미국 남서부
먹이:	나뭇잎
발음:	알라모사우루스(Alamosaurus)
길이:	21m
키:	6~8.5m
무게:	29.5톤
이름의 의미:	'알라모 도마뱀'이라는 뜻. 이 화석이 발견된 뉴멕시코 주에 있는 오조 알라모(Ojo Alamo) 교역소를 기념하기 위해.

나노티라누스(Nanotyrannus)

나노티라누스는 짧은 목과 큰 머리, 날카로운 이빨, 짧은 팔, 가는 꼬리, 각각 두 개의 손가락과 세 개의 발가락을 가진 육식 공룡이다.

나노티라누스는 수각류 공룡이다. 짧고 두꺼운 목과 큰 머리, 날카로운 이빨로 가득찬 강한 턱, 두 개의 손가락을 가진 손과 짧은 팔, 가느다란 꼬리, 세 개의 발가락과 긴 다리를 가졌다. 일부 고생물학자들은 나노티라누스를 단순히 어린 티라노사우루스 렉스라고 생각한다. 나노티라누스의 팔은 너무 짧아서 손을 입까지 뻗을 수 없었다. 짧은 팔로 몸부림치는 먹잇감을 꼭 쥐고 그 희생물을 갈고리 손톱에 끼워 넣어 이빨로 엄청난 양의 살덩어리를 찢었다. 날카로운 이빨이 씹는 데 적합하지 않기 때문에 고깃덩어리를 통째로 삼켰다. 나노티라누스는 나이 들어 죽었거나 다른 육식 공룡이 죽인 공룡의 사체를 찾아다니면서 어린 공룡과 썩어가는 고기를 먹었다.

시기:	백악기
화석이 발견된 장소:	미국 서부
식습관:	육식동물
발음:	나노티라누스(Nanotyrannus)
길이:	5~6m
키:	2m
무게:	900kg
이름의 의미:	'작은 폭군'이라는 뜻. 다른 티라노사우루스에 비해 아주 작기 때문.

데이노케이루스(Deinocheirus)

데이노케이루스는 긴 팔과 갈고리 손톱을 가진 가장 큰 수각류 공룡이다.

데이노케이루스는 가장 큰 수각류 중 하나였다. 불완전한 유골로 알려지게 되었고, 당시까지 발견된 화석은 유일하게 거대한 팔뿐이었다. 팔은 2.4m 길이이며, 움켜잡을 수 있는 갈고리처럼 25cm 길이의 구부러진 손톱이 있었다. 손만 60cm 길이에 달했다. 테리지노사우루스(Therizinosaurus)만이 더 긴 팔을 가졌다. 데이노케이루스는 그런 손톱으로 쉽게 먹잇감을 잡을 수 없었지만 확실히 베고 찢을 수는 있었다. 그런 손톱은 어린 용각류의 내장을 효과적으로 꺼낼 수 있었고, 흰개미 언덕을 파헤쳤을 것이다. 이 공룡의 화석이 거의 발견되지 않아서 고생물학자들은 데이노케이루스를 분류하기 어려웠다. 더 많은 데이노케이루스 뼈가 발견될 때까지 그 정확한 모양은 수수께끼로 남을 것이다.

시기:	백악기
화석이 발견된 장소:	몽골
식습관:	육식동물
발음:	데이노케이루스(Deinocheirus)
길이:	7~12m
키:	알 수 없음
무게:	알 수 없음
이름의 의미:	'무서운 손'이라는 뜻. 긴 팔과 강한 손톱 때문.

마중가톨루스(Majungatholus)

마중가톨루스는 반구형의 머리뼈와 눈 위의 작은 뿔을 지녔으며, 주로 용각류를 잡아먹었고 먹을 것이 없으면 같은 종까지도 먹었다.

마중가톨루스는 반구형의 머리뼈를 지녀서 처음에 머리뼈가 두꺼운 것으로 잘못 파악했던 수각류이다. 1998년에 거의 완전한 머리뼈를 발견했을 때 카르노타우루스(Carnotaurus)와 비슷한 수각류로 다시 분류했다. 마중가톨루스는 거의 60cm 길이의 머리뼈를 가졌고 눈 위에 작은 뿔이 돋아 있었다. 아르헨티나의 카르노타우루스(Carnotaurus)와 닮았다는 사실은 마중가톨루스가 등장한 당시에 남아메리카와 인도, 마다가스카르 모두가 육상 통로로 이어져 있었다는 것을 암시한다. 마중가톨루스는 용각류를 먹었지만 최후 수단으로 같은 종끼리 잡아먹었다. 마중가톨루스의 화석에 그 뼈에 찍힌 마중가톨루스의 이빨 자국이 있었다.

시기:	백악기
화석이 발견된 장소:	마다가스카르
식습관:	육식동물
발음:	마중가톨루스(Majungatholus)
길이:	8~9m
키:	알 수 없음
무게:	알 수 없음
이름의 의미:	'마중가의 둥근 천장'이라는 뜻. 이 화석이 발견된 마다가스카르 북부의 마중가(Majunga) 지역을 기념하기 위해.

토로사우루스(Torosaurus)

토로사우루스는 아주 커다란 목 주름장식과 눈 위의 뿔, 코뿔이 달린 초식 공룡이다.

토로사우루스는 뿔 달린 마지막 공룡 중 하나이다. 머리뼈는 2.4m 길이고, 육지 동물 중 가장 머리가 큰 것 중 하나인데, 펜타케라톱스(Pentaceratops)에 버금갔다. 토로사우루스는 인상적인 목 주름장식과 짧은 코뿔이 있었고, 양쪽 눈 위에는 기다란 뿔이 있었다. 주름장식에 커다란 구멍이 두 개가 있어서 주름장식의 무게가 감소했다. 이 구멍은 넓은 피부로 덮여 주름장식이 더 단단한 모양으로 보였다. 이 커다란 주름장식 때문에 머리의 움직임이 자유롭지 못했다. 그래서 무언가를 보고 싶을 때는 몸 전체를 움직여야 했다. 토로사우루스는 이 주름장식을 포식자로부터 자신의 목을 보호하는 데 사용했고, 이 주름장식으로 짝을 찾아 유혹하거나 자기와 같은 토로사우루스 종을 인식했다.

시기:	백악기
화석이 발견된 장소:	캐나다, 미국
식습관:	초식동물
발음:	토로사우루스(Torosaurus)
길이:	6.2~7.6m
키:	2~2.7m
무게:	4~7톤
이름의 의미:	'구멍 뚫린 도마뱀'이라는 뜻. 주름장식에 있는 한 쌍의 구멍을 참고해서.

안킬로사우루스(Ankylosaurus)

안킬로사우루스는 머리와 등, 꼬리가 뼈판과 가시로 덮여 있으며, 곤봉 모양의 꼬리와 두꺼운 머리뼈를 지닌 초식 공룡이다.

안킬로사우루스는 안킬로사우르(갑옷이나 뼈판, 등딱지를 두른 공룡) 중 마지막에 살았고 체구가 아주 커서 엄청난 양의 식물을 먹었다. 머리와 등, 꼬리는 융합된 갑옷판과 피부 가죽에 박힌 가시로 덮여 있었다. 근육 꼬리의 끝은 곤봉 모양을 하고 있어서 꼬리 끝을 포식자에게 방어 무기로 휘둘렀다. 안킬로사우루스의 두꺼운 머리뼈 안에는 조그마한 뇌가 들어 있었다. 여덟 개의 코곁굴(부비동)이 있어 후각이 예민했고, 큰 소리도 낼 수 있었을 것이다. 안킬로사우루스는 이빨 없는 부리로 낮게 깔린 식물을 뜯고 어금니로 잘게 잘랐다. 포식자의 냄새가 나면 몸통을 낮추어 땅바닥에 대고 갑옷만을 보이게 한 채 약한 배를 보호했다.

시기:	백악기
화석이 발견된 장소:	미국 서부, 캐나다
식습관:	초식동물
발음:	안킬로사우루스(Ankylosaurus)
길이:	7.5~10.7m
키:	1.2m
무게:	3~4톤
이름의 의미:	'융합된 도마뱀'이라는 뜻. 뼈판이 융합되어 몸통을 보호하기 때문.

인도수쿠스(Indosuchus)

인도수쿠스는 톱니 모양의 이빨과 갈고리 손톱을 가진 수각류이며, 이빨이 빠지면 다시 났다.

인도수쿠스는 수각류이며, 약 7000만 년 전에 인도의 육지에서 지배적인 포식자 중 하나였다. 알베르토사우루스와 티라노사우루스 렉스를 닮았다. 티라노사우루스 렉스보다 더 많은 이빨을 가졌지만, 이빨의 길이는 더 짧고 10cm에 이른다. 이 톱니 모양의 이빨은 빠지면 계속해서 다시 났다. 인도수쿠스는 거대한 양의 살을 먹잇감에서 뜯어내거나 희생물의 뼈를 아작아작 씹을 때 가끔 이빨이 빠졌다. 팔은 아주 짧지만 두 개의 갈고리 손톱으로 희생물을 찍어 물어뜯고 살점을 자르는 동안 붙잡고 있었다. 인도수쿠스는 또한 죽은 공룡을 찾아 먹기도 했다.

시기:	백악기
화석이 발견된 장소:	인도
식습관:	육식동물
발음:	인도수쿠스(Indosuchus)
길이:	6m
키:	알 수 없음
무게:	1톤
이름의 의미:	'인도의 악어'라는 뜻.

아나토티탄(Anatotitan)

아나토티탄은 넓은 오리 주둥이와 길고 납작한 머리뼈, 각 발의 발굽 같은 세 개의 발가락을 가진 초식 공룡이다.

아나토티탄은 북아메리카에서 볏이 없는 오리 주둥이를 가진 공룡 중 가장 크다. 길고 납작한 머리뼈와 넓은 주둥이는 오리 같은 주둥이를 가진 다른 공룡보다는 오리와 더 많이 닮았다. 원래는 '오리 도마뱀'을 의미하는 아나토사우루스(Anatosaurus)라는 이름을 붙였지만, 더 많은 연구를 한 후에 1990년에 아나토티탄이라는 이름으로 바꿨다. 긴 뒷다리는 세 개의 발굽 같은 발가락을 지녔다. 턱에는 720개의 이빨이 있는데, 이 이빨은 나뭇잎과 가지, 씨앗과 다른 질긴 식물을 으깨는 데 알맞았다. 아나토티탄은 안전을 위해 무리를 지어 다녔고, 혹시 포식자가 접근하는 것은 아닌지 그 소리와 냄새에 주의를 기울였다. 드로마에사우루스(Dromaeosaurus)의 희생물이 되는 것을 피하기 위해서는 그런 경계 태세를 갖추어야 했다.

시기:	백악기
화석이 발견된 장소:	미국 서부
식습관:	초식동물
발음:	아나토티탄(Anatotitan)
길이:	10~12m
키:	2.5~4m
무게:	7톤
이름의 의미:	'거대한 오리'라는 뜻. 크고 넓은 오리 주둥이 때문.

오피스토코엘리카우디아(Opisthocoelicaudia)

오피스토코엘리카우디아는 앞다리와 뒷다리의 길이가 같고 목이 길며, 무리 생활을 했던 중간 크기의 용각류이다.

오피스토코엘리카우디아는 탁 트인 저지대 숲에 살았던 중간 크기의 용각류이다. 매일 65kg의 식물을 섭취했다. 대략 같은 길이의 앞다리와 뒷다리를 가졌는데, 네발로 서 있을 때 등 높이와 다리 높이가 같았다. 긴 목의 균형을 잡아주기 위해 꼬리를 똑바로 내밀었다. 오피스토코엘리카우디아는 나뭇잎을 뜯어먹는 동안 뒷다리와 꼬리를 바닥에 대고 설 수 있었다. 무리 지어 다녔고 계절이 바뀔 때마다 새로운 식량 공급원을 찾아 이동했다. 발톱이나 갑옷 같은 자연적인 방어 수단이 없어서 그 크기에 의지해 자신을 보호했다. 그러나 대부분의 포식자들은 이런 거대한 용각류 무리가 보이면 사냥을 단념했을 것이다. 작은 육식동물은 오피스토코엘리카우디아에게 짓밟힐 위험이 있었다.

시기:	백악기
화석이 발견된 장소:	몽골
식습관:	초식동물
발음:	오피스토코엘리카우디아(Opisthocoelicaudia)
길이:	12m
키:	5m
무게:	15톤
이름의 의미:	'뒤쪽이 속이 비어 있는 꼬리'라는 뜻.

엘라스모사우루스(Elasmosaurus)

엘라스모사우루스는 긴 목이 전체 길이의 반을 차지했고 작은 머리와 짧은 꼬리, 네 개의 물갈퀴를 가진 수장룡, 즉 수영하는 파충류이다.

엘라스모사우루스는 가장 긴 목을 가진 수장룡(플레시오사우루스), 즉 수영하는 파충류의 일종이다. 8m 길이의 목이 전체 길이의 절반을 차지했다. 고생물학자들은 처음에 유골을 복원할 때 뼈를 배열하는 작업을 하다 혼란스러웠고, 꼬리가 길고 목이 짧다고 생각했었다. 엘라스모사우루스는 놀라울 정도로 긴 목을 지녔고 머리가 작았으며, 긴 목에는 척추뼈가 72개 정도 있었다. 긴 목을 꿈틀꿈틀 움직이며 물속을 가르고는 바늘 같은 이빨로 가득한 강한 턱으로 물고기와 오징어를 놀라게 했다. 엘라스모사우루스의 작은 몸통은 네 개의 튼튼한 물갈퀴가 있었다. 위 속에서 발견된 돌은 우연히 먹잇감과 함께 퍼 담았을 것이다. 거대한 엘라스모사우루스는 틸로사우루스(Tylosaurus)의 먹이가 되지 않도록 조심해야 했다.

시기:	백악기
화석이 발견된 장소:	아시아, 북아메리카
식습관:	육식동물
발음:	엘라스모사우루스(Elasmosaurus)
길이:	14m
키:	알 수 없음
무게:	4톤
이름의 의미:	'판 도마뱀'이라는 뜻. 커다란 판 같은 어깨뼈 때문.

아르히노케라톱스(Arrhinoceratops)

아르히노케라톱스는 두 개의 긴 이마뿔과 뭉툭한 코뿔, 커다란 목 주름장식, 육중한 몸통과 발굽 같은 발가락을 가진 초식 공룡이다.

아르히노케라톱스는 두 개의 기다란 이마뿔과 짧고 뭉툭한 코뿔이 있었던 뿔 달린 공룡이다. 뿔은 포식자에 대항해 방어용으로 사용했거나, 지배권을 얻고 영역을 지키기 위해 다른 수컷과 다투는 데 사용했다. 아르히노케라톱스는 넓은 목 주름장식을 지녔는데, 이 주름장식의 뼈에 난 두 개의 구멍이 그 무게를 줄였다. 이 구멍은 피부로 덮여 있어 주름장식을 단단하게 보이게 했다. 주름장식의 가장자리는 작은 뿔과 돌기들로 둘러져 있었다. 아르히노케라톱스는 머리를 내리거나 좌우로 흔들면서 포식자에게 주름장식을 더 커 보이게 해서 겁을 주었다. 주름장식은 육중한 몸통이 받치고 있었는데, 이 몸통은 발굽 같은 발가락과 넓은 발을 지닌 기둥 같은 다리에 무게가 실렸다. 아르히노케라톱스는 양치식물과 침엽수, 꽃피우는 식물을 뜯어 어금니로 잘게 썰어 먹었다.

시기:	백악기
화석이 발견된 장소:	캐나다
식습관:	초식동물
발음:	아르히노케라톱스(Arrhinoceratops)
길이:	8m
키:	2.1m
무게:	3.5톤
이름의 의미:	'뿔 없는 주둥이 얼굴'이라는 뜻. 원래 코뿔이 없다고 여겨졌었기 때문.

디케라톱스(Diceratops)

디케라톱스는 뿔과 주름장식을 달고 있던 초식 공룡이며, 주름장식에 구멍이 있고 볼에 늘어지는 살집이 있었다.

디케라톱스는 북아메리카에서 살았던 뿔 달린 공룡이다. 트리케라톱스(Triceratops)처럼 단단한 뼈로 된 주름장식에 구멍들이 있었다. 주름장식에 난 구멍은 그 무게를 줄였고 턱 근육에 뚫려 있었다. 구멍은 피부로 덮여 있어서 주름장식을 단단하게 보이게 했다. 디케라톱스는 갈고리 같은 부리로 낮게 깔린 식물을 뜯어 어금니로 잘게 썰었다. 씹는 동안 입 밖으로 식물을 떨어뜨리지 않으려고 살집이 있는 볼에 잠깐 동안 넣어두었다. 이빨이 닳으면 새것이 나왔다. 디케라톱스는 튼튼한 네 다리에 큰 덩치를 싣고 시간당 2~4km로 숲 속을 지나갔다. 공격을 받을 때 머리를 내려 뿔로 들이받았다.

시기:	백악기
화석이 발견된 장소:	미국 서부
식습관:	초식동물
발음:	디케라톱스(Diceratops)
길이:	9m까지
키:	2.7m
무게:	11톤
이름의 의미:	'두 개의 뿔 달린 얼굴'이라는 뜻. 두 개의 커다란 뿔 때문.

테스켈로사우루스(Thescelosaurus)

테스켈로사우루스는 작은 머리와 짧은 팔, 긴 꼬리를 지닌 조반류이며, 심실방에 심장대동맥이 있던 온혈동물이다.

테스켈로사우루스는 마지막 공룡 중 하나이다. 6600만 년 전에 살았던 이 공룡은 화석에 네 개의 심실방에 한 개의 심장대동맥이 남아 있었는데, 이는 테스켈로사우루스가 온혈동물이었을 것이라는 뜻이다. 테스켈로사우루스는 무거운 몸통과 작은 머리, 짧은 팔, 긴 꼬리를 지닌 조반류(조류의 골반 모양을 한 공룡)이다. 네 개의 발가락을 지닌 발과 함께 뒷다리로 서서 걸었다. 테스켈로사우루스는 부리로 양치식물과 꽃피우는 식물을 잘게 잘랐다. 살집이 있는 볼 안에 식물을 넣은 채 세 가지 종류의 이빨로 으깼다. 방어용으로 사용할 갑옷이나 손톱, 뿔이 없는 테스켈로사우루스는 도망쳐서 살아남았다. 이 화석은 1891년 처음에 발견했지만, 1913년까지 연구되지도 이름이 붙지도 않았다.

시기:	백악기
화석이 발견된 장소:	캐나다, 미국 서부
식습관:	초식동물
발음:	테스켈로사우루스(Thescelosaurus)
길이:	3.4m
키:	90cm
무게:	300kg
이름의 의미:	'놀라운 도마뱀'이라는 뜻. 고생물학자들이 처음에 연구할 때 새로운 종류의 공룡이라 놀랐기 때문.

타르보사우루스(Tarbosaurus) 또는
티라노사우루스 바타르(Tyrannosaurus bataar)

타르보사우루스는 아시아의 티라노사우르이며, 티라노사우루스 렉스보다 더 작고 가벼우며 팔도 더 작지만, 사나운 이빨을 가진 흉포한 사냥꾼이다.

타르보사우루스는 이름이 변경된 아시아의 티라노사우르이다. 북아메리카에서 살았던 티라노사우루스 렉스의 가까운 친척으로 밝혀졌을 때 '티라노사우루스 바타르'라는 이름이 붙었다. 북아메리카의 친척 티라노사우루스 렉스보다 더 작고 더 가벼웠지만 놀랄 만한 사냥꾼이었다. 타르보사우루스는 티라노사우르에게 있을 법한 사나운 이빨을 가졌고, 이 이빨로 경계를 늦출 정도로 영리하지 않은 사우롤로푸스(Saurolophus)를 맹공격했다. 티라노사우루스 바타르가 영역 싸움을 하는 동안 이빨과 발톱이 뒤틀리는 것이 흔한 일이었다. 타르보사우루스는 티라노사우루스 렉스에 비해 전반적인 크기가 작았을 뿐 아니라 팔도 훨씬 더 짧았다.

시기:	백악기
화석이 발견된 장소:	몽골
먹이:	다른 공룡
발음:	타르보사우루스(Tarbosaurus) 또는 티라노사우루스 바타르(Tyrannosaurus bataar)
길이:	13m
키:	5m
무게:	6톤
이름의 의미:	타르보(tarbo) + 사우루스(saurus) = '놀라운 도마뱀'이라는 뜻. (티라노[tyranno] + 사우루스[saurus] 바타르[bataar] = '바타르의 폭군 도마뱀'이라는 뜻. 이 화석이 발견된 곳이 몽골의 바타르 지역이라서.)

스티기몰로크(Stygimoloch)

스티기몰로크는 반구형 머리뼈에 뿔과 가시, 혹들이 빽빽하게 있었던 공룡이며, 머리뼈는 과시용으로만 사용했고 충격을 견뎌낼 정도로 강하지 않았다.

스티기몰로크는 특이하게 머리뼈에 가시가 돋아 있었으며, 머리뼈가 두꺼운 공룡이다. 좁은 반구형 머리 양쪽에 세 개 또는 네 개의 뿔과 혹들이 솟아 있었다. 뿔은 10cm 길이로 자랐고, 그 용도는 자신을 보호하거나 짝 또는 영역을 차지하기 위해 경쟁하려는 것이 아니라 과시용이었다. 스티기몰로크와 다른 머리뼈가 두꺼운 공룡은 머리를 박치기에 사용하지 않았다. 머리뼈는 골절되는 일 없이 그런 충격을 견뎌낼 수 있을 만큼 견고하지 않았다. 뿔의 위치와 허약함은 스티기몰로크가 충격을 견뎌낼 가능성이 훨씬 더 없었다는 것을 의미한다. 스티기몰로크는 날카로운 앞니로 식물을 잘라내고 어금니로 으깨 먹었다.

시기:	백악기
화석이 발견된 장소:	미국 서부
식습관:	초식동물
발음:	스티기몰로크(Stygimoloch)
길이:	2~3m
키:	1.8m까지
무게:	78kg
이름의 의미:	'삼도천(저승에 있는 강)에서 나온 악마'라는 뜻. 아막의 모습처럼 머리에 난 가시 같은 뿔 때문.

렙토케라톱스(Leptoceratops)

렙토케라톱스는 뿔 달린 원시 공룡이며, 짧은 팔과 날카로운 부리를 가졌다.

렙토케라톱스는 북아메리카에서 살았던 뿔 달린 원시 공룡이며, 프로토케라톱스(Protoceratops)와 친척 관계에 있다. 네발로만 걸었던 프로토케라톱스와는 달리 서서 걷고 뛸 수 있었다. 렙토케라톱스는 앵무새 같은 부리로 양치식물과 꽃피우는 식물을 뜯어먹을 때 몸을 내려 네발로 서 있었다. 넓은 이빨을 가졌는데 빠지면 한 번만 다시 났다. 짧은 팔은 낮게 깔린 식물을 움켜쥐기에 적합한 손을 가졌다. 렙토케라톱스 유골의 뼈층은 이 공룡이 무리 지어 다녔다는 것을 보여준다. 트로오돈과 어린 티라노사우르스를 상대할 때만 사용한 방어 수단이 있었는데, 포식자의 팔을 부러뜨릴 수 있었던 부리이다.

시기:	백악기
화석이 발견된 장소:	캐나다, 미국 서부
식습관:	초식동물
발음:	렙토케라톱스(Leptoceratops)
길이:	1.8m
키:	75cm(엉덩이에서)
무게:	68kg
이름의 의미:	'가느다란 뿔 달린 얼굴'이라는 뜻.

파크소사우루스(Parksosaurus)

파크소사우루스는 뿔 같은 부리와 가장자리가 둥근 이빨, 속도를 낼 수 있는 강한 뒷다리를 가진 조반류 공룡이다.

파크소사우루스는 테스켈로사우루스(Thescelosaurus)와 친척 관계에 있는 작은 조반류 공룡이다. 주로 서서 걷는 반면에 풀을 뜯어먹을 때는 네발로 서 있었다. 긴 꼬리가 긴 목의 균형을 잡아주었다. 짧고 튼튼한 팔은 움켜쥘 수 있는 손을 지녔는데, 이 손으로 나뭇가지를 가깝게 당겼다. 파크소사우루스의 작은 머리에는 식물을 잘라낼 수 있는 뿔 같은 부리가 있었다. 넓은 턱 안에는 가장자리가 낮고 둥근 특이한 이빨이 배열되어 있었다. 싸울 준비보다 먹을 준비가 더 잘 되어 있는 파크소사우루스는 빨리 달려서 살아남았는데, 강한 뒷다리로 갑작스런 속도를 낼 수 있었다. 파크소사우루스의 눈 주변에 있는 원 모양의 뼈는 시각을 더 좋게 만들었다.

시기:	백악기
화석이 발견된 장소:	캐나다, 미국 서부
식습관:	초식동물
발음:	파크소사우루스(Parksosaurus)
길이:	2m
키:	1m
무게:	70kg
이름의 의미:	'파크의 도마뱀'이라는 뜻. 캐나다의 고생물학자 윌리엄 아서 파크(William Arthur Parks, 1868~1936)를 기리기 위해.

네메그토사우루스(Nemegtosaurus)

네메그토사우루스는 말뚝 모양의 가느다란 앞니와 긴 목을 가진 거대한 용각류이며, 무리 지어 새끼를 보호했던 초식 공룡이다.

네메그토사우루스는 티타노사우르(titanosaur, 백악기에 남반구에 살았던 용각류 공룡으로, 길고 가는 목과 채찍 모양의 꼬리를 가짐)로 불리는 거대한 용각류 종류이다. 아마 같은 시대에 있던 오피스토코엘리카우디아(Opisthocoelicaudia)와 친척 관계였을 것이다. 식물을 벗겨 내는 데 적합한 말뚝 모양의 가느다란 앞니를 지녔다. 이빨은 디플로도쿠스(Diplodocus)와 비슷했지만 디플로도쿠스는 네메그토사우루스가 살았던 수백만 년 전인 쥐라기 말에 살았기 때문에 두 공룡은 친척 관계는 아니었을 것이다. 긴 목을 가진 네메그토사우루스는 무거운 몸통에 어울리는 장소를 지나 숲 멀리까지 목을 넣어 나뭇잎에 이를 수 있었다. 용각류가 가장 영리하지 않은 공룡에 속한다고 여겨졌지만, 화석 경로를 봐서는 네메그토사우루스가 무리 지어 다닐 때 어른 공룡들이 원을 그리고 그 원 안에 새끼들을 두어 보호할 정도로 똑똑했다는 것을 알 수 있다.

시기:	백악기
화석이 발견된 장소:	몽골
식습관:	초식동물
발음:	네메그토사우루스(Nemegtosaurus)
길이:	12m
키:	알 수 없음
무게:	알 수 없음
이름의 의미:	'네메그트의 도마뱀'이라는 뜻. 이 화석이 발견된 몽골의 네메그트 골짜기(Nemegt Valley)를 기념하기 위해.

보로고비아(Borogovia)

보로고비아는 몸집이 가볍고 가늘고 긴 다리와 낫 모양의 발가락, 긴 팔과 날카로운 손톱, 좁은 주둥이와 톱니 모양의 이빨을 가졌던 수각류이다.

보로고비아는 트로오돈과 아주 가까운 친척 관계인 수각류이다. 몸집이 가볍고 도마뱀과 작은 포유동물을 빠르게 사냥했던 공룡이다. 가늘고 단단한 긴 다리로 서서 걸었다. 양쪽 발의 두 번째 발가락은 낫 모양이라서 뛰거나 걷는 동안 지면에 닿지 않게 올리고 있었다. 보로고비아는 눈이 앞을 향하고 있어 거리를 잘 판단했으며 작은 먹잇감을 포착하고 잡는 능력이 뛰어났다. 좁은 주둥이에 있던 구부러진 거친 톱니 모양의 작은 이빨은 특히 포유동물을 먹는 데 알맞았다. 보로고비아는 식물 사이에서 가만히 기다리고 있다가 아주 작은 움직임이라도 주시했다. 기다란 팔에 달린 가느다란 양손은 세 개의 날카로운 손톱을 지니고 있어 희생물을 쉽게 잡았다.

시기:	백악기
화석이 발견된 장소:	몽골
식습관:	육식동물
발음:	보로고비아(Borogovia)
길이:	2m
키:	70cm
무게:	13kg
이름의 의미:	'보로브'라는 뜻. 수학자 겸 동화 작가인 루이스 캐럴(Lewis Carroll, 1832~1898)의 시 「재버워키」에 등장하는 '보르고브'(borogove, 대걸레처럼 둥글게 뭉쳐 있는 깃털을 가진 허름해 보이는 새)라는 상상의 동물의 이름을 따서.

마기아로사우루스(Magyarosaurus)

마기아로사우루스는 다른 용각류에 비해 아주 작은 크기이며, 유럽에서 살았던 초식 공룡이다.

마기아로사우루스는 다른 용각류와 비교하면 아주 작다. 8m까지 자라는 이 공룡은 쥐라기 말에 살았던 거대한 용각류 크기의 1/4 정도에 불과하다. 마기아로사우루스가 살았던 시대, 즉 6600만 년 전에는 유럽이 대부분 물속에 있었다. 섬으로 있었던 그 당시 유럽에는 식물이 더 적고 포식자도 더 적었기 때문에 그 작은 크기로도 살 수 있었을 것이다. 마기아로사우루스 같은 용각류는 처음에 물속에서 대부분의 시간을 보냈을 것으로 여겨졌었다. 그 육중한 몸통은 물속에서 더 편안하게 지탱할 수 있기 때문이다. 과학자들은 또한 작은 이빨이 수중 식물을 먹는 데 적합하다고 추측했다. 그러나 그 뒤로 이어진 연구에서는 용각류들이 육지에서 살았던 것으로 밝혀졌다.

시기:	백악기
화석이 발견된 장소:	루마니아(헝가리의 예전 일부 지역)
식습관:	초식동물
발음:	마기아로사우루스(Magyarosaurus)
길이:	6~8m
키:	2m
무게:	900kg
이름의 의미:	'마자르의 도마뱀'이라는 뜻. 헝가리의 지배적인 인종 집단인 마자르인(Magyar)을 기리기 위해.

드로마에오사우루스(Dromaeosaurus)

드로마에오사우루스는 청각과 시각, 후각이 뛰어났고 낫 모양의 발톱, 날카로운 이빨과 손톱을 가진 수각류이며 무리 지어 사냥했다.

드로마에오사우루스는 코엘루로사우루스(작고 가느다란 뒷다리로 걷고 보통의 수각류에 비해 앞다리가 긴 편인 육식 공룡)이며, 최초의 맹금일 가능성이 있다. 영리하고 민첩한 사냥꾼이며, 청각이 좋고 시각이 예리하다. 예리한 후각 때문에 냄새로 사냥감을 감지할 수 있었다. 드로마에오사우루스는 무리 지어 사냥하면서 심지어 가장 큰 공룡도 쓰러뜨렸다. 각 발에는 낫 모양의 발톱을 가졌는데, 이 가장 중요한 무기 중 하나를 망가뜨리지 않으려고 걷거나 뛰는 동안 뒤로 오므렸다. 막대 같은 꼬리뼈로 꼬리를 뻣뻣하게 해서 균형을 잡았다. 뒤쪽으로 구부러진 날카로운 이빨로 희생물의 목을 물고는 단단히 파고들어 희생물을 놀라게 했다. 드로마에오사우루스는 무서운 갈고리 손톱으로 희생물을 할퀴고 찔렀다.

시기:	백악기
화석이 발견된 장소:	캐나다 남서부, 미국 서부
식습관:	육식동물
발음:	드로마에오사우루스(Dromaeosaurus)
길이:	1.8m
키:	0.7m
무게:	55kg
이름의 의미:	'민첩한 도마뱀'이라는 뜻. 달리는 속도가 아주 빠르기 때문.

코리포돈(Coryphodon)

코리포돈은 하마를 닮은 커다란 포유동물이며, 커다란 덩치와 날카로운 엄니를 가졌고 뇌의 무게가 아주 적었다.

코리포돈은 공룡들이 멸종한 후에도 200만 년을 살았던 하마를 닮은 커다란 포유동물이다. 겨우 90g의 무게가 나가는 뇌를 지녀 포유동물 중에서는 뇌와 몸통의 무게 비율이 가장 낮았다. 육중한 몸통은 발톱이나 갈고리 발톱을 가진 발과 튼튼한 다리에 받쳐져 있었다. 수컷은 상아처럼 송곳니가 자랐는데 식물을 파헤치거나 다른 수컷과의 싸움에 사용했다. 코리포돈의 큰 머리에는 코를 킁킁거려 뿌리와 덩이줄기를 찾아낼 수 있는 넓은 주둥이가 있었다. 대부분의 시간을 낮은 물속에서 몸을 식히고 수중 식물을 먹는 데 사용했다. 코리포돈은 덩치가 너무 커서 공격자를 피해 달아나지 못했기 때문에 커다란 덩치와 날카로운 엄니로 자신을 보호했다.

시기:	제3기(에오세)
화석이 발견된 장소:	북아메리카, 유럽, 아시아
식습관:	초식동물
발음:	코리포돈(Coryphodon)
길이:	2.3~3m
키:	1m
무게:	300~500kg
이름의 의미:	'구부러진 엄니'라는 뜻.

바실로사우루스(basilosaurus)

바실로사우루스는 고래의 일종이었지만 고래와는 달리 척추뼈가 더 길어 유연했고 분수공이 없었던 포유동물이다.

바실로사우루스는 지금까지 알려진 가장 큰 고래 화석 중 하나이며, 처음 발견했을 때 선사시대의 거대한 파충류로 오해했었다. 몸통은 오늘날의 고래를 닮지는 않았다. 등이 고래답지 않게 척추뼈가 늘어나 있었다. 이 더 긴 척추뼈는 바실로사우루스를 유연하게 만들었고, 오늘날의 고래보다 신화에 나오는 큰바다뱀(sea serpent)처럼 보이게 했다. 작은 머리에는 44개의 이빨이 있었다. 턱 앞에 있는 날카로운 원뿔형 이빨로 사냥감을 잡고 톱니 모양의 삼각형 이빨로 소화할 수 있는 크기로 잘랐다. 바실로사우루스는 공기를 들이마셨지만, 분수공(고래 머리 위에 있는 공기구멍)은 없었다. 물속에서 수면 위로 코끝을 내밀어 콧구멍으로 공기를 들이마셔야 했다.

시기:	제3기(에오세)
화석이 발견된 장소:	아프리카, 북아메리카
먹이:	물고기, 연체동물, 갑각류, 다른 바다 포유동물
발음:	바실로사우루스(basilosaurus)
길이:	15~23m
키:	알 수 없음
무게:	6톤까지
이름의 의미:	'왕도마뱀'이라는 뜻. 처음에는 포유동물보다 바다 파충류로 오해했었기 때문.

앤드류사르쿠스(Andrewsarchus)

앤드류사르쿠스는 육지에 살았던 육식 포유동물 중 가장 크며, 구부러진 송곳니와 뭉툭한 어금니, 작은 발굽이 달린 넓은 발을 가졌다.

앤드류사르쿠스는 지금까지 육지에 살았던 육식 포유동물 중 가장 큰 것으로 알려졌으며, 에오세(시신세, 5400만~3800만 년 전) 시대에 아시아의 해변과 평원을 공포로 떨게 했다. 뼈를 부술 정도의 강한 턱에는 두 종류의 사나운 이빨이 있는데, 구부러진 기다란 송곳니는 살을 뜯기에 적합했고 강한 뭉툭한 어금니는 먹잇감의 뼈를 부수는 데 적합했다. 앤드류사르쿠스는 작은 포유동물과 곤충, 나뭇잎, 딸기류, 심지어 거북이도 먹었다. 어떤 사체든 발견하면 찢어 먹기도 했다. 자신의 무게를 지탱하기 위해 발톱 대신 다섯 개의 작은 발굽으로 되어 있는 곰처럼 넓은 발을 가졌다. 그 화석이 물 주변에서 이 종을 나타내는 유일한 표본으로 발견되었기 때문에, 앤드류사르쿠스는 강독과 조석점(바닷물이 만조일 때 이르는 지점)을 혼자서 다니며 먹을 만한 죽은 동물을 찾아 먹었을 것으로 추측된다.

시기:	제3기(에오세)
화석이 발견된 장소:	몽골
식습관:	육식동물
발음:	앤드류사르쿠스(Andrewsarchus)
길이:	4m
키:	2m까지
무게:	알 수 없음
이름의 의미:	'앤드루스의 통치자'라는 뜻. 이 화석을 발견한 미국의 고생물학자 로이 채프먼 앤드루스(Roy Chapman Andrews, 1884~1960)를 기리기 위해.

히라코테륨(Hyracotherium) 또는 에오히푸스(Eohippus)

히라코테륨은 아열대림에서 살았던 최초의 말이며, 오늘날의 말보다 크기가 작고 짧은 다리에 발굽이 있고 긴 머리뼈를 가졌다.

작은 크기의 히라코테륨은 최초의 말이다. 에오히푸스라고도 불리고, 아열대림에서 살며 나뭇잎과 새순을 찾아다녔다. 히라코테륨은 짧은 다리에 발굽이 네 개인 앞발과 발굽이 세 개인 뒷발을 지녔다. 동그랗게 구부러진 등과 짧은 목을 지닌 오늘날의 말과 약간 닮았다. 긴 머리뼈에 44개의 이빨을 가졌다. 히라코테륨은 디아트리마(Diatryma)와 같은 포식자의 공격을 받으면, 유일한 방어 수단은 도망치는 것이다. '두더지 짐승'을 의미하는 히라코테륨은 1841년 고생물학자 리처드 오언(Richard Owen, 1804~1892)이 말과 이 동물이 관계되어 있다는 것을 몰랐을 때 지었던 이름이다. 1876년 옷니엘 마쉬(Othniel Marsh, 1831~1899)는 그가 발견한 화석이 히라코테륨과 동일한 존재라는 것을 모르고 에오히푸스라는 이름을 지었다.

시기:	제3기(에오세)
화석이 발견된 장소:	영국, 미국
식습관:	초식동물
발음:	히라코테륨(Hyracotherium) 또는 에오히푸스(Eohippus)
길이:	60cm
키:	20~23cm(어깨에서)
무게:	알 수 없음
이름의 의미:	히라코테륨 = '두더지 짐승' 또는 에오히푸스 = '새벽 말(초기 말)'이라는 뜻.

프리스티캄프수스(Pristichampsus)

프리스티캄프수스는 갑을 두른 파충류이며, 손발톱이 아닌 발굽을 가졌고 긴 다리로 빨리 달리며 수많은 동물을 위협한 포식자였다.

프리스티캄프수스는 외골격(갑각)이 있는 파충류이다. 육지에서 살았던 이 악어는 공룡처럼 꼬리를 지녔는데, 이 꼬리는 수영하기에는 적합하지 않았다. 길고 튼튼한 다리를 지녔으며, 손가락과 발가락에는 손발톱이 아닌 발굽이 달렸다. 그 크기에도 불구하고 긴 다리로 빨리 뛰어다녔고 에오세 시대에 살았던 수많은 동물들에게 위협적인 존재였다. 프리스티캄프수스는 가장자리가 톱 같은 날카로운 이빨을 가졌으며, 이 이빨로 히라코테륨 같은 포유동물을 먹었다. 이빨은 가장 큰 육식 공룡과 비슷하다. 프리스티캄프수스가 제3기 퇴적물에서 발견되었을 때, 고생물학자들은 그 이빨을 공룡 이빨로 오해했고 공룡이 제3기까지도 생존했다는 증거로 잘못 해석했다.

시기:	제3기(에오세)
화석이 발견된 장소:	유럽, 북아메리카
식습관:	육식동물
발음:	프리스티캄프수스(Pristichampsus)
길이:	3m
키:	알 수 없음
무게:	알 수 없음
이름의 의미:	'발굽을 가진 악어'라는 뜻.

메소닉스(Mesonyx)

메소닉스는 짧은 다리와 각각 다섯 개의 발굽, 머리 위의 갈기, 날카로운 이빨을 가진 늑대를 닮은 포식자였다.

메소닉스는 늑대를 닮은 포식자였다. 짧은 다리와 길고 낮은 몸통을 지녔고, 다섯 개의 발가락을 가졌는데 발톱이 있을 자리에 작은 발굽이 달렸다. 기다란 머리는 맨 꼭대기에 갈기를 가졌는데 강한 턱 근육에 붙어 있었다. 사나운 육식동물인 메소닉스는 육지 동물과 수중 동물을 먹었다. 메소닉스는 물고기와 민물 거북이, 설치류와 히라코테륨 모두에게 위협이 되었다. 날카로운 송곳니로 희생물을 망가뜨리고 훼손했다. 짧고 날카로운 어금니로 희생물을 물어뜯어 조각내었다. 어떤 살아 있는 먹잇감을 몰래 따라가 죽이지 못하면, 다른 포식자가 죽인 동물을 뺏어서 바로 먹을 수 있는 식사로 포식했다.

시기:	제3기(에오세)
화석이 발견된 장소:	북아메리카, 아시아
식습관:	육식동물
발음:	메소닉스(Mesonyx)
길이:	1.5m
키:	알 수 없음
무게:	알 수 없음
이름의 의미:	'중간 크기의 발톱'이라는 뜻.

우인타테리움(Uintatherium)

우인타테리움은 통 모양의 몸통과 세 쌍의 코뿔, 아래턱의 돌출부를 가졌으며, 코뿔소와 코끼리를 닮은 초식 포유동물이다.

우인타테리움은 기이하게 생긴 포유동물이다. 머리에 세 쌍의 코뿔이 있고 아래턱에 '불룩한 테두리'라고 불리는 돌출부가 커다란 상아 같은 송곳니를 떠받치고 있었다. 통 모양의 몸통은 숲에서 먹었던 과일과 나뭇잎, 연한 식물을 소화할 수 있는 거대한 소화 기관을 담고 있었다. 천천히 이동하는 우인타테리움은 넓은 발과 함께 짧은 발가락을 지닌 코끼리 같은 다리에 거대한 몸통을 싣고 있었다. 이 다리는 그 체중을 나르는 데는 아주 적합했지만 달리기에는 맞지 않았다. 여러 면에서 코뿔소와 코끼리를 닮았지만 오늘날의 어떤 동물도 우인타테리움의 직계 후손이 아니다. 날카로운 엄니는 공격자를 물리치는 데 유리했지만, 우인타테리움은 배고픈 메소닉스 무리를 막아내기에는 역부족이었을 것이다.

시기:	제3기(에오세)
화석이 발견된 장소:	북아메리카, 인도
식습관:	초식동물
발음:	우인타테리움(Uintatherium)
길이:	4m
키:	알 수 없음
무게:	2.25톤
이름의 의미:	'유인타 산맥에서 온 짐승'이라는 뜻. 미국에서 이 화석이 발견된 곳과 가까운 곳에서 살던 유타(Utah) 주의 윈타(Uintah) 인디언들을 기리기 위해.

텔레오케라스(Teleoceras)

텔레오케라스는 코뿔소와 하마의 잡종처럼 생긴 초식 포유동물이며, 짧은 코뿔과 통 모양의 몸통, 짧은 다리, 기다란 어금니를 가졌다.

텔레오케라스는 오늘날의 코뿔소와 하마의 잡종처럼 생긴 고대의 포유동물이다. 오늘날의 코뿔소보다 더 짧고 겁을 덜 주게 생겼으며, 길고 땅딸막한 통 모양의 몸통을 지녔다. 짧은 다리와 크고 무거운 몸통으로 땅 위를 천천히 걸었다. 텔레오케라스는 하마처럼 물속에 잠겨 지냈지만 육지에서 풀을 뜯어먹었다. 통통한 발가락은 강둑을 따라 걷기에 아주 알맞았는데, 고대의 강바닥이 텔레오케라스 화석이 있는 가장 흔한 장소이다. 기다란 어금니는 질긴 풀을 으깨 먹기에 적합했다. 짧은 코뿔이 포식자를 전혀 방어하지는 못했지만, 공격자에게 위협을 받으면 연못이나 강으로 피신했다.

시기:	제3기(에오세~중신세)
화석이 발견된 장소:	미국
식습관:	초식동물
발음:	텔레오케라스(Teleoceras)
길이:	4m
키:	알 수 없음
무게:	알 수 없음
이름의 의미:	'완벽해진 뿔'이라는 뜻.

아르시노이테리움(Arsinoitherium)

아르시노이테리움은 코뿔소와 닮았으며 두 개의 커다란 뿔과 두 개의 작은 뿔, 발굽으로 된 발, 기다란 어금니를 가진 초식 포유동물이다.

아르시노이테리움은 독특하게 생긴 포유동물이다. 두 개의 거대한 뿔이 주둥이에 있었고 두 개의 작은 뿔이 머리뼈 맨 꼭대기에 있었다. 엉겨 붙은 털로 이루어진 코뿔소와 달리, 두 부분으로 된 아르시노이테리움의 뿔은 속이 빈 뼈로 되어 있었다. 커다란 근육질의 어깨는 코뿔이 무거운 머리를 받치는 데 도움이 되었다. 다섯 개의 발가락이 달린 발과 함께 통통한 다리로 큰 덩치를 받치고 있었다. 각각의 발가락의 끝은 작은 발굽으로 되어 있었다. 아르시노이테리움은 강 가까이에 있는 숲에서 풀을 뜯어먹었고 기다란 어금니로 질긴 식물을 부셔 먹었다. 무서운 외모를 하고 있어서 주된 방어 수단은 겁을 주는 것이었다. 아르시노이테리움은 육식동물의 떼로 궁지에 몰리면 한 쌍의 코뿔로 들이받을 수 있었다.

시기:	제3기(점신세)
화석이 발견된 장소:	이집트, 오만, 서남아시아
식습관:	초식동물
발음:	아르시노이테리움(Arsinoitherium)
길이:	3.5m
키:	2m까지
무게:	알 수 없음
이름의 의미:	'아르시노의 짐승'이라는 뜻. 고대 이집트의 아르시노 여왕(Queen Arsinoe)을 기리기 위해.

팔라에오캐스터(Palaeocaster)

팔라에오캐스터는 육지에서 굴을 깊게 파며 군락을 지어 살았던 고대의 초식 포유동물이며, 비버를 닮았지만 꼬리가 짧고 육지에서만 살았다.

팔라에오캐스터는 고대의 포유동물, 특히 육지에서 굴을 팔며 살았던 비버이다. 강한 앞다리로 깊은 나선형의 굴을 팠다. '악마의 코르크 따개'로도 알려져 있는 팔라에오캐스터는 2.5m 깊이까지 이를 수 있었다. 각각의 굴 끝에는 생활하는 방이 있는데, 이곳에서 군락을 지어 함께 살았다. 이 굴들의 증거는 팔라에오캐스터의 뼈들이 묻힌 화석 경로로 남아 있었다. 굴 안의 깊숙한 곳에서는 포식자에게 들킬 일 없어 안전했다. 굴을 파는 동안 커다란 앞니로 땅을 퍼냈는데, 그 흔적이 3000만 년 후까지 굴벽에 남아 있었다. 팔라에오캐스터는 오늘날의 비버를 닮았지만, 꼬리가 짧고 육지에서만 살았다.

시기:	제3기(점신세~중신세)
화석이 발견된 장소:	미국
식습관:	초식동물
발음:	팔라에오캐스터(Palaeocaster)
길이:	25cm
키:	알 수 없음
무게:	알 수 없음
이름의 의미:	'고대의 비버'라는 뜻.

디아트리마(Diatryma) 또는 가스토르니스(Gastornis)

디아트리마는 날지 못하는 거대한 육지 새이며, 근육질 다리와 큰 머리, 갈고리 같은 거대한 부리를 가진 육식동물이다.

사나운 디아트리마는 날지 못하는 거대한 육식성 육지 새이며, 그 당시에 최상위 포식자였다. 날개가 너무 짧기 때문에 날 수 없었다. 그러나 근육질의 다리 때문에 빨리 달렸고 무섭게 발을 찼다. 디아트리마의 큰 머리는 갈고리 같은 거대한 부리를 지녔는데, 이 부리로 먹잇감의 뼈를 부러뜨렸다. 매복했다가 히라코테륨과 같은 초식동물을 공격해서 손도끼 같은 부리와 갈고리 발톱이 달린 발로 그 초식동물을 굴복시켰다. 디아트리마는 매복했다가 먹잇감에 달려들어 작은 동물은 통째로 삼켰고 더 큰 동물은 부리로 찌르고 잘랐다. 디아트리마는 지면에 만든 둥지에 알을 낳기 때문에 다른 육식동물이 망가뜨리기 쉬워 결국 멸종하게 되었다.

시기:	제3기(팔레오세~에오세)
화석이 발견된 장소:	서유럽, 북아메리카
식습관:	육식동물
발음:	디아트리마(Diatryma) 또는 가스토르니스(Gastornis)
길이:	알 수 없음
키:	2.1m까지
무게:	100kg
이름의 의미:	디아트리마 = '공포의 크레인' 또는 가스토르니스 = '가스톤의 새'라는 뜻. 이 동물의 유골을 최초로 발견한 가스톤 플랑테(Gaston Planté, 1834~1889)를 기리기 위해.

브론토테륨(brontotherium)

브론토테륨은 코뿔소를 닮았고 주둥이에 Y자 모양으로 갈라진 코뿔이 있었으며, 짧은 다리에 넓은 발을 가진 초식동물이다.

브론토테륨은 오늘날의 코뿔소를 닮은 커다란 포유동물이지만 코뿔소와는 먼 친척에 불과했다. 가장 두드러진 특징은 주둥이에 있는 갈라진 코뿔인데, 꼭 Y자 모양의 새총처럼 보였다. 이 뿔은 암컷보다 수컷이 더 컸고, 지배권을 갖거나 짝을 얻기 위해 다른 수컷과 싸울 때 사용했을 것이다. 브론토테륨은 넓은 발을 가진 커다랗고 짧은 다리로 걸었는데, 육중한 무게를 받치고 있었다. 먹이는 숲 지대의 나무와 덤불에서 뜯어낸 연한 이파리이다. 브론토테륨은 숲이 사라지고 초원으로 대체되고 있을 때 3000만 년 전에 멸종했다. 풀을 먹기 쉽지 않기 때문에 이 식물의 변화에서는 살아남지 못했던 것이다.

시기:	제3기(점신세)
화석이 발견된 장소:	미국
먹이:	연한 나뭇잎
발음:	브론토테륨(brontotherium)
길이:	5m
키:	2.5m(어깨에서)
무게:	5톤
이름의 의미:	'천둥의 짐승'이라는 뜻. 브론토테륨이 뛸 때 났던 소리 때문.

마말로돈(Mammalodon)

마말로돈은 수염고래의 원시 조상이며, 위턱에 연속되어 있는 고래수염이라는 얇은 판이나 이빨을 사용해서 바다 생물을 걸러냈다.

마말로돈은 모든 고래처럼 포유동물이다. 또한 오늘날에 존재하는 수염고래의 원시 조상이기도 하다. 수염고래는 위턱에 '고래수염'으로 불리는 얇은 판들이 연속되어 있어 몇 입 삼킨 물에서 바다 생물들을 걸러낼 수 있었다. 유골 화석으로 봐서는 마말로돈이 물에서 바다 생물을 걸러낼 수 있는 고래수염을 가졌는지는 알 수 없다. 과학자들은 마말로돈이 어떻게 이빨을 사용했는지 다양한 이론을 세웠다. 마말로돈의 위쪽 이빨들 사이에 생긴 틈새에 고래수염이 있어서 먹이를 걸러낼 수 있고, 또 다른 경우에는 위쪽 이빨과 아래쪽 이빨이 서로 더 잘 맞물려 그런 틈새가 생기면 이빨만으로도 먹이를 걸러낼 수 있었다. 3000만 년 전에 마말로돈이 정확히 어떻게 이빨을 사용했는지는 수수께끼로 남아 있다.

시기:	제3기(점신세)
화석이 발견된 장소:	호주
먹이:	작은 바다 동물
발음:	마말로돈(Mammalodon)
길이:	2.5m
키:	알 수 없음
무게:	알 수 없음
이름의 의미:	'포유동물의 이빨'이라는 뜻.

피로테리움(Pyrotherium)

피로테리움은 남아메리카에서 진화했으며, 코끼리처럼 기둥 같은 다리와 무거운 몸통을 가졌지만 코는 짧고 끌 모양의 상아는 여섯 개였다.

피로테리움은 점진세(올리고세) 시대 말기에 남아메리카에서 진화했던 포유동물 중 하나이다. 남아메리카 화석은 종종 특이한데, 이런 동물들은 세상으로부터 고립되어 진화했기 때문이다. 남아메리카는 거기에서 발견된 독특한 화석의 개수 덕분에 '진화의 꽃'으로 알려져 있다. 피로테리움은 어느 정도 지금의 코끼리와 비슷해 보였지만, 자기 고유의 특징을 가지고 있었다. 코끼리처럼 기둥 같은 다리로 무거운 몸통을 받치고 있던 커다란 포유동물이다. 식물을 부수는 데 적합한 기다란 어금니와 짧은 코끼리의 코 같은 주둥이를 가졌다. 피로테리움은 또한 식물을 파헤쳐 찾는 데 적합한 끌 모양의 상아가 여섯 개나 있었다.

시기:	제3기(점신세)
화석이 발견된 장소:	아르헨티나
식습관:	초식동물
발음:	피로테리움(Pyrotherium)
길이:	3m
키:	알 수 없음
무게:	알 수 없음
이름의 의미:	'불의 짐승'이라는 뜻. 피로테리움의 유골이 고대의 화산재에서 발견되었기 때문.

데이노갈레릭스(Deinogalerix)

데이노갈레릭스는 고대의 거대한 고슴도치이지만, 긴 주둥이와 긴 꼬리, 짧은 다리는 쥐를 더 많이 닮았고 몸통은 가시가 아니라 긴 털로 덮여 있었다.

데이노갈레릭스는 고대의 거대한 고슴도치였으며 천만 년 전에 작은 지중해 섬에 고립된 채 번성했다. 가장 큰 고슴도치로 알려졌으며, 턱만 20cm 길이까지 자랐다. 기다란 주둥이와 짧은 다리, 긴 꼬리를 지녀 고슴도치보다는 너무 많이 먹은 쥐를 더 닮았을 것이다. 데이노갈레릭스의 몸통은 고슴도치의 가시가 아닌 꽤 기다란 털로 덮여 있어서 쥐 같은 모습을 한층 더해주었다. 과학자들은 데이노갈레릭스가 원래는 곤충만을 먹었지만 작은 포유동물과 도마뱀을 찾는 식욕으로 빠르게 진화했다고 믿는다. 데이노갈레릭스는 턱이 짧은 이빨로 가득했는데, 이런 이빨은 먹잇감에 해를 가하고 나서 먹는 포식자의 생활방식에 잘 맞는다.

시기:	제3기(중신세)
화석이 발견된 장소:	이탈리아
먹이:	곤충, 작은 포유동물과 도마뱀
발음:	데이노갈레릭스(Deinogalerix)
길이:	35~60cm
키:	알 수 없음
무게:	9kg
이름의 의미:	'무서운 고슴도치'라는 뜻. 그 커다란 크기 때문.

신디오케라스(Syndyoceras)

신디오케라스는 사슴을 닮았으며 머리 위에 큰 뿔 한 쌍, 코 위에 작은 뿔 한 쌍이 있고 입천장에 식물을 으깰 수 있는 뼈 뭉치가 있다.

신디오케라스는 두 쌍의 뿔을 가진 사슴을 닮은 포유동물이며, 2100만 년 전에 북아메리카의 삼림 지대를 돌아다녔다. 지금의 사슴처럼 무리 지어 살았다. 오늘날의 사슴처럼 연한 식물을 먹었고, 아래쪽 앞니와 입천장의 뼈 뭉치 사이로 식물을 으깼다. 그러나 엄니를 가지고 있어 이 엄니로 식물을 뿌리째 뽑았다. 신디오케라스의 가장 두드러진 특징은 갈라져 나가지 않는 구부러진 뿔 두 쌍을 가졌다는 것이다. 앞에 있는 끝이 뭉툭한 뿔 한 쌍은 위로 구부러졌고 코에 서로 떨어진 채 붙어 있었다. 머리 위에 있는 더 큰 뿔은 서로를 향해 구부려져 있었다. 신디오케라스는 이 뿔로 짝을 유혹하고 지배권을 두고 다른 수컷과 싸웠다.

시기:	제3기(중신세)
화석이 발견된 장소:	북아메리카
식습관:	초식동물
발음:	신디오케라스(Syndyoceras)
길이:	1.5m
키:	알 수 없음
무게:	알 수 없음
이름의 의미:	'융합된 뿔 한 쌍'이라는 뜻. 뿔이 갈라져 나가지 않기 때문.

호말로도테리움(Homalodotherium)

호말로도테리움은 짧은 뒷다리와 강하고 더 긴 앞다리(팔)를 가진 포유동물이며, 손으로 뭔가를 움켜쥐고 옮길 수 있었다.

호말로도테리움은 남아메리카에서 살았던 또 다른 특이한 포유동물이다(코끼리를 닮은 피로테리움도 남아프리카에서 살았던 특이한 동물이라고 앞에서 언급했다). 2000만 년 전 세상에 있던 다른 종들과 떨어져 진화했다. 짧은 뒷다리와 강하고 더 긴 앞다리(팔)를 지니고 있었다. 걸을 때는 납작한 뒷발을 땅에 박고 앞발은 발가락으로만 걸었다. 호말로도테리움은 앞발과 뒷발에 발굽이 있는 대신 날카로운 발톱이 있었다. 강한 앞다리로 뿌리와 떨어진 과일을 파헤쳐 찾거나 나뭇가지를 자기에게 가깝게 당겼다. 유연한 팔 끝에는 잘 움켜쥘 수 있는 손이 있어 나뭇가지를 자유롭게 만지거나 옮겼다. 호말로도테리움은 거대한 땅늘보와 다르게 안짱다리 걸음으로 천천히 걸었다.

시기:	제3기(중신세)
화석이 발견된 장소:	아르헨티나
식습관:	초식동물
발음:	호말로도테리움(Homalodotherium)
길이:	2m
키:	알 수 없음
무게:	알 수 없음
이름의 의미:	'고른 이빨을 가진 짐승'이라는 뜻.

모로푸스(Moropus)

모로푸스는 큰 발톱과 큰 덩치를 지녔으며 말을 닮았지만, 아주 큰 발톱을 가져서 이 발톱으로 포식자를 따돌릴 수 있었다.

모로푸스는 큰 발톱과 큰 덩치를 지니고 있던 말을 닮은 이상하게 생긴 포유동물이다. 고생물학자들은 이 동물이 아주 큰 발톱을 가지고 있어서 화석을 원래의 골격대로 조립하는 데 몇 년이 걸릴 것 같지 않다고 생각했다. 원래는 화석 속에서 발견된 발톱이 거대한 땅늘보(ground sloth)의 것이라고 믿었지만, 더 많은 모로푸스 화석에서 같은 발톱을 발견하고 그 발톱이 모로푸스의 것임을 확인했다. 모로푸스는 걷는 동안 커다란 발톱이 땅에 닿지 않게 약간 올릴 수 있었다. 낮고 넓은 어금니는 풀을 먹는 데 적합하지 않아서 나뭇가지에 이르기 위해 강한 뒷다리로 섰고, 손톱으로 나뭇가지를 잡아 나뭇잎을 입 가까이에 끌어당겨 먹었다. 모로푸스의 손톱은 또한 다에오돈(Daeodon, 고대의 거대한 돼지)으로부터 자신을 보호할 수 있었다.

시기:	제3기(중신세)
화석이 발견된 장소:	북아메리카
식습관:	초식동물
발음:	모로푸스(Moropus)
길이:	3m
키:	2.5m까지(어깨에서)
무게:	알 수 없음
이름의 의미:	'어리석은 발'이라는 뜻. 그 발톱이 모로푸스의 것으로 보이지 않았기 때문.

오스테오보루스(Osteoborus)

오스테오보루스는 뼈를 부술 정도의 강한 이빨을 가졌으며, 오늘날의 하이에나와 습성이 비슷하고 크기는 늑대와 비슷하다.

오스테오보루스는 오늘날의 늑대 크기 정도 되며, 뼈를 부술 정도로 강한 이빨을 가진 포유동물이다. 북아메리카의 원시적인 갯과에 속해 있다. 오늘날의 하이에나처럼 죽은 고기를 먹었는데, 예리한 후각으로 죽은 지 얼마 안 된 동물의 사체를 찾아다녔다. 오스테오보루스는 무리 지어 다니며 포식자와 싸워 죽은 지 얼마 안 된 먹잇감을 뺏어 먹었다. 700만 년 동안 북아메리카의 평원을 돌아다녔기 때문에, 죽은 고기를 찾는 것이 식량을 구하는 유일한 방법이었을 것이다. 오스테오보루스는 아주 오랫동안 생존한 존재이기 때문에 다른 포식자가 남긴 음식만을 먹을 수 없었다. 그래서 공격적으로 사냥하면서 강한 이빨로 동물을 죽여야 했다.

시기:	제3기(중신세)
화석이 발견된 장소:	미국
식습관:	육식동물
발음:	오스테오보루스(Osteoborus)
길이:	80cm
키:	알 수 없음
무게:	68kg
이름의 의미:	'뼈 분쇄기'라는 뜻. 치명상을 입히는 큰 어금니 때문.

아메벨로돈(Amebelodon)

아메벨로돈은 코끼리의 원시 조상이며, 코는 코끼리보다 더 넓고 두 쌍의 엄니 중 아래쪽 엄니가 훨씬 길고 삽 모양을 하고 있다.

아메벨로돈은 오늘날의 코끼리의 조상인 고대의 포유동물이다. 삽코끼리로 알려졌으며(아래쪽 엄니가 삽 모양이라서 붙은 이름), 중신세(마이오세)에 흔한 포유동물 무리에 속한다. 오늘날의 코끼리와 같은 크기의 몸통을 가지고 있었지만, 머리뼈는 상당히 달랐다. 위쪽 엄니가 아래쪽 엄니보다 더 짧고, 코는 오늘날의 코끼리보다 더 넓고 더 납작하다. 아메벨로돈은 또한 두 쌍의 엄니를 가졌다. 아래턱은 1m 길이였고 아래쪽 이빨은 거대한 삽 모양을 하고 있었다. 이 삽 모양의 이빨로 물 밑에서 자라나는 식물을 퍼낸 후 코로 주워 담아 입에 넣었다. 수중 식물을 먹고 살았던 아메벨로돈은 기후가 점점 따뜻해지고 강이 마르면서 다른 식물을 먹는 데 적응하지 못했기 때문에 멸종했다.

시기:	제3기(중신세)
화석이 발견된 장소:	북아메리카
먹이:	수중 식물
발음:	아메벨로돈(Amebelodon)
길이:	6~7m
키:	2.8m(어깨에서)
무게:	4.5톤
이름의 의미:	'뭉툭한 무기 이빨'이라는 뜻. 상아 때문.

다에오돈(Daeodon) 또는 디노히우스(Dinohyus)

다에오돈은 돼지를 닮았으며, 튼튼한 턱에 톱니 모양의 납작한 어금니와 구부러진 송곳니를 가졌고 후각이 발달한 잡식동물이다.

다에오돈은 북아메리카의 초원과 탁 트인 삼림 지대에서 살았던 돼지를 닮은 거대한 포유동물이다. 나이가 들면서 뼈가 굵은 볼의 테두리가 자랐다. 사나운 싸움꾼인 다에오돈은 짝이나 먹이를 차지하기 위해 이 볼의 테두리로 다른 수컷과 싸웠다. 뇌는 작지만 후각이 고도로 발달되어 죽은 고기를 잘 찾을 수 있었다. 다에오돈의 튼튼한 턱에는 뼈를 부술 수 있는 톱니 모양의 크고 납작한 어금니와 함께 두 개의 구부러진 송곳니가 있었다. 다에오돈은 식물, 견과류, 죽은 고기와 작은 동물 등 먹이를 가리지 않았다. 그래서 가뭄이 일거나 다른 환경으로 변해도 생존할 수 있었다. 다에오돈은 살며시 움직이는 사냥꾼은 아니지만, 죽은 고기나 다른 동물의 보호받지 않은 새끼를 포식했다.

시기:	제3기(중신세)
화석이 발견된 장소:	북아메리카
식습관:	잡식동물
발음:	다에오돈(Daeodon) 또는 디노히우스(Dinohyus)
길이:	3m
키:	2m까지(어깨에서)
무게:	알 수 없음
이름의 의미:	'무서운 돼지'라는 뜻.

아르젠타비스(Argentavis)

아르젠타비스는 날 수 있었던 새 중 가장 큰 맹금류이며, 발은 약하고 커다란 날개와 뿔 같은 부리를 가지고 있었다.

아르젠타비스는 지금까지 날았던 새 가운데 가장 컸을 것이다. 날개의 깃털은 1.5m 길이에 폭 20cm로 추정된다. 오늘날 남북아메리카에 나타나는 독수리의 일종인 터키콘도르(turkey vulture)의 친척이며, 깃털 없는 머리로 썩은 동물의 사체 깊숙한 곳까지 수월하게 굴을 팠다. 아르젠타비스는 약한 발을 가지고 있어서 땅에 있는 사냥감을 들어 올리지 못했을 것이다. 커다란 날개 때문에 펄럭거리면서 날지 못했지만, 태평양의 열기류를 타고 활공했다. 거대한 날개로 날아올라 동물의 사체를 포착하거나 이빨 없는 뿔 같은 부리로 작은 살아 있는 동물을 덮쳐서 죽였다. 아르젠타비스는 설치류와 도마뱀, 개구리, 어린 새는 통째로 삼켰다.

시기:	제3기(선신세)
화석이 발견된 장소:	아르헨티나
식습관:	육식동물
발음:	아르젠타비스(Argentavis)
길이:	부리에서 꼬리까지 3.5m, 날개폭은 7.6m
키:	알 수 없음
무게:	80~100kg
이름의 의미:	'아르헨티나의 새'라는 뜻.

메가테리움(Megatherium)

메가테리움은 코끼리만 한 거대한 땅늘보이며, 강한 턱과 말뚝 모양의 이빨, 기다란 갈고리 발톱을 가진 초식동물이다.

메가테리움은 오늘날의 코끼리만큼 크게 자란 거대한 땅늘보(ground sloth)이다. 포유동물인 메가테리움은 덥수룩한 털로 덮여 있었다. 식물을 먹기에 적합한 강한 턱과 말뚝 모양의 이빨을 가졌다. 원래는 네 다리로 걸었지만 화석 경로를 봐서는 가끔 뒷다리로 서서 걸었던 것으로 보인다. 메가테리움은 구부러진 기다란 발톱으로 나뭇가지를 걸어서 끌어당겼다. 나무에 있는 이파리를 먹을 때는 뒷다리로 섰고 튼튼 꼬리를 땅에 받쳐놓았다. 오늘날의 나무늘보처럼 느리게 걸으면서 납작한 발 대신 발의 옆면으로 걸어 다녔다. 포식자의 위협을 받으면, 메가테리움은 뒷다리로 서서 갈고리 발톱으로 방어했다.

시기:	제3기(선신세)~제4기(홍적세)
화석이 발견된 장소:	브라질
먹이:	뿌리, 나뭇잎, 새순, 열매
발음:	메가테리움(Megatherium)
길이:	6m
키:	알 수 없음
무게:	3~4톤
이름의 의미:	'거대한 짐승'이라는 뜻. 거대한 크기 때문.

시바테리움(Sivatherium)

시바테리움은 되새김질하는 기린과에 속하며, 기린보다는 영양을 더 많이 닮았고 두 쌍의 뿔과 짧은 다리, 짧은 목, 넓은 주둥이를 가졌다.

시바테리움은 기린과(giraffid)에 속한 포유동물로, 되새김질하며 발굽을 지녔다. 기린보다 거대하고 통통한 영양을 더 많이 닮았다. 짧은 목과 짧은 다리, 무스와 같은 넓은 주둥이를 가졌다. 수컷 시바테리움은 머리에 두 쌍의 뿔이 있었다. 한 쌍은 이마에 작은 원뿔 모양으로 있었다. 다른 한 쌍은 더 크며 머리 꼭대기에서 자라나 나뭇가지처럼 뻗은 뿔처럼 갈라져 나갔다. 시바테리움은 강한 어깨와 근육질의 목이 무거운 뿔 달린 머리를 받치고 있었다. 씹은 음식물을 부분적으로 역류시켜서 충분히 소화하기 전에 두 번 씹으면서 많은 풀을 먹고 살았다. 시바테리움은 자연적인 방어 수단이 전혀 없어서 스밀로돈(Smilodon)에게 먹이가 될 위험이 컸다.

시기:	제3기(선신세)~제4기(홍적세)
화석이 발견된 장소:	인도, 아프리카
식습관:	초식동물
발음:	시바테리움(Sivatherium)
길이:	알 수 없음
키:	2.2m(어깨에서)
무게:	알 수 없음
이름의 의미:	'시바의 짐승'이라는 뜻. 힌두교 파괴의 신 시바(Siva)를 기리기 위해.

코엘로돈타(Coelodonta)

코엘로돈타은 빙하시대에 살았던 털북숭이 코뿔소이며 큰 몸통과, 짧은 다리, 작은 귀를 가져 추운 기후에 강했던 포유동물이다.

코엘로돈타는 빙하시대에 살았던 털북숭이 코뿔소이다. 이 이상한 포유동물은 약 만 년 전에 멸종했기 때문에 석기시대 인간들에게 사냥당한 그림이 동굴 벽화에 남아 있었다. 코엘로돈타는 큰 몸통과 짧은 다리, 덥수룩한 털, 작은 귀를 가져 추운 기후에도 잘 적응해 살아남았다. 이 모든 특징이 열을 유지하는 데 도움이 되었기 때문이다. 주둥이에 엉겨 붙은 털로 이루어진 두 개의 뿔이 있었다. 코끝에 있는 더 큰 뿔은 일부 수컷 어른의 경우 1m 정도로 자랐고, 포식자로부터 자신을 보호하는 데 사용할 수 있었다. 코엘로돈타는 질긴 풀과 작은 싹, 이끼류를 뜯어먹었다. 털로 덮인 코엘로돈타의 잘 보존된 사체가 시베리아의 영구동토대(땅속이 1년 내내 언 상태로 있는 지대)에서 발견되었다.

시기:	제4기(홍적세)
화석이 발견된 장소:	유럽, 아시아
식습관:	초식동물
발음:	코엘로돈타(Coelodonta)
길이:	3.5m
키:	2m(어깨에서)
무게:	2~3톤
이름의 의미:	'속이 빈 이빨'이라는 뜻.

도에디쿠루스(Doedicurus)

도에디쿠루스는 머리와 등이 갑옷으로 둘러졌고 긴 꼬리에 가시가 돋아 있었던 포유동물이다.

도에디쿠루스는 고대의 거대한 아르마딜로(armadillo)이다. 글립토돈트(glyptodont)는 머리에 갑옷이 투구처럼 덮여 있었고 반구형의 몸통에는 갑옷 껍데기가 덮인 채 잘 보존되었다. 도에디쿠루스의 단단한 껍데기에는 딱지들이 맞물려 있었다. 긴 꼬리는 단단한 뼈가 갑옷으로 둘러싸였고 그 끝에는 철퇴(쇠갈고리가 달린 중세 시대의 무기)를 닮은 위험한 가시가 있었다. 도에디쿠루스는 공격을 받으면 발톱으로 땅을 움켜잡고 갑옷으로 자신을 보호했다. 강한 턱과 함께 짧은 주둥이를 가졌다. 초원과 삼림 지대에서 식물을 찾고 풀을 뜯었고 뿌리와 덩이줄기를 캐내어 먹고 어금니로 분해했다.

시기:	제4기(홍적세)
화석이 발견된 장소:	남아메리카
식습관:	초식동물
발음:	도에디쿠루스(Doedicurus)
길이:	4m
키:	1.5m(어깨에서)
무게:	알 수 없음
이름의 의미:	'절굿공이 꼬리'라는 뜻. 가시 없이 발견되었을 때 긴 꼬리가 빻고 가는 절굿공이를 닮았기 때문.

글립토돈(Glyptodon)

글립토돈은 글립토돈트에 속하며, 육각형의 비늘딱지와 뼈판으로 덮여 있고 짧고 굵은 다리, 강한 어금니를 가졌던 포유동물이다.

글립토돈은 글립토돈트과에 속한 또 다른 일원이었다. 등 껍데기에 육각형의 비늘딱지들이 맞물려 있었고 머리는 뼈판으로 보호되었다. 짧은 꼬리는 뼈 갑옷으로 둘러싸여 있었다. 다섯 개의 발에 발톱이 달려 있었고 짧고 굵은 다리로 섰다. 글립토돈은 밑면이 털로 덮여 있어서 거친 빙하시대 기후에서 따뜻하게 지낼 수 있었다. 앞니는 없지만, 강한 어금니는 풀과 낮게 깔린 식물을 으깨 먹기에 적합했다. 공격적인 스밀로돈(Smilodon) 무리는 갑옷으로 보호되지 않는 부분을 찾으려고 글립토돈을 뒤집어야 했다. 머리의 맨 꼭대기가 갑옷으로 덮여 있었기 때문에 얼굴이 공격하기 쉬웠다. 글립토돈은 석기시대 사람들이 사냥을 해서 멸종했을 것이다.

시기:	제4기(홍적세)
화석이 발견된 장소:	아르헨티나, 브라질
먹이:	풀, 낮게 깔린 식물
발음:	글립토돈(Glyptodon)
길이:	3.3m
키:	1.5m
무게:	알 수 없음
이름의 의미:	'구부러진 이빨'이라는 뜻. 날카로운 이빨 때문.

디프로토돈(Diprotodon)

디프로토돈은 지금까지의 유대목 동물 중 가장 큰 동물이며, 육아주머니와 거대한 어금니를 지닌 포유동물이다.

디프로토돈은 지금까지 존재했던 유대목 동물(캥거루나 코알라처럼 육아주머니에 새끼를 넣어 키우는 동물) 중 가장 크다. 거대한 웜뱃을 닮았으며 적은 무리를 지으며 살았던 사회적인 동물이다. 두껍고 무거운 턱에는 거대한 어금니가 있었는데, 두꺼운 나뭇가지와 나뭇잎을 자르고 부수는 데 적합했다. 주머니에 새끼를 넣어 나르며 물에서 멀리 떨어져 다니지 않았다. 디프로토돈 화석을 보면 뼈에 도구의 흔적이 있기 때문에 초기 호주 원주민들이 디프로토돈을 죽이고 먹었다는 것을 알 수 있다. 호주 기후가 점점 더 건조해지고 관목지가 사라지면서 디프로토돈의 개체가 감소했다. 결국 이 동물의 영토는 호주의 초원에서 풀을 뜯어먹는 커다란 캥거루가 장악하게 되었다.

시기:	제4기(홍적세)
화석이 발견된 장소:	호주
식습관:	초식동물
발음:	디프로토돈(Diprotodon)
길이:	3m
키:	1.7m
무게:	1000~2000kg
이름의 의미:	'두 개의 앞니'라는 뜻. 앞니를 참고해서.

매머드(Mammoth)

매머드는 빙하시대에 살았던 거대한 포유동물이며, 납작한 어금니와 기다란 상아, 삼 층의 덥수룩한 털을 지녔던 초식동물이다.

매머드(맘모스)는 빙하시대의 거대한 포유동물이다. 4만 년 전에 사라진 매머드의 사체가 얼어붙어 잘 보존된 채 시베리아에서 발굴되었다. 이 거대한 동물은 커다란 체구에 에너지를 공급하기 위해 하루 91kg 정도의 식물을 먹었다. 매머드는 풀을 으깨는 데 적합한 납작한 어금니와 기다란 독특한 상아를 가졌다. 일부 수컷의 상아는 3m 길이까지 자랄 수 있었다. 이 상아로 자신을 보호했고 짝짓기 의식을 치렀다. 덥수룩한 털이 삼층으로 있었기 때문에 빙하시대에도 생존했다. 피부 아래의 10cm 정도 되는 지방층은 열을 나가지 못하게 차단했다. 매머드는 기후 변화로 식량 공급원이 변하면서 멸종했다. 석기시대의 사람들 또한 이 동물을 사냥해 멸종시키는 데 일조했다.

시기:	제4기(홍적세)
화석이 발견된 장소:	아프리카, 유럽, 아시아, 북아메리카
식습관:	초식동물
발음:	매머드(Mammoth)
길이:	알 수 없음
키:	3.5m
무게:	6~8톤
이름의 의미:	거대한 크기 때문에 붙여진 이름.

스밀로돈(Smilodon)

스밀로돈은 강한 팔과 어깨, 거대하고 사나운 송곳니를 가진 고양잇과 육식동물이다.

스밀로돈은 거대한 송곳니 때문에 알려진 선사시대의 사나운 고양이었다. 호랑이와 가까운 친척 관계가 아니기 때문에 '검치호랑이'(Saber-toothed tiger)라는 별명이 오해를 불러일으키고 있다. 스밀로돈은 먼 곳까지 뒤쫓는 대신 매복했다가 숨어 있는 곳에서 힘을 아낀 후에 사냥감에 달려들었다. 사나운 송곳니를 목에 대기 전에 강한 팔과 어깨를 사용해 땅에서 사냥감과 몸싸움을 벌였다. 스밀로돈의 송곳니는 25cm의 길이만큼 자랄 수 있지만 부서지기 쉽고 먹잇감의 뼈에 부딪히면 쉽게 부러질 수 있었다. 목구멍에 뼈가 있어서 으르렁거리는 소리를 깊게 낼 수 있었다. 스밀로돈 무리는 매머드를 쉽게 쓰러뜨릴 수 있었을 것이다.

시기:	제4기(홍적세)
화석이 발견된 장소:	미국 남서부, 아르헨티나
먹이:	마스토돈, 들소, 말
발음:	스밀로돈(Smilodon)
길이:	1.2~1.5m
키:	90cm
무게:	200kg
이름의 의미:	'칼 이빨'이라는 뜻. 18cm 길이까지 자라는 검 같은 이빨을 참고해서.

메갈로케로스(Megaloceros)

> 메갈로케로스는 커다란 가지뿔과 근육질의 목, 튼튼한 다리를 지녔던 사슴이다.

메갈로케로스는 알려진 사슴 가운데 나뭇가지처럼 뻗은 뿔 중 가장 커다란 뿔을 가졌다. '아일랜드의 엘크'라는 별명은 오해를 불러일으키고 있는데, 실제로 유럽의 전 지역에서 발견되었고 엘크가 아니라 사슴이기 때문이다. 메갈로케로스의 동굴 벽화로 봐서 가슴은 크림색에 갈색과 검정색이 어우러져 있었고 어깨 주변은 어두운 무늬가 있었다는 것을 알 수 있다. 메갈로케로스는 근육질의 목을 지녀서 크고 무거운 가지뿔을 싣고 다닐 수 있었다. 그런 커다란 가지뿔 때문에 메갈로케로스는 나무들 사이에 끼지 않고는 밀림을 쉽게 통과하지 못했다. 그래서 어쩔 수 없이 탁 트인 지역에 있을 수밖에 없었다. 이 때문에 석기시대 사냥꾼들의 쉬운 표적이 되었다. 가지뿔이 포식자에게 메갈로케로스를 더 크게 보이게 했겠지만, 최고의 방어 수단은 튼튼한 다리로 도망가는 것이었다.

시기:	제4기(홍적세)
화석이 발견된 장소:	유럽, 서아시아
식습관:	초식동물
발음:	메갈로케로스(Megaloceros)
길이:	가지뿔은 가로 4.3m까지
키:	3m
무게:	알 수 없음
이름의 의미:	'거대한 뿔'이라는 뜻.

용어 해설

고생물학자(paleontologist): 식물과 동물의 화석을 연구하는 과학자.

글립토돈트(glyptodont): 두꺼운 뼈로 된 껍데기를 가진 커다란 동물이자 고대의 아르마딜로.

기린과(giraffid): 긴 앞다리와 긴 목과 함께 발굽을 가진 초식 포유동물.

네발동물(tetrapod): 다리가 네 개 있는 척추동물.

노도사우르(nodosaur): 꼬리는 곤봉 모양이 아니며 서양 배 모양의 머리를 가진 일종의 안킬로사우르.

두족류(cephalopod): 큰 눈과 척수, 큰 머리를 가진 바다 연체동물.

무척추의(invertebrate): 척추가 없는.

수각류(theropod): 뒷다리로 서서 걷고 움켜쥐는 손과 날카로운 손톱을 지닌 포식동물이자 육식동물.

스테고사우루스과(stegosaurid): 갑옷이나 뼈판을 두른 공룡.

안킬로사우르(ankylosaur): 갑옷을 두르고 네 발로 다니는 초식 조반류 공룡.

양서류(amphibian): 어릴 때는 물속에서 살고 어른일 때는 육지에서 사는 냉혈 척추동물.

어룡(ichthyosaur): 중생대의 바다 파충류.

연체동물(mollusc): 부드럽고 연한 몸이 단단한 껍데기로 보호되는 무척추동물.

외골격(exoskeleton): 키틴질(곤충, 게 등의 껍질을 형성하는 성분)로 불리는 일종의 단백질로 만들어진 질긴 몸통의 갑각(갑옷).

용각류(sauropod): 네 다리로 다니는 커다란 초식 공룡.

용반류(saurischian): 도마뱀 골반 모양을 한 공룡

원시용각류(prosauropod): 트라이아스기 말과 쥐라기 말의 용각류 이전에 살았던 초기 용각류 초식 공룡.

유대목(marsupial): 자기 새끼를 키우는 데 필요한 외부 주머니를 가진 포유동물.

육식동물(carnivore): 고기를 먹는 동물.

익룡(pterosaur): 날개가 피부로 덮여 있는 고대의 날아다니는 파충류.

잡식동물(omnivore): 고기와 식물 둘 다 먹는 동물.

절지동물(arthropod): 외골격(갑각)과 분절로 되어 있는 몸통, 마디로 된 다리를 가진 무척추동물.

조각류(ornithopod): 뒷다리로 서서 걸었던 조반류 공룡.

조룡(archosaurs): 이빨이 이틀(치조, 치아나 이빨이 박혀 있는 뼈의 구멍 난 구조)에 딱 맞고 주둥이가 뾰족하고 머리뼈가 좁은 파충류 무리. 이 무리에서 공룡과 익룡, 악어, 새가 생겨났다.

조반류(ornithischian): 발굽 같은 발톱을 가졌고 조류의 골반 모양을 한 초식 공룡.

척추뼈(vertebrae): 척추동물의 척추를 형성하는 일렬로 배열된 뼈.

초식동물(herbivore): 식물을 먹는 동물.

카르노사우루스(carnosaur): 쥐라기와 백악기에 살았던 커다란 수각류 공룡.

코엘루로사우루스(coelurosaur): 새와 가까운 친척 관계인 수각류.

테타누란(tetanuran): 꼬리가 뻣뻣한 수각류 공룡.

파충류(reptile): 육지에서 알을 낳거나 태어나는 비늘이 있는 냉혈 척추동물.

판게아(Pangaea): 지구의 광대한 대륙 모두로 이루어진, 고생대 말에 형성된 초대륙.

포유동물(mammal): 새끼에게 젖을 먹이는 털이 있는 온혈 척추동물.

화석(fossil): 땅의 딱딱한 표면층에 보존된 선사시대의 식물이나 동물의 무기질 잔해 또는 유골.

다이노사우르스 색인

*주 : 볼드체는 해당 공룡의 소개면임.

가루디미무스(Garudimimus)	183
가소사우루스(Gasosaurus)	98
갈리미무스(Gallimimus)	236
고요케팔레(Goyocephale)	191
글립토돈(Glyptodon)	311, 310, 316
길란타이사우루스(Chilantaisaurus)	163
길모레오사우루스(Gilmoreosaurus)	199, 203
나노티라누스(Nanotyrannus)	265
난쉬웅고사우루스(Nanshiungosaurus)	243
난창고사우루스(Nanchangosaurus)	53
네메그토사우루스(Nemegtosaurus)	281
네우쿠엔사우루스(Neuquensaurus)	257
노도사우루스(Nodosaurus)	178, 157
노아사우루스(Noasaurus)	247
노토사우루스(Nothosaurus)	65
니폰노사우루스(Nipponosaurus)	185
다스플레토사우루스(Daspletosaurus)	227
다에오돈(Daeodon) 또는 디노히우스(Dinohyus)	305, 302
다켄트루루스(Dacentrurus)	102
다토사우루스(Datousaurus)	97
던클리오스테우스(Dunkleosteus)	24, 22
데스마토수쿠스(Desmatosuchus)	49
데이노갈레릭스(Deinogalerix)	299
데이노니쿠스(Deinonychus)	168
데이노케이루스(Deinocheirus)	266
도에디쿠루스(Doedicurus)	310
듕가리프테루스(Dsungaripterus)	137
드라비도사우루스(Dravidosaurus)	139
드라코펠타(Dracopelta)	117
드로마에오사우루스(Dromaeosaurus)	284, 247
드리오사우루스(Dryosaurus) 또는 디살로토사우루스(Dysalotosaurus)	136
드립토사우루스(Dryptosaurus)	237
디메트로돈(Dimetrodon)	34
디아덱테스(Diadectes)	39
디아트리마(Diatryma) 또는 가스토르니스(Gastornis)	295, 17, 288
디케라톱스(Diceratops)	275
디크라에오사우루스(Dicraeosaurus)	129
디프로토돈(Diprotodon)	312
디플로도쿠스(Diplodocus)	120, 281
디플로카울루스(Diplocaulus)	30, 124, 131
딜로포사우루스(Dilophosaurus)	80, 70, 76
라고수쿠스(Lagosuchus)	50
라브도돈(Rhabdodon)	212
라파렌토사우루스(Lapparentosaurus)	94
람베오사우루스(Lambeosaurus)	218, 176
레아엘리나사우라(Leaellynasaura)	171
렉소비사우루스(Lexovisaurus)	108, 105
렙토케라톱스(Leptoceratops)	279
로에토사우루스(Rhoetosaurus)	95
로토사우루스(Lotosaurus)	41, 136
루펜고사우루스(Lufengosaurus)	86

리리엔스테르누스(Liliensternus)	70	벡클레스피닉스(Becklespinax)	149
리스트로사우루스(Lystrosaurus)	43	벨로키랍토르(Velociraptor)	184, 187, 190, 219, 244
리오자사우루스(Riojasaurus)	61	보로고비아(Borogovia)	282
리오플레우로돈(Liopleurodon)	133	보스리오스폰딜루스(Bothriospondylus)	106
리코리누스(Lycorhinus)	82	불카노돈(Vulcanodon)	74
마기아로사우루스(Magyarosaurus)	283	브라키로포사우루스(Brachylophosaurus)	220
마말로돈(Mammalodon)	297	브라키오사우루스(Brachiosaurus)	116, 85, 106,
마멘키사우루스(Mamenchisaurus)	111	127, 131, 140	
마소스폰틸루스(Massospondylus)	79	브라키케라톱스(Antarctosaurus)	242
마이아사우라(Maiasaura)	219, 180	브라키케라톱스(Brachyceratops)	241
마중가톨루스(Majungatholus)	267	브론토테륨(brontotherium)	296
만추로사우루스(Mandschurosaurus)	260, 199	사우로르니토이데스(Saurornithoides)	182
매머드(Mammoth)	313, 14, 314	사우로펠타(Sauropelta)	159, 168
메가네우라(Meganeura)	27	사우롤로푸스(Saurolophus)	254, 277
메가테리움(Megatherium)	307	사이카니아(Saichania)	211
메갈로사우루스(Megalosaurus)	91	산퉁고사우루스(Shantungosaurus)	205
메갈로케로스(Megaloceros)	315	살타사우루스(Saltasaurus)	262
메소닉스(Mesonyx)	290, 291	살토푸스(Saltopus)	60
메소사우루스(Mesosaurus)	31	산시수쿠스(Shansisuchus)	52
메트리아칸토사우루스(Metriacanthosaurus)	107	세이무리아(Seymouria)	35, 39
멜라노로사우루스(Melanorosaurus)	62	세이스모사우루스(Seismosaurus)	134
모로푸스(Moropus)	302	세케르노사우루스(Secernosaurus)	249
모스콥스(Moschops)	38	센트로사우루스(Centrosaurus)	240, 225
몬타노케라톱스(Montanoceratops)	255	셀로사우루스(Sellosaurus)	67
무스사우루스(Mussaurus)	68, 63	쇼니사우루스(Shonisaurus)	44
무타부라사우루스(Muttaburrasaurus)	164	슈노사우루스(Shunosaurus)	92, 97
미크로케라톱스(Microceratops)	203	스밀로돈(Smilodon)	314, 308, 311
민미(Minmi)	154	스체추아노사우루스(Szechuanosaurus)	123
바가케라톱스(Bagaceratops)	204	스카포닉스(Scaphonyx)	51
바라파사우루스(Barapasaurus)	93, 94	스켈리도사우루스(Scelidosaurus)	78, 87
바리오닉스(Baryonyx)	151	스쿠텔로사우루스(Scutellosaurus)	76
바실로사우루스(basilosaurus)	286	스쿠토사우루스(Scutosaurus)	37
박트로사우루스(Bactrosaurus)	176	스타우리코사우루스(Staurikosaurus)	48

스테고사우루스(Stegosaurus)	119, 8, 78, 91, 96, 102-103, 110, 126, 132, 139, 142, 316
스테고케라스(Stegoceras)	232
스테노펠릭스(Stenopelix)	148
스트루티오미무스(Struthiomimus)	202
스트루티오사우루스(Struthiosaurus)	197
스티기몰로크(Stygimoloch)	278
스티라코사우루스(Styracosaurus)	222, 227
스피노사우루스(Spinosaurus)	175
시바테리움(Sivatherium)	308
시아오사우루스(Xiaosaurus)	100
시조새 또는 아르카이오프테릭스(Archaeopteryx)	130, 69
신디오케라스(Syndyoceras)	300
신타르수스(Syntarsus)	77
실비사우루스(Silvisaurus)	157
아나토티탄(Anatotitan)	271, 194
아노말로카리스(Anomalocaris)	19
아다사우루스(Adasaurus)	244
아랄로사우루스(Aralosaurus)	180
아르시노이테리움(Arsinoitherium)	293
아르젠타비스(Argentavis)	306
아르젠티노사우루스(Argentinosaurus)	173
아르카에오르니토미무스(Archaeornithomimus)	206
아르트로플레우라(Arthropleura)	28
아르히노케라톱스(Arrhinoceratops)	274
아마르가사우루스(Amargasaurus)	145
아메벨로돈(Amebelodon)	304
아바케라톱스(Avaceratops)	221
아벨리사우루스(Abelisaurus)	235
아부리크토사우루스(Abrictosaurus)	81
아비미무스(Avimimus)	192
아에올로사우루스(Aeolosaurus)	239
아크로칸토사우루스(Acrocanthosaurus)	162
아틀라스콥코사우루스(Atlascopcosaurus)	156
아파토사우루스(Apatosaurus)	131
아프로베나토르(Afrovenator)	147
안세리미무스(Anserimimus)	245
안키사우루스(Anchisaurus)	89
안키케라톱스(Anchiceratops)	210
안킬로사우루스(Ankylosaurus)	269
알라모사우루스(Alamosaurus)	264
알렉트로사우루스(Alectrosaurus)	177
알로사우루스(Allosaurus)	132, 84, 114, 136, 147, 156
알리오라무스(Alioramus)	246
알바레즈사우루스(Alvarezsaurus)	208
알베르토사우루스(Albertosaurus)	225, 219, 270
암모나이트(Ammonite)	21, 15
암모사우루스(Ammosaurus)	83
앤드류사르쿠스(Andrewsarchus)	287
야베를란디아(Yaverlandia)	146
양추아노사우루스(Yangchuanosaurus)	104
에드몬토니아(Edmontonia)	230
에드몬토사우루스(Edmontosaurus)	248, 194, 225
에를리코사우루스(Erlikosaurus)	179
에리옵스(Eryops)	33, 30
에리트로수쿠스(Erythrosuchus)	66
에마우사우루스(Emausaurus)	87
에오기리누스(Eogyrinus)	29
에오랍토르(Eoraptor)	55
에우스트렙토스폰딜루스(Eustreptospondylus)	105
에우오플로케팔루스(Euoplocephalus)	224
에우파르케리아(Euparkeria)	58
에우헬로푸스(Euhelopus)	127

에이니오사우루스(Einiosaurus)	195	카마라사우루스(Camarasaurus)	124, 131
엘라스모사우루스(Elasmosaurus)	273	카스모사우루스(Chasmosaurus)	228, 210
엘라프로사우루스(Elaphrosaurus)	121, 110	카콥스(Cacops)	32
엘미사우루스(Elmisaurus)	200	칸네메예리아(Kannemeyeria)	42, 45
영귀나(Youngina)	40	캄프토사우루스(Camptosaurus)	115, 132
오르니토미무스(Ornithomimus)	233, 233	케라토사우루스(Ceratosaurus)	114
오르니톨레스테스(Ornitholestes)	113	케티오사우루스(Cetiosaurus)	90, 105, 118
오메이사우루스(Omeisaurus)	101	케티오사우리스쿠스(Cetiosauriscus)	118
오블리소돈(Aublysodon)	207	켄트로사우루스(Kentrosaurus)	110, 103, 108
오비랍토르(oviraptor)	186, 251	코리토사우루스(Corythosaurus)	217, 181
오스테오보루스(Osteoborus)	303	코리포돈(Coryphodon)	285
오우라노사우루스(Ouranosaurus)	161	코엘로돈타(Coelodonta)	309
오트니엘리아(Othnielia)	112, 113	코엘로피시스(Coelophysis)	71, 75, 77
오피스토코엘리카우디아(Opisthocoelicaudia)	272, 281	코엘루루스(Coelurus)	128
코타사우루스(Kotasaurus)			88
완나노사우루스(Wannanosaurus)	190	콜로라디사우루스(Coloradisaurus)	63
우에르호사우루스(Wuerhosaurus)	142	콩코랍토르(Conchoraptor)	209
우인타테리움(Uintatherium)	291	쿠아에시토사우루스(Quaesitosaurus)	189
운나노사우르스(Yunnanosaurus)	85	크리올로포사우루스(Cryolophosaurus)	84
울트라사우로스(Ultrasauros)	122	크리토사우루스(Kritosaurus)	258
유스켈로사우루스(Euskelosaurus)	59, 62	크시팍티누스(Xiphactinus)	259
유스테놉테론(Eusthenopteron)	25	클라도셀라케(Cladoselache)	22
유타랍토르(Utahraptor)	150, 9	키노그나투스(Cynognathus)	45
이구아노돈(Iguanodon)	141	키로스테노테스(Chirostenotes)	263
이크티오스테가(Ichthyostega)	23	타니스트로페우스(Tanystropheus)	57
인게니아(Ingenia)	251	타르보사우루스(Tarbosaurus) 또는 티라노사우루스 바타르(Tyrannosaurus bataar)	277
인도수쿠스(Indosuchus)	270		
작사르토사우루스(Jaxartosaurus)	181	타페자라(Tapejara)	169
제피로사우루스(Zephyrosaurus)	166	탈라루루스(Talarurus)	174
치아링고사우루스(Chialingosaurus)	103	테논토사우루스(Tenontosaurus)	158, 168
친타오사우루스(Tsintaosaurus)	214	테리지노사우루스(Therizinosaurus)	223, 179, 243
카르노타우루스(Carnotaurus)	165, 267	테스켈로사우루스(Thescelosaurus)	276, 280
카르카로돈토사우루스(Carcharodontosaurus)	170	테코돈토사우루스(Thecodontosaurus)	56

321

텔레오케라스(Teleoceras)	292	프로토아비스(Protoavis)	69
토로사우루스(Torosaurus)	268	프로토케라톱스(Protoceratops)	187, 184, 203, 279
투오지앙고사우루스(Tuojiangosaurus)	126	프리스티캄프수스(Pristichampsus)	289
트로오돈(Troodon)	229, 219, 282	프시타코사우루스(psittacosaurus)	155
트로페오그나투스(Tropeognathus)	153	프테라노돈(Pteranodon)	193
트리케라톱스(Triceratops)	256, 194, 275	프테로다우스트로(Pterodaustro)	135
티라노사우루스 렉스(Tyrannosaurus rex)	194, 177, 195, 207, 210, 219, 221, 225, 235, 246, 248, 265, 270, 277	프테리고투스(Pterygotus)	20
		플라테오사우루스(Plateosaurus)	73
		플레티히스트릭스(Platyhystrix)	36
티라노사우르(과)	227, 246, 277	피나코사우루스(Pinacosaurus)	198
티라노사우르스(Tyrannosaurs)	177, 207, 225, 246, 265	피로테리움(Pyrotherium)	298
		피사노사우루스(Pisanosaurus)	47
티타노사우루스(Titanosaurus)	196	피아트니츠키사우루스(Piatnitzkysaurus)	109
틸로사우루스(Tylosaurus)	188, 273	하드로사우루스(Hadrosaurus)	213, 12, 180, 181, 237
틸로케팔레(tylocephale)	215		
파노플로사우루스(Panoplosaurus)	226	하르피미무스(Harpymimus)	172
파라사우롤로푸스(Parasaurolophus)	231	하프로칸토사우루스(Haplocanthosaurus)	125
파크소사우루스(Parksosaurus)	280	할루키게니아(Hallucigenia)	18
파키리노사우루스(Pachyrhinosaurus)	253	헤노두스(Henodus)	72
파키케팔로사우루스(Pachycephalosaurus)	234, 146	헤레라사우루스(Herrerasaurus)	46, 47
		헤테로돈토사우루스(Heterodontosaurus)	75, 82
팔라에오캐스터(Palaeocaster)	294	호말로도테리움(Homalodotherium)	301
펜타케라톱스(Pentaceratops)	238	호말로케팔레(Homalocephale)	216, 203
펠로로사우루스(Pelorosaurus)	140	후아양고사우루스(Huayangosaurus)	96
펠리카니미무스(Pelicanimimus) 또는 펠레카니무스(Pelecanimimus)	144	히라코테륨(Hyracotherium) 또는 에오히푸스(Eohippus)	288, 289, 290, 295
폴라칸투스(Polacanthus)	138	히파크로사우루스(Hypacrosaurus)	252
풀구로테리움(Fulgurotherium)	167	히페로다페돈(Hyperodapedon)	54
프레노케팔레(Prenocephale)	261	힐라이오사우루스(Hylaeosaurus)	143
프로박트로사우루스(Probactrosaurus)	160	힐로노무스(Hylonomus)	26
프로사우롤로푸스(Prosaurolophus)	201	힙셀로사우루스(Hypselosaurus)	250
프로케라토사우루스(proceratosaurus)	99	힙실로포돈(Hypsilophodon)	152, 149, 156
프로콤프소그나투스(Procompsognathus)	64